本书是国家社会科学基金青年项目"中国哲学现代转型中的情感转向研究"（18CZX035）的最终成果

情缘论

李海超 著

中国情感主义哲学史纲

中国社会科学出版社

图书在版编目（CIP）数据

情缘论：中国情感主义哲学史纲 / 李海超著 . —北京：中国社会科学出版社，2024.3
ISBN 978 - 7 - 5227 - 3241 - 1

Ⅰ.①情…　Ⅱ.①李…　Ⅲ.①哲学—研究—中国　Ⅳ.①B2

中国国家版本馆 CIP 数据核字（2024）第 051754 号

出　版　人	赵剑英
责任编辑	韩国茹
责任校对	张爱华
责任印制	张雪娇

出　　　版	中国社会科学出版社
社　　　址	北京鼓楼西大街甲 158 号
邮　　　编	100720
网　　　址	http://www.csspw.cn
发　行　部	010 - 84083685
门　市　部	010 - 84029450
经　　　销	新华书店及其他书店

印　　　刷	北京明恒达印务有限公司
装　　　订	廊坊市广阳区广增装订厂
版　　　次	2024 年 3 月第 1 版
印　　　次	2024 年 3 月第 1 次印刷

开　　　本	710×1000　1/16
印　　　张	19.5
插　　　页	2
字　　　数	309 千字
定　　　价	118.00 元

目　录

序　言

中国哲学传统中存在着情感主义（情本）哲学，情感主义哲学不仅仅重视情感、崇尚情感，而且以情感为哲学体系的根基。在中国情感主义哲学的发展历程中，具有开创地位的先秦儒家是特别值得重视的。先秦儒家缘情言诗、缘情立礼、缘情成德、缘情论政的哲学理论实际上赋予了情感以某种本源性的地位。此本源不能被简单地理解为本体，情感在诗、礼、德、政的论说和建构中并不具有绝对根据、绝对决定性作用，它发挥的更多是一种优先性的开端作用和导向作用，或者说是"机缘""渊源"作用。没有情感及其引发的兴趣、欲求等，人的心灵便会彻底封闭，一切观念都不会出现，是情感作为机缘，使一切事物的观念得以发端，并通过人的活动影响事物的存在和变化。在这里，情感不是事物存在的本体，不是诗、礼、德、政得以存在的绝对主宰性原则和根据，但它发挥本源性的作用。这个"机缘"性的情感本源不能被彻底还原到宇宙论视域和本体论视域之中，沦为它们展开的一个环节。因为一切太始和本体观念都要有先在的情感机缘才能呈现。所以，先秦儒家中的情感本源论开显的是一种肯定情感之机缘本源作用的情缘论思想视域，而宇宙论视域和本体论视域皆为此情缘论视域所统摄。发扬情感的"缘"的功能，肯定情缘在一切观念建构中的优先或源泉地位，这是中国情感主义哲学在肇创时期表现出的根本特征。可以说，中国的情感主义哲学和文化，在根本上是情缘主义的。

先秦儒学中也存在很多非情感主义的哲学理论，秦汉以后，以宇宙论、本体论或者混合两种思想视域的"本体宇宙论"① 为根本的哲学理论逐渐成

---

① 牟宗三：《圆善论》，载《牟宗三先生全集》第 22 册，台北：联经事业出版股份有限公司 2003 年版，第 328 页。

为儒学的主流，于是先秦儒家的情缘论思想视域随之被遮蔽了，情感在儒学理论体系中失去了本源性的地位。儒学在发展过程中吸收了道、佛两家的哲学架构，而这两家哲学皆具有明显的宇宙论或本体论的特征，这加剧了情缘论思想视域的遮蔽。确切地说，在从汉代到宋代的主流儒学中，情感不再具有本源性地位。直到明代中期以后，随着理学自身的辩证发展，"理欲之辨"中情欲的地位逐步上升，最终再次演出了情本的哲学。泰州学派、戴震哲学等皆具有情本的思想倾向。但自明清之际以来断断续续出现的各种情本哲学中，情本之"本"夹杂着太始、本体、本源以及它们之间相互混合的各种内涵。在本书看来，只有沿着先秦儒学中存在的那种机缘化视域的情感本源论方向发展，情感的根本地位才能得到充分的肯定，情感主义哲学的基础才能夯实。当然，在这个方向上，已有一些哲学理论走在了前头（例如，蒙培元的情感儒学、黄玉顺的生活儒学等）。本书在继承先秦儒家和当代学人理论贡献的基础上，对此种源自儒家传统的情感主义理论在理论架构和理论应用方面做了新的阐释，并正式将其定名为"情缘论"。

把握情缘论的要义，以下几点说明或许是有帮助的。

第一，在情缘论中，"本源"性的观念不是一元的，而是多元的，情缘只是诸多本源（各种思想视域中的根本性观念都可称为本源，如太始、本体都是本源性观念）中的一种，诸本源之间不能彻底地相互还原。情感本源，即情缘，作为呈现事物存在的诸本源之一，对事物的存在和变化不具有绝对主宰作用，它只是敞开一切事物和观念之存在的第一机缘，它因此在诸本源观念中获得了秩序上的优先性。

第二，情缘敞开事物之存在，实际上是敞开了人的心灵境界（尽管人、心灵、境界等观念也要依情缘而被建构），它赋予了"事物"以意义，并推动其在意义之中、在心灵境界之中被建构、被呈现。所以，情感是意义之源，情缘论视域即是真正的境界论视域，境界的本质就是意义①，意义因情缘而生，依机缘而生。情缘是优先性的本源，因此境界论视域、意义视域具有相

① 冯友兰：《新原人》，载《三松堂全集》第 4 卷，河南人民出版社 2001 年版，第496 页。

对于其他思想视域的优先性。此优先性局限于具有情感的存在者。

第三，情缘的"机缘"（而非事实、非原理、非客观、无绝对主宰作用）内涵及其优先性，揭示了心灵境界的主观性以及主观心灵的优先性。情缘论反对将人的主观心灵彻底还原到客观实在视域之中，即反对将心灵彻底还原到物理、生理的领域。并不是说心灵的功能在事实上不能被还原，现在的科学和技术已经逐步在做还原的工作。但情缘论要求为主观心灵世界和人的主观的生存找寻底线并划定边界，反对科学和技术侵蚀心灵主观性的必要存在空间。哪怕主观心灵的存在是虚构的、是幻想，但它有权利作出上述要求和反对。因为人需要有意义地活着，而意义源于情缘，源于主观性。故，情缘论支持和捍卫主观性的存在。

第四，"机缘"这一概念常为佛学所使用，当代儒者张祥龙也用"缘在""缘发""时机"这样的术语来诠释海德格尔的现象学和构建他自己的儒学理论。① 情缘论与佛学缘起论，以及与张祥龙之思想的关系大体如下："机缘"的内涵非常接近佛学所论众缘中的一种，即"增上缘"，可以说"情缘"乃是事物存在的第一增上缘。张祥龙确实阐释了"时机""缘"对于事物之存在的根本性意义，在这方面情缘论与之有相近性，不过情缘论更为着重论述的是，情感是"机"与"缘"的创造者。如果说张先生的哲学揭示的是主体和事物存在的"缘"性、时机性，那么情缘论进一步说明了"缘"如何可能的问题，情缘论认为"缘无情不生"或"缘因情而生"，情生成缘并作为缘。此种观念继承并发挥了黄玉顺生活儒学"生活之为际遇"② 的观念，在生活儒学中，生活即本源性的情感感受，本源情感感受创生"际遇"，并成为"际遇"。此外，蒋庆在《心学散论》中所讲"圣人入世担当以情不以理"的观点，揭示了"情"而非"理"是"天地万化之几"③，这对情缘论的创构亦有很大启发。

---

① 张祥龙：《海德格尔思想与中国天道：终极视域的开启与交融》，生活·读书·新知三联书店 1996 年版，第 95 页。

② 黄玉顺：《爱与思——生活儒学的观念》（增补本），四川人民出版社 2017 年版，第 254 页。

③ 蒋庆：《儒学的时代价值》，四川人民出版社 2009 年版，第 3—4 页。

总之，情缘论开显的是一种机缘性、际遇性的本源，而非任何实体性、实相性的本源。它只是标示出了一个开端（"源"的本义就是水流的发端处），并论述了这个开端的优先性及其不可抹杀的意义。在这个知识压迫价值、客观压迫主观、真实压迫幻想的世界里，它提醒人们，把握人生和改变世界的一个出发点是：珍重情缘。

本书上篇和中篇重在梳理和呈现中国情感主义哲学的发展脉络、代表性理论及其思想特征，下篇集中阐释了情缘论的理论架构和理论应用，不喜欢或非常熟悉中国哲学史的读者可以直接阅读下篇的理论建构部分。每一篇开头均设有"概论"一章，欲简要和快速地了解本书内容和观点的读者也可只阅览"概论"部分。

本书的写作、修改和出版离不开师友们的支持。我敬爱的老师，山东大学黄玉顺教授在研究方法、概念使用、思想架构、书稿定名等方面给予了无私的指导。南京大学陈继红教授对我的研究工作和本书的出版工作提供了重要的帮助。在写作过程中，我曾多次与山东大学郭萍副研究员交流和讨论，在与她的交流中，我获得了诸多写作灵感；兰州大学杨虎副教授一直提醒我凝练学术观点和术语，多次通过电话鼓励我大胆创新；南京大学张小星助理研究员通读了书稿，并提出了详致和非常有价值的修改意见。中国社会科学出版社韩国茹编辑不仅指出了原稿中存在的诸多文字错误，在思想逻辑的周延性、概念表述的准确性等方面也提出了很多宝贵建议。在此，向以上诸位师友表达诚挚的谢意！最后，特别感谢我的爱人郭明姬女士，在写作时，我常常把各种不成熟的想法包装成"概念的文学"讲给她听，而她对我"异想天开""胡编乱造""絮絮叨叨"的学术生活总是放任和包容。

上篇

中国情感主义哲学的肇创与遮蔽

第一章　概论

对于中国哲学"本源"观念的内涵，学界通常从宇宙论和本体论的维度加以阐释，即将本源理解为万物最初的创生者，姑且称之为"太始"，或者事物得以显现、发用的终极根据——本体。基于中国传统哲学宇宙论与本体论相涵相融的特点，更多情况下，人们倾向于将中国哲学中的"本源"理解为太始与本体的统一体、合一体，如张岱年借用庄子之言所讲的"本根"①。在那些主张心境一体的中国哲学理论中，本源不仅是创生之始和相、用之体，而且也有境界之源的含义；甚至近年来还有学者专门撰文指出中国哲学之境界论形而上学的特质②。但以上理论和论述，要么将境界论理解为心灵创生事物的相关探讨，要么将其理解为主体通过工夫以通达、洞见本体的研究，这在思想视域上依然是宇宙论和本体论的，这意味着，境界论其实是消融于宇宙论、本体论或两者融合的思想视域之中的。然而事实上，早期中国哲学并未像后世很多中国哲学理论那样在宇宙论和本体论的视域下审视境界问题，而是赋予了境界论视域不可消融于宇宙论和本体论视域的本源性、独立性地位。本章的目标，正是要重新揭示境界论思想视域在中国哲学中的本源性、独立性意义，并以此为基础重新诠释"本源"观念被长期遮蔽的第三种含义：敞开一切事物之存在的"机缘"。这个"机缘"，实际上就是情感本源，又可称之为"情缘"。故此种情感本源论，可称之为"情缘论"。本章还将概要地说明，情缘论的思想视域存在于先秦儒学之中，先秦儒学也因此成为中国情感主义哲学的肇创学派。秦汉以后，直到宋明理学，随着儒学理论形态的宇

---

① 张岱年：《中国哲学大纲》，商务印书馆 2015 年版，第 64 页。
② 郑开：《中国哲学语境中的本体论与形而上学》，《哲学研究》2018 年第 1 期。

宙论、本体论化，情缘论的思想视域和情感的本源性地位便被遮蔽了；儒学对道家和佛家哲学架构的吸收，进一步加深了其被遮蔽的程度。

一　境界论思想视域之独立性的遮蔽

境界论是中国哲学特别重视的理论向度，然而，本书却声称境界论思想视域应有的独立性地位被长期地遮蔽了，这乍听起来似乎是很荒谬的事情，可事实的确如此。为了更清晰地揭示这一事实，让我们先从近代以来学者们关于中国哲学本源论或本体论之特征的研究着手讨论。探讨中国哲学本源论或本体论的特征，首先需要明了"本源"和"本体"概念的内涵及其背后指涉的理论形态。在中国哲学中，"本源"概念一般用来指称事物创生、流行之源，"本体"概念一般用来指称事物显现或发用的究竟根据，但这两个概念被用来从不同语义视角指称同一对象的情况是经常出现的。比如，对于天命之性，朱熹有时以"本原"（"原"与"源"通假）称之："性只是理。……蔽锢少者，发出来天理胜；蔽锢多者，则私欲胜，便见得本原之性无有不善。"[1] 有时以"本体"称之："天道者，谓自然之本体所以流行而付与万物，人物得之以为性者也。"[2] 这一现象在阳明心学中也普遍存在，比如阳明说："不是事君的良知不能致，却须又从事亲的良知上去扩充将来，如此又是脱却本原，著在支节上求了。良知只是一个……虽则只是一个，而其间轻重厚薄又毫发不容增减，若可得增减，若须假借，即已非其真诚恻怛之本体矣。"[3] 这里的"本原"与"本体"指的都是良知本心。

所以，在中国哲学中，"本源"和"本体"这两个概念指称的对象可以是浑然一体的。正是在这个意义上，才有了张岱年所谓合宇宙论与本体论为一体的"本根论"。除张岱年之外，还有牟宗三更为直接的"本体宇宙论"[4]

---

①　黎靖德编：《朱子语类》第 1 册，中华书局 1986 年版，第 66 页。

②　黎靖德编：《朱子语类》第 2 册，第 726 页。

③　王阳明：《王阳明全集》，吴光、钱明等校注，上海古籍出版社 2011 年版，第 96 页。

④　牟宗三：《圆善论》，载《牟宗三先生全集》第 22 册，第 327—328 页。

的表述，或者冯达文"本源—本体论"① 的表述。从这些学者对中国哲学本源论或本体论之特征的概括可以发现一个问题，即他们并没有在关于中国哲学本源论、本体论的概括性表达中使用"境界论"相关语汇。这是为什么呢？是因为他们忽视或不够重视中国哲学传统中的"境界论"吗？并非如此，他们在很多地方谈到或专门论述过境界论相关问题。

　　比如，牟宗三在讲到道家之存有论的特征时强调，由于"纵贯横讲"，即从工夫论入手而遮诠式地呈现本体或本源，因此道家的形上学只能成就"境界形态的形上学"。② 既然是"境界形态的形上学"，为什么又被抹去"境界"的色彩而被概括入"本体宇宙论"的观念之中呢？这是因为，牟宗三乃是从宇宙论和本体论的视角审视一切"境界"的，亦即他关于境界的讨论，本质上不外本体论和宇宙论的视域，只不过作为本源或本体的"道心""本心""自性清净心"等带有鲜明的主体性特征，因此一切事物皆可看作由心灵所变现或由心灵本体流行而来，于是一切事物在心灵中的流变与呈现即表现为不同的心灵境界。当然，作为本源或本体的"心灵"不是形下的个体心灵，而是形上的绝对主体性，是觉性本身，由此，境界与存有便相合为一，存有可随心灵境界的提升而相应地改变，这就是牟宗三所说的"存在随心转"。③ 由于他对境界论的讨论主要是从心创生事物、心支持事物显现的"本体宇宙论"视域展开的，故而在思想视域的归纳中，境界论相关的术语自然不能够存在了。对此，唐君毅讲得更为直白，他的《生命存在与心灵境界》一书虽然是讲心灵境界的，但他说一切境界皆是依据"体""相""用"三种心灵活动的方向而敞开的："纵观此心灵活动自有其纵、横、顺之三观，分循三道，以观其自身与其所对境物之体、相、用之三德，即此心灵之所以遍观遍通其'如何感通于其境之事'之大道也。"④ 这也就是说，他是以本体论——体、相、用——的思想视域探究境界论的。这样一来，境界论思想视域的独立性和独

　　① 冯达文：《中国哲学的本源—本体论》，广东人民出版社 2001 年版，第 103 页。

　　② 牟宗三：《中国哲学十九讲》，载《牟宗三先生全集》第 29 册，第 108 页。

　　③ 牟宗三：《圆善论》，载《牟宗三先生全集》第 22 册，第 316 页。

　　④ 唐君毅：《生命存在与心灵境界》，载《唐君毅全集》第 25 卷，九州出版社 2016 年版，第 7 页。

特性当然无法凸显了。

现在的问题是，上文一直在说以宇宙论或本体论的思想视域探讨境界问题会遮蔽境界论应有的独立、独特的思想视域，可是，境界论本身真的包含一种独立、独特的思想视域吗？欲回答这个问题，我们首先要回答：何谓境界？按照冯友兰的说法："人对于宇宙人生在某种程度上所有底觉解，因此，宇宙人生对于人所有底某种不同底意义，即构成人所有底某种境界。"① 也就是说，"境界"包含两个重要方面：一方面，是通过"觉解"而建构的关于宇宙人生的观念世界或观念体系；另一方面，是此观念世界或观念体系对人具有的意义。合而言之，境界是对人有意义的观念世界或观念体系。但上文提到的唐君毅、牟宗三的境界论与冯友兰的境界论有所不同。前者认为，心灵所变现、感通的世界具有超越主观心理层面的存有论意义，而冯友兰则认为，有意义的心灵世界在根本上是主观心理中的观念世界。这是因为前者，包括宋明心学家以及很多佛家学说，皆以本心、自性清净心、无限智心为创生存有的"宇宙底心"，而冯友兰所讲的心，只是有"觉解"宇宙人生之能力的"宇宙的心"（或者说"宇宙中的心"）。② 但如果我们不去探讨超越层面的本体论问题，只从形下之人的层面观之，则两者应该皆认可境界主要指的是一个人心灵中所呈现的对人有意义的观念体系的说法。

既然境界的内涵，一方面涉及心灵中的观念世界，另一方面涉及此观念世界对人的意义，那么境界论的核心内容也应分成两大部分：一部分主要探讨心灵内部观念体系的结构、层次样态及其发展变化问题，一部分主要探讨心灵中的观念体系对人的意义问题。可是，在这两部分中，哪一部分才应该是境界论最本质性的内容呢？在本书看来，境界论最本质性的内容应该是后者。因为境界论的根本目标，不是为了对事物的存在及其特性做如实的认识，而是为了安顿人生。而人生安顿的关键，并不在于对事物真实存在之认识的多少，而在于人生意义实现的多少。有时候，一个人可能没有多少知识，但有限的知识足以使他的人生感到满足，使他的心灵得到安顿。所以境界论的

---

① 冯友兰：《新原人》，载《三松堂全集》第 4 卷，第 496 页。
② 冯友兰：《新理学》，载《三松堂全集》第 4 卷，第 102 页。

本质部分，应该是关于人生意义的讨论。

　　说某物对某个人有意义，是说它有助于此人某种目的、理想或诉求的实现。因此，境界论的本质部分乃是"人生理想论"。[①] 人生理想在内容上虽可能包含认识的成分，但在根本属性上是一种欲求，是情感诉求。所以在境界论的视域中，有关心灵及其中观念体系的一切实相观，无论是本体论视域的，还是宇宙论视域的，无论是关于其他事物的，还是关于生命本身的，都应该服务于情感诉求的实现，而不是相反。可是在那些范式上可归结为宇宙论、本体论或本体宇宙论、本根论的中国哲学理论中，尽管它们不断宣称自己是人生哲学、生命哲学，尽管它们的本源或本体观念是价值性的天理、良知，但在思想视域的局限下，它们都将人的情感需求或人生理想归结为万物流变之一环或本体的一种形下的相与用，于是个体的情感需求反被超越个体的宇宙法则、本体所主宰。从此，人不能与天、地并立为三，而只能片面地谋求与天地万物为一体；在此"一体"追求之下，人只有"情顺万事而无情""廓然而大公，物来而顺应"[②]，甚至有可能匍匐于某种本源、本体观念之下而为之摧残。戴震"以理杀人"[③] 之说并非捕风捉影。张岱年也曾明确指出，中国古代人生理想论有"崇天忘人的倾向"和"因过于重'理'，遂至于忽'生'"的问题。[④] 这些问题归根到底，是因为境界论的独特思想视域被不自觉地消弭于宇宙论和本体论的思想视域之中的缘故。中国哲学虽宣称是生命之学、价值之学，但其中诸多哲学理论的思想视域却不能真正被归结为直接代表价值视域的境界论或"境界—本体—宇宙"论，而只能被归结为"本体宇宙论""本根论""本源—本体论"。如果人们信任牟宗三、张岱年、冯达文等学者对中国哲学形而上学理论形态所做归纳、总结的真知灼见，我们就应该知道，这不是个别学者所宣称的西方哲学概念在中国哲学中的误用或对中国哲学之哲学性质的错认[⑤]，而是存在于中国哲学传统中的事实，一个积习

---

① 张岱年：《中国哲学大纲》，第 394 页。

② 程颢、程颐：《二程集》，中华书局 1981 年版，第 460 页。

③ 戴震：《戴震集》，上海古籍出版社 2009 年版，第 188 页。

④ 张岱年：《中国哲学大纲》，第 847—848 页。

⑤ 郑开：《中国哲学语境中的本体论与形而上学》，《哲学研究》2018 年第 1 期。

渐久以致浑然不觉的遮蔽境界论之独立、独特思想视域的事实。

二 境界论视域中的"机缘"本源观念

从学界对中国哲学本源论或本体论特征的研究,可以看到境界论思想视域之独立性、独特性的遮蔽。上文虽讲到境界论的思想视域与人生意义、人生需求相关,但并没有具体地论述这种思想视域的独特性,即其究竟敞开的是关于事物存在的怎样一种因果关系向度;更没有详细说明这种思想视域的独立性地位,即其敞开的因果关系向度对事物的存在如何具有不可替代的本源性意义。然而,这对我们把握境界论视域中的"本源"观念是十分关键的。

一般来说,宇宙论的思想视域探讨的是事物在时空中的生成关系,本体论的思想视域探讨的是事物自身的体、相、用关系。那么境界论思想视域探讨的是关于事物的什么关系呢?第一,境界之为境界,它所探讨的"事物"一定是呈现在心灵中的观念或观念体系。而观念自身在心灵中的呈现以及心灵中的观念之间,是有其生成关系和体、相、用关系的,若只把握这两种关系,境界便只是宇宙论、本体论视域中的境界。第二,境界之为境界,更根本的是要探讨这些心灵中的观念和观念体系如何对心灵主体有意义,如何能够在某种程度上满足主体之需求。这是意义的呈现问题。需要注意的是,观念的意义如何呈现的问题,在根本上不同于心灵中的某种意义或价值观念如何呈现的问题。因为后者乃是境界论之第一方面要探讨的内容。比如,我们可以在宇宙论视域下探究"义"观念的来源,最终可能追溯到一个太始性的观念,也可以在本体论的视域下探究"义"观念的来源,最终可能追溯到一个本体性的观念,但这些观念的呈现都是一种"实相"呈现。它揭示的是观念间的事实关系,而不是它们对主体的意义关系。因此,对某种"意义"或"价值"观念之如何呈现,以及观念如何在心灵中呈现之宇宙论和本体论视域的讨论,关涉的不是某种观念或观念体系如何对心灵主体有意义的问题。中国哲学以往诸多理论对境界论视域之独立性和独特性的遮蔽,在根本上正是混淆了上述两个问题,以前者遮蔽或扭曲后者在人生哲学中的根本性地位,因而才会出现前文所谓在生命哲学、境界的形而上学之名义下,"以理杀人"

或"崇天忘人"的现象。

一个观念或一套观念体系之所以对主体有意义是因为它或它们符合主体的某种需求或理想。此需求或理想不能在作为一套观念体系之内在部分的同时，又赋予这套观念体系以意义，否则我们就从第二个问题跳跃到了第一个问题了。这也就是说，意义的赋予者，应该在任何境界中的具体观念之外。通过此意义赋予者的意义观照，一个观念或一套观念体系才会获得意义，即真正成为人生境界的内容。这里出现了一种因果关系，其中意义赋予者或需求发出者是因，一套观念成为境界中的内容是果。而一套观念成为境界之内容本身即意味着这套观念的显现，此乃这套观念体系或者说这套观念体系所描述之事物之存在之一维。故这里也可以说，某个需求是因，一套观念的存在是果。就这套观念的存在而言，此因既不是其太始，也不是其本体，而只是其显现的一个机缘、契机、机会。此机缘要求符合主体需求的观念或事物出现，但除非经过人的实践活动的中介，否则不能直接宇宙论或本体论地创造和维系那些观念和事物的存在。在境界论的视域中，这种要求是一种"呈现"要求、敞开遮蔽的要求、需要导向性要求。在宇宙论、本体论的视域中，需求也可能是太始、本体决定观念和事物之存在和变化过程中的一个有实质影响的中间性环节。不过，此时我们已经将"需求"本身作为一个境界中的观念来考量了，我们看问题的思想视域已经转换了。所以，就纯粹的境界论思想视域而言，需求成了观念或事物存在的"机缘"性本源。

这种由"机缘"而敞开事物存在的因果关系，近于佛学中的"能作因"或"增上缘"。依《俱舍论》："一切有为，唯除自体，以一切法为能作因，由彼生时无障住故。"[①]"增上缘性即能作因。""唯增上缘于一切位皆无障住故。彼作用随无障位一切无遮。"[②] 能作因或增上缘强调的是事物自体之外未对事物之呈现起障碍作用的一切条件。上文所谓"机缘"亦是在事物自体及其始末迁流之外的条件，但其作用最好反过来讲，即这个条件不是只消极地发挥"无遮"作用，它更积极地发挥敞开遮蔽的作用，因而对事物的存在而

---

① 《大正藏》第 29 册，第 30 页上。
② 《大正藏》第 29 册，第 37 页中。

言是最切近的那个能作因或增上缘。它不直接创造事物之自体及其流变，但它是高山孔洞，让泉水由它而流出；它是开启的户牖，暴露了家室之陈设、装潢。然而，机缘对于观念和事物之自体与流变又并非毫无本源性意义。一切事物若不能进入心灵而以观念的方式显现，或者说不能成为境界中的一物，我们就无法谈论它们，用王阳明的话说，它们就与我们"同归于寂"。① 所以，我们对一切事物的言说，哪怕是关于事物在宇宙论和本体论视域中之存在的言说，也离不了境界论的视域，否则这些事物无法在心灵中出现，事物也就不能成其为与人照面的、可言说的事物。借用康德哲学的术语，事物只能保持其"物自身"的存在，而无法成为"现象"。② 但与康德哲学不同，这里主要讨论的不是人的认知心对现象的建构问题，因为那仍然是本体论的问题，即认识本体论问题。这里探究的是，何以认知心在遭遇"物自身"时会去认识它，从而使之成为现象、成为能够进入人们心灵的观念？

纯粹认识心是不具有认识事物的主动性的③，它并非在人们遭遇事物的任何场合都会去认识事物。很多时候，人们对其遭遇的很多事物是"视而不见，听而不闻，食而不知其味"（《大学》）的。这些事物之所以在与人的遭遇中不能进入心灵、不能成为观念，从根本上说，是因为人们在遭遇的当下没有认识它们的需求，对它们没有意义的观照。可见，对事物在心灵中的呈现而言，意义的观照是先行的，境界论的视域是先行的。这意味着，没有境界论的思想视域，一切本体论和宇宙论的视域都展不开，一切都是混沌，一切都在沉寂。就此而言，境界论对事物的存在是有其不同于宇宙论和本体论视域之本源意义的。这个本源是一切境界之源，它使事物的一切源与流、相与用才能在心灵境界中与人照面。不过，这个本源无法保证事物在宇宙论和本体论中的存在，无论是其客观的存在，还是其主观的观念存在，它只是开了一道门、揭开一层幕。作为人的需求或理想，它会鼓动认识心去建构"现象"，但现象具体怎样呈现、能否呈现、在心灵之外还有着怎样的存在，这些它都

---

① 王阳明：《王阳明全集》，第122页。

② ［德］康德：《纯粹理性批判》，李秋零译，中国人民大学出版社2004年版，第196页。

③ ［英］休谟：《人性论》，关文运译，商务印书馆1980年版，第493页。

不能完全决定，它只是为这一切提供了一个机缘或契机。因为这个机缘，事物被意义所观照，从而敞开了自身的存在。

所以，境界论之思想视域的独特性在于，它敞开的不是事物的源流关系和体、相、用关系，而是事物源流及其体、相、用之对人隐显的机缘关系。就事物的存在而言，前两者描述的是事物的时空生成关系和体用生成关系，而后者描述的是事物的意义生成关系。每一思想视域皆有其本源：在宇宙论的视域中，本源是事物在时空中存在的最先的创生者，即太始；在本体论的视域中，本源是事物显相、发用之最究竟根据，即本体；而在境界论的视域中，本源是事物存在之最优先的机缘。如上文所述，在人的生存世界中，境界论视域是优先于宇宙论和本体论视域的，故而境界论视域不应该被遮蔽于宇宙论和本体论的视域中而失去其独立性和优先性。就此而言，我们理应认可本源在太始和本体之外的第三种含义，即"机缘"含义。

三 "机缘"的"情缘"实质

上文已阐明境界论的思想视域对事物的存在有其不可抹杀的独特意义，以及在境界论的视域中，本源的含义应为"机缘"。接下来将要说明，创造"机缘"本源的，赋予事物以原初的价值，敞开事物对人之存在的，就是情感。发挥机缘本源作用的情感，也可称之为"情缘"。在早期中国哲学中，由于情感的本源地位未被完全抹杀，故境界论视域的独立性、独特性并未如后世中国哲学般被遮蔽、扭曲，或者说被消弭于宇宙论和本体论视域之中。

其实，对于早期中国哲学中存在的不同于太始和本体的"本源"观念，当今学者也有相关研究。这些研究主要围绕"情本源"论或"情本体"论展开。上文指出，境界论视域中的本源乃是人的一种需求或理想，而需求或理想在根本上是由人的情感体现的。所以，情本源论的揭示，为考察中国哲学特殊的境界论视域和"机缘"化的情感本源论视域奠定了理论基础。在近现代中国情感主义哲学中，其中有一些在根本上依然属于典型的本体论哲学，比如袁家骅和朱谦之的"唯情哲学",二者皆是从宇宙太始或万物本体的视角看待"情"的。另外一些则为情感本源论的考察提供了可借鉴的思想资源。比如:李泽厚的"情本体"论肯定了"'情'为人生的最终实在、根本"①。他的哲学虽名为"情本体"论,却并不是体、相、用那样严格的本体论架构,事实上具有浓厚的情本源论色彩。蒙培元的"情感儒学"则阐述了情感对于境界论之不可或缺的重要性。他说:"谈心灵境界问题,不能不谈情感……""境界必须是情与理合一、本体与功夫合一的心灵存在的状态,不是纯粹理性或逻辑的认识或'真理'。"② 与上述学者相比,黄玉顺的生活儒学更为清晰地提出了区别于传统形而上学、形而下学视域的情感本源或生活本源观念,并具体地指出,本源的生活或生活情感乃是"际遇"。他说:"所谓生活本身,不过就是本源的生活感悟本身……而生活感悟,首先就是生活情感。""生活儒学称这样的本源的生活情境为际遇。生活就是际遇。这是因为:我们遭遇生活。"③ 这些学者不仅构建了自己的情感主义哲学,而且他们还将相关思想资源追溯到了先秦儒家,这对我们考察中国哲学传统中的情感本源论,特别是具有"机缘"内涵的情感本源论,是非常重要的参考。

在考察先秦儒学之前,我们需要在此简要总结一下机缘性的情感本源论——可称之为"情缘论"——的理论特点:第一,情感作为人的需求之源,作为事物存在的机缘,是境界论视域中的本源,超出此视域之外,我们不能否认情感是太始流行和本体显相、显用之表现或环节。第二,情感作为本源与事物之存在是一种"机缘"关系,它是第一增上缘而不是亲因缘,这明确说明了境界论视域与宇宙论、本体论视域之因果关系向度的不同。第三,由于境界论之独立性地位的揭示,境界论视域是不可彻底地消融于或还原到宇宙论、本体论视域中去的。事实上,宇宙论视域的本源与本体论视域中的本源也不可相互还原。因此,情缘论主张,事物存在的各种本源观念最终并不是浑然一体、合而为一的。

---

① 李泽厚:《人类学历史本体论》,天津社会科学出版社 2008 年版,第 203 页。
② 蒙培元:《心灵超越与境界》,人民出版社 1998 年版,第 425、405 页。
③ 黄玉顺:《爱与思——生活儒学的观念》(增补本),第 260、254 页。

对于第三点，尚需作简要的解释。比如对于一个孩子，生他的父母可以看作其太始，人类的基因可以看作其本体，其想要了解自己的兴趣可看作"情缘"。作为太始的父母固然内在地含有孩子具有的人类基因，但我们不能从人类的基因出发，分析出父母生养孩子的一切活动。同样，孩子因为兴趣的需要而认识自身，从而发现自己的存在源于父母的生养和基于人类基因的作用、表现，于是父母与基因的存在及其与孩子之关系由此兴趣而得以显露于人，并表现在孩子的心灵境界之中。但我们不能说，孩子的这个兴趣，可完全由父母的生养活动和基因的作用分析出来。所以，父母、基因、兴趣，三者不是一回事，也是不可完全相互还原的。再举一例。江河有其三个源泉：江河之水的本体——H_2O，江河之水的太始——泉源，江河对人意义之源——人的欣赏活动、研究兴趣等。我们不能从 H_2O 分析出江河的发源之地，更不能分析出主体的欣赏或兴趣，反之亦然。是故，事物存在的三种本源——情缘、太始、本体是不可彻底地合一的或相互还原的。由此，我们亦可以对中国哲学中那种倡导宇宙论、本体论、境界论视域圆满无碍，宇宙之始、万物之体、心灵之最高境界相合为一的哲学做出反思。

反观先秦儒家，我们会发现三种本源之间是存在着冲突性或不圆满相融性的，由此或可发现早期中国哲学对境界论思想视域以及"机缘"本源观的重视和保全，亦即对情缘论思想视域的重视与保全。

先秦儒家中有大量关于人的需求、理想与天命、天道之关系的论述，从这些论述中，我们可以探寻儒家对人生境界和宇宙本源、本体之关系的基本态度。事实上，关于先秦儒家思想之人道与天道、天命之间的冲突性，冯达文已有清晰的阐释：

> 无可否认，在先秦儒家，在孔、孟、荀三大先哲的思想里，我们看不到有这样一种本源—本体论。孔、孟、荀三人都极强调天命与人德（或人道）的分立甚至背离。孔子说："道之将行也与，命也；道之将废也与，命也"；孟子说："若夫成功则天也，君如彼何哉？强为善而已矣。"即此。客观外在之"命"不能通贯于"人德"，这表明"命"不具有本源—本体意义；孔孟是执著"人德"的，但其"人德"不能为

"命"所认允，这表明"人德"其实亦不具终极意义。……至于荀子，其重视现实社会之礼制规章，则尤甚于孔、孟，故荀子更不可能萌生"万物一体"的境界追求。①

可见，在孔、孟、荀的思想中，天命与人德，或者说天道与人道之间并不能彻底地贯通——不是丝毫不能贯通，而是不能彻底地贯通。天之运行和天之所"命"不尽合乎人道的理想，而人又不能放弃人道的理想，于是只好在坚持以人道、人德——根本说来是仁爱——为优先、为根本的基础上，尽可能地通过学而"知命"——"不知命，无以为君子"（《论语·尧曰》），而"用命"——"制天命而用之"（《荀子·天论》）。但人于天道、天命终究不能尽知、尽用，于是在很多事情上，只好在尽人事之后，而敬俟天命——"君子有三畏，畏天命，畏大人，畏圣人之言"（《论语·季氏》）。这虽于人德的圆满实现有所憾，但毕竟没有理想化地肯定人道与天道的彻底贯通，从而轻许一"万物一体"之哲学。在冯达文看来，后世合宇宙论、本体论、境界论而为一的"万物一体"之学才是哲学架构的圆满，其实，这乃是屈人德以从天德的结果，是屈境界论视域以从宇宙论、本体论视域的结果。故先秦儒家虽然在哲学体系的建构上不如后世，但其坚守情缘之优先、之不可消融于天道本源的立场，实乃人生哲学之最深刻而不可改易的真知灼见。先秦儒家虽无"情缘""情缘论""境界论""机缘"等概念，但显然他们的思想中蕴含着此种思想视域。

与先秦儒家相比，道家哲学和佛家哲学在根本上不是情感主义的，更不是情缘论的，其思想视域是宇宙论、本体论的。我们只能从其思想的某些切面来找寻近似于情感主义哲学或情缘论思想视域的痕迹，但在其整体理论架构的展开中，这些痕迹只能停留于"切面"或"方便言说"的范围内，情缘论的思想视域在道家哲学和佛家哲学中终归是无法建立起来的。例如，牟宗三、冯达文均将老子所谓"天下万物生于有，有生于无"（《道德经》第四十章）之"无"诠解为"境界"，甚至冯达文明确说这种境界是一种心灵的期

---

① 冯达文：《中国哲学的本源—本体论》，第 225 页。

许。他说:"大体而言,道家所谓'无'……其实并不是进入认识领域与主体对峙的客观实存物,而是主体心灵的一种期许,一种化境。故道家之本体论,其实不是实存论,而是境界论,或最终要归结于境界论。"① 如此言不谬,则老子哲学中一切关于"有"的认识,皆是在人生理想敞开的境界中显现的。这可看作情缘论思想视域的痕迹,但是,老子哲学主张的"人法地,地法天,天法道,道法自然"(《道德经》第二十五章)的观念,容易导致人道对天道的屈从(特别是在将道的内涵理解为天道运行之自然而然的情况下),即导致境界论视域的宇宙论、本体论化,至少基于情感需求的人道的独立性无法从天道中剥离开来,于是人的情欲只能被反向压抑("抱朴""寡欲"),不能被正面认可。刘笑敢将《老子》中的"自然"解释为"人文自然"②,若依此种理解,则老子哲学中似乎尚存情本哲学的痕迹,但很明显没有正面展开。庄子哲学在天人关系上加剧了道与天的合一以及人道对天道的顺应,在功夫论上强化了对情欲的克制,在这样的思想观念中,情感的本源性地位便被遮蔽了。佛家哲学具有典型的本体论特征,在根本上不是情感主义哲学。但如果截取与人生相关的某一个面向,我们也能够发现"贪爱""慈悲"对于开显人生境界的意义。特别是慈悲之爱,佛学中有"慈悲是佛道之根本"③ 的说法,"慈悲"中的"无缘慈"可谓是与般若智慧相融互含而成一体的境界。若方便言说,慈悲之爱亦可谓具有根本性。但这一根本性只是方便而言,在佛学中最高的境界毕竟要以般若性空之智慧为归旨,而且慈悲之爱所开显的境界已经高度本体论化了,至少与本体论视域(即"缘起性空"的视域)同一、合一而失去了独立性的地位。因此在佛学中,情感的本源性地位是难以得到彰显的。

先秦儒学自身在发展的过程中已经出现了宇宙论、本体论化的路向,这对情缘论的思想视域具有遮蔽作用。《中庸》已经建立起了天命的至高无上地位,汉代董仲舒的哲学更是高扬了天的神圣性,发展出了彻底的天本

---

① 冯达文:《中国哲学的本源—本体论》,第 115 页。
② 刘笑敢:《老子之人文自然观论纲》,《哲学研究》2004 年第 12 期。
③ 龙树:《大智度论》,《大正藏》第 30 册,第 890 页下。

论哲学。在后世吸收了道家、佛家哲学的思想架构之后，儒学的理论形态充分地宇宙论、本体论化了。对中国哲学影响巨大的宋明理学，其理论形态是典型的性本论。性本论虽在一定程度上抬高了人性的地位，但人性仍要以天命之性为本，人所开显的境界皆被从宇宙论、本体论的视域观照呈现，在影响深远的"性体情用"的思想架构中，情感的本源性地位被长期地遮蔽和遗忘了。

第二章　先秦儒家的情感本源论及其遮蔽[*]

本章将对情缘论思想视域在先秦儒学中的存在状况及其何以会在后世走向遮蔽做出具体的说明。冯达文曾指出，先秦儒学中既存在关于天道与人道相合相即的论述，也存在两者间相互冲突的论述，因此先秦儒学不可能像宋明儒学那样建立起真正天人一体的哲学。① 换句话说，先秦儒学对事物存在的本源性解释不能体现出如宋明儒学那样的哲学一贯性，直到宋明儒学这一缺陷才得到弥补。但如果我们跳出宋明儒学那种典型的"本体宇宙论"架构，重新审视先秦儒学中的天人关系，就会发现，在"本体宇宙论"——事物存在之时空源流以及本末、体（相）用——的视域之外，先秦儒学中还存在着另一种本源性视域，即事物之"本体宇宙论"的存在得以依人的需求而在心灵中呈现的视域。这是一种真正意义上的境界论视域（不是认识论视域，一方面认识论具有建构现象的本体论特征，另一方面认识呈现的是事物的实相，境界更体现事物对人的意义），是理解事物之"存在"不可或缺的思想维度。此视域中的本源，是事物之"本体宇宙论"的存在得以显现的"机缘"。在先秦儒家中，此机缘的根本内容是仁爱情感，或者说仁爱情缘。令人遗憾的是，在儒学的开展中，随着仁被提升为天德，境界论思想视域也随之"本体宇宙论"化，成为太始、本体展开的一个向度。此种以境界论视域为优先的思想视域——情缘论视域——便被长期地遮

---

　　* 本章内容曾以《先秦儒学人道本源的价值哲学探微》为题发表于《伦理学研究》2021 年第 1 期。此处有修改。
　　① 冯达文：《中国哲学的本源—本体论》，第 225 页。

蔽了。这不仅导致了情感之本源地位的受损，而且也在一定程度上阻碍了儒学的现代转型。

一 天人之分及人道的本源性地位

在哲学领域，人们早已习惯于从宇宙论、本体论的视域审视事物的存在。加之哲学探本求源的特性，人们通常将事物存在和人生追求的根本系于宇宙论、本体论或两者融合之视域中的某种本源观念，认为一旦通达、契入本源，则一切存在皆可得其正命。然而，既然宇宙论或本体论视域中的终极本源是一切存在者的本源，那么它一定是超越于某个具体存在者的，哪怕是存在者中一向自诩为最高贵者的人类。在哲学上，完全地通达、契入一个具有超越性的存在者，很多时候是以这样的方式实现的：人们将自己的命运看作本源意志的体现，或本源流行、显现之一环。而这样的方式，要么会使具体的个人匍匐于某个神圣存在者的脚下，要么会压抑个人的本性从而使之不断靠近某个超越性的观念，尽管这个观念可能是以"本我""真我""自性"，或属人的"先天本性""本心""先验理性""先验意识"等名目出现的。也就是说，人，那些具体的、活生生的个人，要么沦为某个神的奴隶，要么沦为某个太始、本体观念的奴隶。因为在究竟的宇宙论和本体论视域中，人只是一个环节、一个"分殊"、一个超越性"自我"的形下表现，故而人只能完成本源所"预定"的使命。具体的人没有真正源于他自己的使命，因为在本体论、宇宙论的视域中，具体的人永不能成为终极的"本源"。但是，假如我们能够认真地审视先秦儒学，便会惊喜地发现，在一些（不是全部）先秦儒学理论中，具体的、活生生的人具有和宇宙太始、现象本体一样的本源性地位。

从宇宙论的意义上讲，人并不具有本源性，因为人只是天地所生之一物。这一点先秦儒家是承认的。所以《易传·序卦》明确讲："有天地，然后有万物；有万物，然后有男女……"既然人是天地所生者，因此人也像其他事物一样受到天地法则的影响和限制，亦即有其客观的命运。人在很大程度上应该遵行天道、天命，故而"知命""俟命""知天""事天""畏天""敬天"之说在先秦儒学中是很常见的。孔子曰："不知命，无以为君子。"（《论语·尧曰》）孟子曰："存其心，养其性，所以事天也。夭寿不贰，修身以俟之，所以立命也。""莫非命也，顺受其正。是故知命者，不立乎岩墙之下。尽其道而死者，正命也。桎梏死者，非正命也。"（《孟子·尽心上》）《中庸》也讲："君子居易以俟命。"尽管先秦儒家大多主张人们应该"事天""顺命"，但他们中的很多人只是认为天命客观地影响和制约着人，人在很大程度上不能逃避于它的影响罢了。他们并未在此之上更近一步，认为"事天""顺命"就是人生的终极使命。相反，他们提倡的是，天有天道，人有人道，人虽生于天地之间、受制于天命，但人之为人，在根本上不是去完全地遵行天命，而是去践履人道。故一些先秦儒学理论特别强调天人之分或者天人在根本上有所分，而不是盲目、理想化地主张天人一体。我们看下面的几段话：

> 有天有人，天人有分。天人之分，而知所行矣。（郭店楚简《穷达以时》）①
>
> 易之为书也，广大悉备，有天道焉，有地道焉，有人道焉。……三才之道也。（《易传·系辞下》）
>
> 昔者圣人之作易也，将以顺性命之理。是以立天之道，曰阴与阳；立地之道，曰柔与刚；立人之道，曰仁与义。（《易传·说卦传》）
>
> 天行有常，不为尧存，不为桀亡。应之以治则吉，应之以乱则凶。……故明于天人之分，则可谓至人矣。（《荀子·天论》）

以上材料指出，天道、地道与人道之内容是不同的，三者可并立为三。这里的关节点在于，上述理论并未从天道流行之某一环节或某一方面来确立人道的内容；亦即人道并不完全蕴含在天道之中，不能为天道所统摄或消融。正是在此意义上，人才真正能够与天地并立为"三才"。

由于人道不完全蕴含在天道中，故而天道与人道之间便有可能发生冲

---

① 李零：《郭店楚简校读记》，中国人民大学出版社 2007 年版，第 111 页。

突。这些冲突，小到人的寿夭、贤愚、福祸，大则至于天下治乱。比如，依人的理想，必希望贤者能够长寿，然而颜回短命而死，孔子恸哭曰："天丧予，天丧予！"（《论语·先进》）是天命与孔子之理想不合也。身为人父，无不希望子孙贤良，然而尧、舜之子皆不肖。孟子曰："其子之贤不肖，皆天也，非人之所能为也。莫之为而为者，天也；莫之致而至者，命也。"（《孟子·万章上》）是天命与尧、舜之理想不合也。圣贤孰不欲天下太平？然而其纵有平治天下之才能，苟不遇其时，亦不能施展抱负。故孟子感慨："夫天，未欲平治天下也；如欲平治天下，当今之世，舍我其谁也？吾何为不豫哉？"（《孟子·公孙丑下》）是天命与孟子之理想不合也。以上所论天命与圣贤理想之种种不合，表明孔孟也是主张天道与人道在根本上具有相分性的。只有天道与人道在根本上是相分的，人道与天道才可能发生根本的冲突，人才能够与天地并立为三，人对于事物的存在才可能具有本源性的意义。

当然，并非所有的先秦儒家都主张天道与人道之根本的分离性。比如《中庸》就提倡人道源于天道，认为天道与人道在根本上是一致的。《中庸》开宗明义说："天命之谓性，率性之谓道，修道之谓教。"这便将人道努力的最终方向与天命结合在了一起，亦即人道的最终目标就是合乎天道。故《中庸》说："诚者，天之道。诚之者，人之道。"由于肯定了人道与天道的根本一致性，于是天、人之间的冲突便得到了解决。所以《中庸》认为："故大德，必得其位，必得其禄，必得其名，必得其寿。……故大德者必受命。"可是，天人之间这种圆满的一致性显然是不合乎事实的，上文所举天人冲突的例子即是证明。由此我们可以判断，天道与人道的相合，不过是人的一种理想罢了。《中庸》的作者将人的这种美好理想嫁接给天道，又通过天道开显出人道，于是天人关系也就圆满无碍了。不过，《中庸》之天人关系的理想性本身，恰说明天道与人道原本是有冲突和不一致之处的。当然，《中庸》之中也包含着人能够"赞天地之化育"的观念，在此意义上，天需要通过人来实现天道，人作为天道流行之必要一环，具有天自身所不能直接发挥的作用。这也可以看作一种天人之分的主张，但这里的天人之分不是根本性的，而是第二位的，是天道流行而赋予人的一种功能，此功能在根本上是源于天道的。故这种天人之分与上文所强调的天道、人道之根本性的分离是不同的。

　　不过，如果我们把握《中庸》思想的这种理想化特点，再反观其中的论述，就会发现，其所论天道之事，事实上乃是人道之事，不过是人道内容向天道的投射罢了。比如：

> 诚者自成也，而道自道也。诚者，物之终始。不诚无物。是故君子诚之为贵。诚者，非自成己而已也，所以成物也。成己，仁也。成物，知也。性之德也，合外内之道也。故时措之宜也。

　　按照《中庸》的思想，"成己，仁也。成物，知也"中的"仁"与"知"既是天德也是人德。但如果这里的"天德"不过是人德的投射，从此投射的过程，我们也可以发现，人道、人德对于事物之存在具有一种本源性的作用。即在人的某种理想需求推动下，一种天道及其创生事物的观念得以呈现。这说明，天和天道（事物的创生者、主宰、本体）需要经由人道才能真正显示其存在，当然人也能够进一步通过行动而使事物的存在发生一定的变化。这就与那些倡导天道与人道相分的先秦儒学理论吻合了。那些儒学恰恰主张：人以自身的需求为本位，通过观法天地、万物——显现本体宇宙论视域之本源及其流行、发用，进而"理天地"、为"天地之参"、"制天命而用之"（《荀子·王制》《荀子·天论》），最终"通天下之志""成天下之务"——"开物成务"（《易传·系辞上》）。

　　总之，在很多先秦儒学理论中，人道是不能被天道所完全统摄的，因而有其区别于天道之本源性的意义。接下来，我们将对这种本源性意义的理论可能性及其内涵做出说明。

二　人道视域中的本源及其"机缘"内涵

　　上文指出，在很多先秦儒学理论中，人道具有与天道不同且能与之并立的本源性意义。这在理论上能够成立吗？很多学者曾对天人相分理论的合理性提出质疑。比如李泽厚评价荀子哲学说："一方面，'性者，天之就也……'另一方面，人必须'化性而起伪'，使'性伪合'。那么，'性出于天'的'天'（自然）到底是善呢还是恶？"他进一步引用王国维的质疑："荀子云人之性恶，其善者伪也，然使之能伪者，又何也？"① 也就是说，既然人性出于天，而人道又是基于人性的，那么人道怎么可能不源于天道呢？若不源于天道，又是源于哪里呢？又怎么能说是"性出于天"呢？《中庸》正是按照这一逻辑而将人道全盘纳入天道之中的。

不过，这种质疑本身是有问题的，问题的根源在于思想视域的浑一（浑然一体，而不是混淆不分），即将宇宙论视域中的太始与本体论视域中的本体浑一，这正是"本根"论、"本体宇宙论"的问题所在。从本体论的视角言之，万物的创生者作为宇宙之太始，不过是本体的一种显现方式，它未必包含一切事物全部的根据，本体的诸多方面可以在太始之流行中慢慢地表现出来。所以，中国古代将宇宙之始与相、用之体浑一的哲学在根本上是存在问题的。如果我们能够认清这一点，便知道人由天地所生，而人性具有不源于天地的内容，这并不是毫无道理的。譬如父母生子，子的脾气秉性可能与父母皆不相同，从生成源流的角度来看，子之"性"确实具有不源于父母的内容。但从本体论的视角而言，无论父母还是其子，他们的脾气秉性，乃是人类脾气秉性的不同表现而已。正因如此，那些主张天人根本相分的先秦儒学理论，在承认人乃天地所生的同时又坚持人道在根本上不同于天道，便不是无稽之谈，而是有理可循的了。人道在其存在的形上根据方面自有其本体，但其形下的存在却是从人的存在开始的，因而不能完全、彻底地向前还原其存在。

既然人道与天道之根本分离性在理论上是可能的，我们便可进一步追问：人道之本源意义究竟指的是什么？具体地说，它在思想视域上和宇宙论、本体论有什么不同？人道视域中的本源与事物的存在之间是一种什么样的关系？这个本源究竟指的是什么？

---

① 李泽厚：《中国古代思想史论》，生活·读书·新知三联书店 2008 年版，第 119—120 页。

前文曾讲到，天道与人道的冲突主要表现在天道运行与人的理想、愿望之间的不协调，而且《中庸》讲天人之间的一致性也是通过将人的理想化需求投射于天道之中而实现的。由此，我们便可得出一个基本的结论：人的需求或理想敞开了事物的某种存在，人可以通过知识、行为改变那些存在。须知，因人的行动而引发事物之存在的改变，这乃是一种宇宙论视域中的因果关系。但事物之存在、变化、其存在之太始与本体因人的需求而得以显现，却不是宇宙论视域的事情，当然也不是本体论视域的事情。因为一切太始、本体也要通过人的需求才能对人显现。那么，事物因人的需求而存在（没有对人的显现，一切皆归沉寂，事物不能真正成其存在）的视域是一种什么样的视域呢？须知，人的需求具有赋予意义的作用，也就是说，一个事物一旦在人的需求中出现，它就会对人具有某种意义。就此而言，事物因人的需求而存在的视域是一种意义视域。而意义视域，其实也就是真正意义上的境界论视域。因为人生境界或心灵境界表现的正是事物对人的不同意义。如上一章所引冯友兰之言："人对于宇宙人生在某种程度上所有底觉解，因此，宇宙人生对于人所有底某种不同底意义，即构成人所有底某种境界。"① 所以，"意义"才是境界论视域的本质内容。故而，人道的本源性意义，在于它敞开的不是宇宙论、本体论、认识论视域，而是境界论视域。

这里有必要对认识论视域加以说明。不可否认，一种事物能够作为观念在人的心灵中显现，离不开人的认识。在此意义上，人的认知心是事物作为现象得以呈现的主观本体，这一点康德哲学已做了详细的解析。② 但人的需求和理想显然并不是这样的本体，它们优先于认识作用，推动认知心去建构现象，它们本身并不是现象呈现的究竟根据。

关于需求、认知与事物之存在的关系，我们可以从《中庸》"成己，仁也。成物，知也"的表述获得进一步的消息。如果看清《中庸》将人道提升为天道又反过来以天道规范人道的理论本质，从而把这句话在事实上看作人道的作用，我们便可以从中发现一种人的"成物"功能。"成物，知也"蕴

---

① 冯友兰：《新原人》，载《三松堂全集》第 4 卷，第 496 页。
② ［德］康德：《纯粹理性批判》，第 196 页。

含着，通过人的认识，事物才能真正呈现，否则事物的存在对人是遮蔽的。然而，上文所说因人的需要或理想而敞开事物之存在，其中的因果关系是与认识心和现象之关系不同的。这种关系，应该是"仁"与"物"的关系而不是"知"与"物"的关系。可根据引文，仁的作用不是"成己"吗？它是如何与"物"关联起来的呢？关于这个问题《中庸》还讲："唯天下至诚为能尽其性。能尽其性，则能尽人之性。能尽人之性，则能尽物之性。"可见，在"成己"与"成物"之间是有前后关系的，也就是说，人只有先"成己"，然后才能"成物"。何谓"成己"？"成己"需要做到"至诚"。我们把天道问题抛开，只谈人道，则"至诚"就是真实地做自己，这当然包括真实地表达自己的需求和理想；根据"成己，仁也"，则这一切都是源于"仁"的。因此我们可以说，是"仁"使人产生某种需求和理想，在此需求和理想引导下，人们运用"知"去认识事物，于是事物的存在——其性状、太始、本体等——得以呈现。

既然人的需求、理想不是现象、作用呈现的认知本体，而是境界论视域中的一种本源，那么这究竟是一种什么样的本源呢？这就是第一章所讲的"机缘"本源，因为它直接为事物的显现提供"机会"或"际遇"。是故，主张人道具有本源性意义的先秦儒学，实质上蕴含着一种"机缘"本源观。此"机缘"本源固然是人的各种需求和理想，但在儒家看来，人的所有需求和理想都源于情感，特别是仁爱情感。因此，可以说一切机缘皆是情缘。

三 "机缘"本源即仁爱"情缘"

上文已阐明人道的本源性意义、其敞开的境界论视域及此视域中作为"机缘"的本源观念。这里将进一步探讨，那些先秦儒学理论所蕴含的"机缘"本源究竟指的是什么。按照上文的分析，人的一切需求和理想都可作为"机缘"本源，且一切需求和理想的源泉可能是"仁"。"仁"是先秦儒家学说中之最基础性的概念，可是在《中庸》中，仁乃是天德，是天命下贯于人的"性之德"。这显然是那些主张天人在根本上具有分离性的先秦儒学理论所不能认同的。因为他们不倾向于将"仁"视为天德，而是将其视为人德。特别是，在先秦时期，很多儒学理论并未将仁提升为形上或先天的本体性原理，而是将其根本内涵理解为一种情感，确切地说，即"爱"的情感。因此，"仁"在一般情况下也可具体称为仁爱。

不过，对于"仁爱"，不同的学者也有不同的认识。很多人认为仁爱是一种爱别人的情感，但也有学者指出，仁爱有其自爱的一面。① 其实，仁爱包含自爱的向度，这是古代很多儒者都认可的。比如，《荀子》中就有"仁者自爱"的说法（《荀子·子道》）。杨雄也说过："自爱，仁之至也。自敬，礼之至也。未有不自爱敬而人爱敬之者也。"② 甚至朱熹也说："仁之发处自是爱，恕是推那爱底……若不是恕去推……只是自爱而已。若里面元无那爱，又只推个甚么？"③ 所以，我们不能将仁只作道德情感解读，它的根本含义就是"爱"，无论其爱的对象是自己还是他人，是亲人还是陌生人。

另外，在所有的情感中，爱是最具本源性地位的情感。因为，有爱才可能有恨、有各种喜怒哀乐，这些情绪或情感皆以爱为本源。④ 爱是一种动机、意向，在感受层面表现为情绪。在先秦儒学中，儒者们经常从不安、不忍、恻隐、恐惧等情绪或者说情感感受来论"仁"。⑤ 比如，在关于父母之丧的问题上，孔子以内心的安与不安来判断宰我的"仁"与"不仁"（《论语·阳货》）；孟子以梁惠王在祭祀时以羊易牛之"不忍"之心来论仁（《孟子·梁惠王上》），以"乍见孺子将入于井"而起的怵惕恻隐之心论仁（《孟子·公孙丑上》）。这些情绪都是不由自主而发生的，是人的本能性情感反应，这说明，儒家重视情感感受的本真性，提倡基于爱的真情实感，而不是经过后天熏陶而养成的观念化的情感反应。所以，我们这样来概括

---

① 黄玉顺：《荀子的社会正义理论》，《社会科学研究》2012 年第 3 期。
② 李守奎、洪玉琴：《扬子法言译注》，黑龙江人民出版社 2003 年版，第 193 页。
③ 黎靖德编：《朱子语类》第 6 册，第 2453 页。
④ ［德］舍勒：《爱的秩序》，林克等译，生活·读书·新知三联书店 1995 年版，第 64 页。
⑤ 在本书中，情感是主体心理和身体中发生的情感性反应以及在此基础上引发的动机、意志、情绪等方面的统称，这些不同的方面在很多时候是可以分离的，比如同一种情感在不同的时空中可以表现为不同的情绪，即不同的情感感受。

先秦儒家对仁和仁爱的理解或许更为准确："仁"固然可以被看作一种德，但其首先指称的乃是人在具体生活情境中当下发生的各种本真的情感反应，它体现的是人的情感不麻木的状态；从意向、动机来看，仁的最本源含义是爱，既是关心他者的爱，也是关心自我的爱。因为此种本真的爱之情非常重要、非常可贵，于是仁、仁爱以及与之相应的行为、行为规范进而被看作一种德性、德行、道德规范。所以，仁首先是一种本真的、本能的情感，本无所谓德与不德，在道德的视域下审视，它才被看作一种德。在孔、孟那里，德的根源止于人的仁爱的情性，而在《中庸》中，德的根源突破人性进一步被上溯到天道之中，于是仁的第一内涵由"真情"转而为"德性"，由人道转升为天道。而这一思想脉络又为宋明理学家所继承和发扬，这其实是遮蔽了仁爱的情感本源地位，将"仁"形而上学化了。

那么，仁爱是人的一切需求和理想的根源吗？

人的需求可以分成两个方面。一方面是人本能的食色之欲，将这些需求归结为人的情感或"情性"显然是没有问题的。如荀子说："今人之性，饥而欲饱，寒而欲暖，劳而欲休，此人之情性也。"（《荀子·性恶》）《礼记·礼运》篇也将欲列为"七情"之一。事实上，欲就是人的自爱的意向、动机方面，欲即情意。另一方面是人因理智、判断而建立的需求和理想，这是否也源于情感呢？须知，人的理智若没有情感的推动和引导，是不会主动地思考，从而使人产生欲求并引发行动的。如郭店楚简《性自命出》所言："凡人虽有性，心无定志，待物而后作，待悦而后行，待习而后定。"[1] 也就是说，人的意志是由于心接于物，有了喜悦之情，然后引发"行"与"习"，之后才能形成的。其中，"习"就包含着认知活动。荀子讲得更明白，他说："性之好、恶、喜、怒、哀、乐谓之情。情然而心为之择谓之虑。"（《荀子·正名》）按照谢遐龄的解释，这里的"然"是"认可"的意思[2]，因此荀子的这句话充分说明人的思虑活动是由情感推动的。

---

① 李零：《郭店楚简校读记》，第 136 页。
② 谢遐龄：《〈孟子〉〈荀子〉感学初步比较——儒家之美学的可能性探讨》，《云南大学学报》（社会科学版）2012 年第 1 期。

当然，先秦儒家的上述观点也得到了西方情感主义哲学和当代科学研究的支持。休谟曾讲过，理性不是一个活动的原则，它只能服务于情感，因此人的一切意志活动皆发源于情感。① 当代神经科学家安东尼奥·达马西奥（Antonio Damasio）也指出，一旦人的情感能力受到损伤，实践理性的推理和决策功能也会受损。② 因此，将人的需求和理想之源归于情感是能够成立的。

按照前文的分析，很多先秦儒学理论以仁爱为其他情感发生的源泉。于是我们可以说，对这些儒学理论而言，仁爱情感就是境界论视域得以敞开的最为根本的"机缘"或"情缘"。正是仁爱这一根本的"情缘"保证了人道不可还原到天道的本源性地位。

四 先秦儒家"情缘论"思想视域的遮蔽

先秦儒学中存在着"情缘论"的思想视域，这种思想视域肯定了境界论视域不可消融于宇宙论视域和本体论视域的独立性，指出仁爱作为最根本的机缘本源敞开了一切人生境界。但随着儒学的发展，特别是在秦汉以后的儒学理论中，人道被摄入天道，仁被提升为天德，真正的情缘论思想视域也就蔽而不显，最终使儒学出现了张岱年所谓"崇天忘人"和"因过于重'理'，遂至于忽'生'"③ 的问题。

秦汉以后，"情缘论"在儒学中的遮蔽主要有两种形态：一种是汉学的形态，一种是宋学的形态。汉学的形态，是将人道摄入带有神学色彩的、人格化的天道之中，以董仲舒的儒学为代表。虽然董仲舒的儒学亦有本体论的内涵，但若从思想视域上加以区分，则董仲舒的哲学显然是偏于宇宙论的。因此我们也可以说，董仲舒哲学是将人道最终摄归于宇宙本源的。表面上看，董仲舒儒学似乎还保留着原始儒学之本源性的人道观念。比如他说："何谓

---

① ［英］休谟：《人性论》，第 447 页。

② ［美］安东尼奥·达马西奥：《笛卡尔的错误：情绪、推理和人脑》，毛彩凤译，教育科学出版社 2007 年版，第 1 页。

③ 张岱年：《中国哲学大纲》，第 847—848 页。

本？曰：天地人，万物之本也。……三者相为手足，合以成体，不可一无也。"① 这里，人乃是万物存在的"三本"之一，似乎可与天、地并立。可是，进一步分析这"三本"之间特别是天人之间的关系，就会发现，天道规定了人道的根本方面，人道的使命不过是帮助完成天道的规定。如董仲舒说："郊祀致敬，共事祖祢，举显孝悌，表异孝行，所以奉天本也……立辟雍庠序，修孝悌敬让，明以教化，感以礼乐，所以奉人本也。"② 在董仲舒这里，"孝悌"是天道的规定，"修孝悌敬让"是人道的使命，这与《中庸》一样，分明是将人道的规定投射给天道，从而使天道能够蕴含人道。关于天道蕴含人道的根本原则，董仲舒还曾明确地讲："天之生人也，使人生义与利"；"人之受命于天也，取仁于天而仁也"；"天志仁，其道也义"③；等等。既然人道源于天道，那么人道独立的本源性地位也就丧失了，人道的本源性地位一旦丧失，彰显人道本源性意义的"情缘论"思想视域也就不可能了。

与汉学相比，宋学的理论范式显然是偏于本体论形态的。故其遮蔽"情缘论"思想视域的方式，主要是将人道摄入万物本体——天理——之中，故在宋学中，人的本性是来源于天，因而具足天理的"天命之性"。李泽厚将这种哲学范式总结为："应当（人世伦常）＝必然（宇宙规律）。"④ 如今这已是学界共识，不必多论。有人或许会说，人性本身具足天理，不是说明人可以与天并立吗？不过我们要知道，"天命之性"虽为人所本有，却不是现成的。由于不是现成的，人生的第一任务就是"复"此"天命之性"，然后才能与天地并立。这样一来，人生就被纳入趋近天道的努力之中了，这是极少数圣人才能完成的任务。即便少数人实现了这一任务，可以与天地并立，从而参天地之化育，这在本质上也不过是"代天理物"而已。如朱熹说："凡天下之事，虽若人之所为，而其所以为之者，莫非天地之所为也。又况圣人纯于义理而无人欲之私，则其所以代天而理物者，乃以天地之心而赞天地之化。尤

---

① 董仲舒：《春秋繁露》，中华书局 1975 年版，第 209 页。
② 董仲舒：《春秋繁露》，第 210—211 页。
③ 董仲舒：《春秋繁露》，第 321、402、600 页。
④ 李泽厚：《中国古代思想史论》，第 244 页。

不见其有彼此之间也。"① 由此可见，在理学中，人道已成为天理展开的一个环节。

直到阳明心学，人道之本源地位被遮蔽的情形才真正出现了转机，因为阳明心学敞开了将本体落实于现成人心的可能——"满街人是圣人"②。但这在阳明本人的心学中只是一种可能，直到阳明后学，随着王龙溪与王艮"良知现成"说③、罗汝芳"赤子之心"说④、李贽"童心说"⑤ 的出现，人道的本源地位才重新得以确立，于是儒学再一次可以基于人道来审视万物的存在。人道之本源性地位的再发现本身也是现代性文化的核心，正因如此，阳明后学特别是泰州学派成为中国早期启蒙思潮的引领者，但由于时势以及"唯情"、激进的理论局限，阳明后学并未能开显出一套成熟的现代性观念体系。⑥而这也就成为现当代儒学应继续完成的任务。值得注意的是，泰州学派虽然肯定了人道的本源性地位，但其理论之"本源"带有"本体论"的特征。当然，对于在中国古代思想史上第一个掀起启蒙思潮的学派，我们对此应有充分的理解。如果说人道本源地位（机缘性本源）的确立是现代性儒学建构应努力的方向，那么保守宋学范式的现代新儒学显然走上了一条歧路。这是当代儒学的开展应当引以为戒的。另外，先秦儒家式的、肯定人道本源性地位的情感本源论，即情缘论的思想，对于扼制现代性文化的弊端——极端的人类中心主义——也具有积极的意义，因为"情缘"作为"机缘"本源与太始和本体不同，它只是一种需求导向。"情缘"在各种本源之中虽具有优先性，但它毕竟是诸本源之一，它鼓动认识去了解事物的特性和规律，并推动人们将认识结果付诸实践，但它无法许诺满足人的需求的知识和行动一定能够实现。因此"情缘"不是事物的主宰，它对由自身敞开的一切存在不具有决定

---

① 朱熹：《四书或问》，载《朱子全书》第 6 册，上海古籍出版社、安徽教育出版社 2002 年版，第 596 页。

② 王阳明：《王阳明全集》，第 132 页。

③ 黄宗羲：《明儒学案》，中华书局 1985 年版，第 243、716 页。

④ 黄宗羲：《明儒学案》，第 762 页。

⑤ 李贽：《焚书·续焚书》，中华书局 2009 年版，第 98 页。

⑥ 李海超：《阳明心学与儒家现代性观念的开展》，中国社会科学出版社 2019 年版，第 186 页。

性作用，而这又合乎后现代哲学的特性。"机缘"化的情感本源论一方面肯定人的主体性价值，使人从一切神学和形而上学观念中解放出来；另一方面又无法"决定"事物的存在，因而能使人在一切存在面前保持必要的谦卑。这既破除了西方现代性文化带来的极端人类中心主义，也避免了某些解构性的后现代主义理论带来的价值的虚无感和人生的荒诞感。如此看来，当代儒学若能回归先秦儒学传统，对其中蕴含的"情缘论"思想视域进行当代的发挥，或许可以由此开展出一种比西方启蒙现代性文化和那些只专注批判解构的后现代文化更为健康的现代文化？无论答案如何，这至少是值得探究的。

第三章　道家哲学对情感本源
地位的遮蔽

学界通常从宇宙论、本体论或者两者融合为一的"本根论""本体宇宙论"的视角探讨道家哲学的本源观念，即将"道"理解为生、养、化、育万物之原初的存在和究竟的根据。"道"同时也具有境界的意义，它代表着人所能修养的最高境界。然而此"境界"是宇宙论、本体论化的，代表着人向太始、本体（即"道"）的归附。由于境界论视域的独立性不显，所以人向太始、本体的归附，必须以扼制人的本能情欲为代价，所以情感的本源地位在道德哲学中无法建立起来。相对而言，在遮蔽情感本源地位的程度上，老子哲学稍弱于庄子哲学。因为老子哲学在境界论视域的本体论、宇宙论化方面，或者说屈人道以从天道方面，留有理论的裂隙，到庄子哲学之后，此裂隙才被彻底地弥补。而正因为老子哲学中存在着宇宙论、本体论、境界论之间的裂隙，在片面性的理论截取之下，我们似乎能够从老子哲学中发现情感本源论未被遮蔽完全时遗漏的一点微光，或者说，尚未散尽的光影。本章将从老子哲学开始寻觅这点微弱的光影，并阐述其消失的思想逻辑。

一　情欲本源的光影

在老子哲学中，天地万物由"道"而生，道是万物存在的本源。人是万物之中的一类，与其他事物一样因"道"而生、依"道"而存，在此意义上，人不具有本源性地位。不过，老子哲学中还存在着一些论述，这些论述似乎又指出人对万物的存在具有某种意义上的本源性作用，这值得我们特别关注和思考。来看下面两段话：

致虚极，守静笃。万物并作，吾以观复。夫物芸芸，各复归其根。归根曰静，是曰复命。复命曰常，知常曰明。不知常，妄作凶。（《道德经》第十六章）

道常无为，而无不为。侯王若能守之，万物将自化。化而欲作，吾将镇之以无名之朴。无名之朴，夫亦将无欲。不欲以静，天下将自定。（《道德经》第三十七章）

"致虚""守静"是人的某种行为。引文第二段讲"不欲以静"，也就是说，"守静"的根本是"不欲"。"致虚"也就是老子所说的"虚其心"（《道德经》第三章），而"虚其心"的关键，是要做到"无知无欲"。在老子哲学中，做到"无知"，需要"绝学"和"弃智"，但根本上还是要靠"不欲"，或者确切地说，是"少私寡欲"。老子说："绝圣弃智，民利百倍；绝仁弃义，民复孝慈；绝巧弃利，盗贼无有。此三者以为文不足，故令有所属：见素抱朴，少私寡欲。"（《道德经》第十九章）可见，"少私寡欲"是老子人生哲学的根本纲领。寡欲，自然会减弱"知"的需求。所以，"致虚""守静"在根本上是要人节制欲望。

由此反观第一段引文，老子的意思是，人如果能够做到"寡欲"，便可能发生"万物并作"的现象。这意味着，寡欲是万物存在的一个源泉。显然，寡欲肯定不是万物客观存在的源泉，因为万物客观存在的源泉是"有物混成，先天地生"的"道"。根据文意，寡欲只能是万物在人的心灵观照中存在的源泉。亦即通过寡欲的努力，万物得以在人的观照中存在，而且老子认为这种存在才是万物真正有本有源的、得其正命的存在。须知这里的"观照"不是纯粹认知心的观照，在根本上是欲求的观照或者说需求的观照。即万物因人的一种在老子看来较为合宜的欲求观照下，得以无扭曲、无异化地显示其存在。

第二段引文讲到，侯王若能守道、若能"镇之以无名之朴"则"万物将自化""天下将自定"。而"守道""抱朴"的关键是"不欲"。这里的"不欲"，不是毫无欲求，按照上文所述纲领，其实强调的还是"少私寡欲"。故而，人们"守道"的根本方式也就是"寡欲"。侯王若能带头寡欲，则"万物自化""天下自定"，这同样表达了人的欲求对于万物存在的本源意义。

有人或许会质疑说，上文表达的并不是欲求对于万物存在的本源意义，因为寡欲不过是人"守道"的方式，因此从根本上说，"道"才是万物存在的本源。万物只是因"道"而生灭变化，与人本无相干，而人如果多欲，就会干扰"道"的运行，遂使万物不得正其性命，是故万物的本源只是"道"。然而，"道"的运行若能被人的欲求所干扰，这不恰好说明，人的欲求在"道"的统摄之外，因而成为影响万物存在的另一本源吗？

质疑者又可能说，老子哲学并不认为有"道"之外的本源存在，"道"作为一切的总根源，人的欲求当然也源于道。不过，道的根本原则是"自然"——"道法自然"（《道德经》第二十五章），因而人有人的自然，万物有万物的自然，故上文不能说人的欲求干扰了"道"的运行，而只能说人道自然干扰了万物自然的运行而已，而这一切皆为"道"的自然所蕴含。可是，这样的理解也有问题，如果"多欲"是人道自然，老子怎么会以"少欲"为"守道"呢？

其实，归根到底，上述困难的存在是因为我们一直要为老子哲学做一贯性解释。如果我们放下这种执着，或许更能够客观地研究老子哲学。老子作为道家学派的开创者，他推原人与万物的存在，同时又希望给人指出一个可追求的终极理想，他将这一切终极性的观念皆归于"道"这一概念，这是老子的重要贡献。然而，并不是各个层面的终极性、本源性观念都可圆融无碍地合而为一。因此，"道"的原始存在和终极理想两种含义之间存在一定的张力和冲突，这是老子哲学遗留的问题。陈鼓应指出"道"的种种特性与内涵，在根本上是基于"人的内在生命之需求与愿望"而作的预设。[①] 刘笑敢认为，老子思想中"道法自然"之"自然"具有"人文自然"的含义。[②] 他们道出了"道"的含义中人的"理想"一面，但人的理想如何与事物的本然存在相一致，仍然有待解释。

如果我们承认老子"道"观念具有人的欲求、愿望和理想含义，且这种

[①]　陈鼓应：《老庄新论》，上海古籍出版社 1992 年版，第 3 页。
[②]　刘笑敢：《老子之人文自然观论纲》，《哲学研究》2004 年第 12 期。

含义尚没有被预设到本体宇宙论化的"道"本源之中，或者说与本体论、宇宙论化的道的含义之间有裂隙、有张力，我们便可以说，老子哲学中似乎存在着基于人道理想而使万物正命而存在、而呈现的理论光影。尽管如此，我们也知道，这不是老子哲学最重要的内容。老子哲学中"道"具有鲜明的本体论、宇宙论色彩，通过欲求克制活动所呈现的境界是本体论、宇宙论化的道境，欲求克制活动不过是人回归道境的功夫，欲求是方法而不是本源，境界同一于太始、本体，而不是具有不可还原的独立性。

上述对老子哲学"断章取义""强词夺理"式的解释如果有一点合理性的话，也只是意味着老子哲学尚在宇宙论、本体论哲学吞没境界论哲学的路途中，即将到达终点，但还差一小步。

二 情欲本源的遮蔽

老子哲学中存在情欲本源的光影，且十分微弱。基于欲求而产生的终极人文理想、事物存在的本体、太始都为"道"观念所涵，只不过"道"的这些内涵之间尚做不到浑然一体，而是存在着微弱的张力和冲突。消解此种冲突，成为后世道家学说开展的重要任务。事实证明，以庄子哲学和魏晋玄学为代表的后世道家彻底完成了境界论视域的宇宙论、本体论化，这也就意味着，情感本源论的光影在道家哲学中再也寻不见了。

在后世道家哲学中，"道"与"天"经常被放在一起，甚至两者具有同等的地位。如《庄子》所言："道与之貌，天与之形。"(《德充符》)"不以心捐道，不以人助天，是之谓真人。"(《大宗师》)"何谓道？有天道，有人道。无为而尊者，天道也；有为而累者，人道也。主者，天道也；臣者，人道也。"(《在宥》)徐小跃指出："不借助'天'的范畴，对庄子的精神实质就无法把握。因为在庄子那里，其道论的所有内容及其思维方法，全是通过'天'和'天人关系'的范畴来表述的。"[1] 这一现象不仅出现在庄子哲学中，黄老道家和魏晋玄学也是如此。《黄帝四经》讲："天地之道也，人之理也。

---

[1] 徐小跃：《禅与老庄》，江苏人民出版社2009年版，第126页。

逆顺同道而异理，审知逆顺，是谓道纪。"① 郭象也说："故天者，万物之总名也。莫适为天，谁主役物乎？故物各自生，而无所出焉，此天道也。"② 将"道"客观化并落实为"天道"，人道便不再具有本源性意义，而且人道要以服从天道为根本目标。这样一来，老子"道"观念中遗留的冲突便得到了解决。只不过这种解决会导致境界论视域的扭曲，即心灵境界的根源或最终追求的目标将不再是具有独立性的人的情欲及其实现，而是"天道"。

有学者指出，庄子哲学中的道境——混沌境界——本质上是一种前认知（实际上并非毫无认知，只是没有过多思维、理智的运用）的本真情感境界。③ 不过，那种境界只是一种类型的情感境界——审美情境。按照徐复观和李泽厚的观点，庄子哲学所开显的理想心灵境界乃是一种艺术境界④或美学境界⑤。的确如此，《庄子》一书特别强调"天地有大美"，且主张圣人"原天地之美"（《知北游》），认为"得至美而游乎至乐，谓之圣人"（《田子方》）。我们固然可以说这是一种由"美感"所开显的境界，因而是一种情感境界。但按照庄子哲学的理想，这种美感境界并非"前"认知的本真情感境界。因为前认知的本真情感境界，按照冯友兰的观点，乃是一种自然境界，这并非庄子哲学的理想，其理想乃是一种"超越"知的天地境界。要达到天地境界，不是不经任何"知"的熏陶，相反需要经过"知"的努力而后再遣除"知"，亦即"不可思议底、不可了解底，是思议了解的最高获得"⑥。因此，庄子哲学的理想境界作为一种审美境界，其中的审美情感，绝不是人天生自然的本真审美情感，而一定是遣除"天地之知"而后熏陶成的审美情感，这乃是一种反向的"知"化情感，这样的审美情感才可能鉴赏天地之"大美"。不过，庄子以及其他道家学说经常使用"无知""去智"等语汇表达"超越"知的

---

① 陈鼓应注译：《黄帝四经今注今译——马王堆汉墓出土帛书》，商务印书馆 2007 年版，第 119 页。

② 郭象注，成玄英疏：《庄子注疏》，中华书局 2011 年版，第 26 页。

③ 黄玉顺：《爱与思——生活儒学的观念》（增补本），第 43 页。

④ 徐复观：《中国艺术精神》，广西师范大学出版社 2007 年版，第 35 页。

⑤ 李泽厚：《中国古代思想史论》，第 178 页。

⑥ 冯友兰：《新原人》，载《三松堂全集》第 4 卷，第 572 页。

意涵，这也在客观上导致了"自然境界"与"天地境界"之间的混淆。正如
冯友兰所说："有最高程度底觉解底人，在同天境界中，其境界有似乎自然境
界。道家于此点，或分不清楚，以为圣人的境界，是人所应该有底，所以自
然境界，亦是人所应该有底。如果如此，则说自然境界是人所应该有底，是
由于他们的思想上底混乱。这种混乱，若弄清楚以后，他们亦不如此说。"①
可见，若排除表达上的纷扰，庄子哲学的理想追求一定是作为天地境界层次
的审美境界，而在此境界中的审美情感并不是本真或纯粹自然的审美情感。
而这才与庄子哲学非情感本源论的理论形态相符，庄子哲学在根本上是本体
论哲学，审美方法只是本体的呈现手段，审美境界只是本体的呈现方式。

三 "情缘论"视域的遮蔽与道家的人生哲学

道家哲学遮蔽了情感的本源性地位，也就遮蔽了先秦儒家中存在的情缘
论思想视域。那么，情缘论思想视域之不显对道家的人生哲学会有怎样的影
响呢？要回答这个问题，首先应该了解"情缘论"思想视域对人生哲学的
意义。

"情缘论"思想视域保证了境界论视域的独立性和独特性，而境界论视域
本质上是一种根据人的情感需求而敞开的意义视域。故而，"情缘论"思想视
域的存在保证了人的情感感受和需求对于心灵境界中一切观念的优先性，亦
即，所有关于事物存在的观念被笼罩在人的意义世界中，事物的存在因人的
生存意义而得以呈现和归寂。也可以说，"情缘论"思想视域的存在保证了人
的情感感受和需求对于一切存在"实相"——无论是关于事物之特性的认识
还是关于事物之本体论、宇宙论意义上的本源的认识——的优先性。这种优
先性表明，人的一切"实相"追求是服务于人的生存的。而一旦"情缘论"
思想视域被遮蔽，境界论视域被宇宙论、本体论化，那么人们只能在宇宙论、
本体论的视域下审视人的生命和生存，这样一来，人的需求很可能会服从于
某个源于"人"之外或虽属于人却高度抽象化、形而上学化的本源性观念，

---

① 冯友兰：《新原人》，载《三松堂全集》第 4 卷，第 547 页。

这可能导致人的主体性、个体性及其生存需求受到压抑。即便是那种将某种人道的理想投射、预定给本体论、宇宙论视域中之本源观念的哲学理论，也存在这样的问题。比如，宋明理学之本源观念——天理，它是万物存在之本体论意义上的本源，实际上也包含着基于人道之道德理想的投射。尽管本源观念包含着人道理想的内涵，宋明理学发展到最后依然成了李贽所谓"假人之渊薮"①，导致了戴震所批评的"以理杀人"②的弊端。这些问题的根源，在于一旦将某种人道需求和理想预设为超越于人的太始、本体，它就容易固化，很难根据人的当下需求进行灵活调整，从而使现实的人生为某种固化理想所支配。可见，"情缘论"思想视域的存在及其敞开的境界论视域对生命之学的健康开展是非常重要的。当然，情感需求也可能被异化为膨胀的欲望，以这样的欲求为本源，同样会构建出不健康的生命哲学。不过我们要知道，异化的、膨胀的欲望通常是在某种不合理的习俗、认知的影响下熏陶而成的，故而以膨胀的欲望为本源的生命哲学，在根本上坚持的不是"情缘论"的本源观念，而是某种认知化了的本源观念。因此，真正的"情缘论"思想视域，必须以人们未经异化的、本真的情感需求为本源。我们也可以说，健康的生命哲学应以人们本真的情感需求为本源。这里的"本真"，一方面体现为原初本能之情、赤子之心；另一方面体现为真情实感，而不是虚情假意。

回到关于道家哲学的讨论。由于情欲本源之残存的光影存在，老子哲学比后世道家学说更多地保留了"人"的能动性以及人与天地并立的地位。老子固然主张人应该遵从天道规则，但他也只是说"人法地，地法天……"而不是说"人顺地，地顺天……"他仍然主张"域中有四大，而王居其一焉"。（《道德经》第二十五章）故而，老子哲学并没有表现出过多的宿命论色彩。到了庄子哲学，由于人道之本源地位的消解，他便明确提出顺应外在自然的"知其无可奈何而安之若命"的主张，故荀子批评说"庄子蔽于天而不知人"（《荀子·解蔽》）。如果将"天然"理解为"自然而然"，则庄子哲学亦有顺应内在自然的"适情遂性"的一面。但由于庄子哲学最终追求的是天人的一

---

① 李贽：《童心说》，载《李贽文集》第 1 卷，第 93 页。
② 戴震：《戴震集》，第 188 页。

体性，"适情遂性"终不能被彻底地落实，所以庄子哲学不是泰州学派那样能够放纵情欲的哲学。郭象的《庄子注》虽然有意为世俗的社会生活和政治秩序建立合法性，但其万物自生、各守性分的哲学，倡导的是"足于天然而安其性命"①的人生观，具有鲜明的命定论倾向。与先秦儒家相比，老子哲学在张扬人道的本源性方面同样较为逊色。究其原因，是因为早期儒家哲学是以仁爱情感为本源敞开"情缘论"思想视域，进而审视万物的存在及其宇宙论、本体论之根源的，而仁爱情感表达的正是人们本真的情感诉求。老子哲学虽残存着情感本源的一点光影，但在更大程度上是本体论、宇宙论化的，就此而言，老子哲学所张扬的人道的本源性自然也不如原始儒家。

秦汉以后的儒学倾向于将"仁"的根本内涵从本真情感提升为天德，从而导致人的本真情感欲求之地位的降格以及境界论视域的本体宇宙论化。这与儒学理论吸收道家（当然也涉及佛家）形而上学密切相关，因此儒家出现了与道家人生观极为类似（虽然也有很大不同）的"动亦定，静亦定，无将迎，无内外""廓然大公，物来顺应"②的人生观。这充分体现了老子之后的道家形而上学和生命哲学对中国哲学发展的重要影响，其后果是，中国历史后半期的文化出现了张岱年所谓"崇天忘人"③的严重问题。因此，如何重新发扬先秦儒家的情感本源论，特别是彰显"情缘论"的思想视域，进而处理好境界论、宇宙论、本体论视域之间和各视域中之本源观念之间的关系，是中国哲学的当代开展应该认真反思的地方。

---

① 郭象注，成玄英疏：《庄子注疏》，第44—45页。
② 程颢、程颐：《二程集》，第460页。
③ 张岱年：《中国哲学大纲》，第847页。

第四章　佛家哲学对情感本源
地位的遮蔽

佛学对中国哲学的影响是重大和深远的，佛学的传入使得中国哲学的"本体论"哲学范式获得了充分的发展。① 从这种影响可以看出，佛家哲学之本源论的特质是本体论。佛学当然也探讨诸法在时空中的流转问题，比如轮回观念、业力流转观念等，因此佛学中也存在着宇宙论的视域。不过，佛学并不特别关注宇宙论视域的本源问题，更没有将宇宙论视域的本源观念与本体论视域的本源观念合而为一。佛学在宇宙的本源问题上常讲"无始以来"，这其实是不强调宇宙论视域之本源，或者说不强调"太始"对事物存在的意义。佛学更倾向于将宇宙论视域纳入本体论视域中，从而通过疏解时空、宇宙存在的终极本体——空性或缘起性等——来探讨事物存在的意义。

尽管佛学各派之本体观念有很大差异，但其共同之处是肯定诸法存在之"空"性，而为了证见此"空"性，彻底地落实此"空"性，人们必须获得与之相应的智慧、获得识解诸法空性之正知、正见、正思维。尽管此知、见、思维很多时候不是指认识论中具有推理功能的理智，而是一种智慧的直观。但此智慧的知、见，明显不是"情"的事情。所以，佛学的本源论与庄子哲学相近，而与先秦儒学相远。因为佛学绝不可能在根本上肯定情感的本源意义。不过，如果我们不在最究竟的层面，而是等而下之，从佛学的某个特定的切面，或者从"方便法门"审视佛学中的情感观念，似乎也可以在佛家哲学中发现一些肯定情感之根本性地位的论述，但这些论述一方面带有情本体论（即将情感提升为本体；不同于先秦儒家的情本源论——情缘论）的倾向，

---

① 赖永海：《佛教对中国传统思维方式的影响》，《中国社会科学》1992 年第 1 期。

另一方面毕竟只是我们对佛学整体义理的片面截取和解读而已。

一 贪爱的本源义及其本体论化

在佛学所论及的各类情感、情绪中，最具有根本性地位的情感是"爱"，从消极的方面看，爱表现为障道之贪爱或贪欲，它是人生诸苦、烦恼的根源。如《杂阿含经》所言："欲生诸烦恼，欲为生苦本。"① 《楞伽经》也说："何者为众生母？谓引生爱与贪喜俱，如母养育。"② 从后者来看，爱不仅是个体人生之苦本，而且还具有引生"众生"的本源意义。然而，这又该如何理解呢？

众所周知，在佛学中，众生烦恼及其生死流转的根源是"无明"，在佛所讲"十二因缘"中，爱并未居于优先的地位。不过，如果我们认真考察佛学典籍，就会发现"爱"与"无明"经常被放在同一地位。如《长阿含经》讲："云何二灭法？谓无明、爱。""断刺平爱坑，及填无明堑。"③ 《大般涅槃经》云："集谛者，无明及爱，能为八苦而作因本。当知此集，谛是苦因。灭谛者，无明、爱灭，绝于苦因。"④ 上文所引《楞伽经》虽讲"爱"为众生母，但也讲"无明"为众生父："何者为父？所谓无明，令生六处聚落中故。"⑤ 中国慧远法师亦曾讲："无明为惑网之渊，贪爱为众累之府，二理俱游，冥为神用，吉凶悔吝，唯此之动。"⑥ 所以，"爱"与"无明"的关系极为特殊、密切。根据佛学义理，爱是由无明生成的。如《中阿含经》所云："有爱者，其本际不可知，本无有爱，然今生有爱，便可得知，所因有爱。有爱者，则有习，非无习。何谓有爱习？答曰无明为习。""具无明已，便具有爱。如是此有爱展转具成。"⑦ 虽然"爱"是由"无明"生成的，但它仍被放

① 《大正藏》第 2 册，第 354 页中。
② 《大正藏》第 16 册，第 607 页下。
③ 《大正藏》第 1 册，第 53 页上、79 页中。
④ 《大正藏》第 1 册，第 195 页中。
⑤ 《大正藏》第 16 册，第 607 页下。
⑥ 慧远：《明报应论》，载石峻、楼宇烈、方立天、许抗生、乐寿明编《中国佛教思想资料选编》第 1 卷，中华书局 2014 年版，第 90 页。
⑦ 《大正藏》第 1 册，第 487 页。

在与"无明"并列的地位，则足以说明"爱"最能代表无明的状态，或者说，"爱"是"无明"最鲜明、最充分的体现。故《杂阿含经》有"所谓无明，离欲明生，得正智"① 的说法。正因如此，人们既可以说"无明"是人生之苦本，也不妨说"爱"为人生之苦本。

从积极的方面看，爱对于主体和其他众生之脱离苦海，走向解脱亦是一重要的助力，甚至是根本不可缺失的本源性助力。这种积极意义上的爱在小乘佛学中表现为"自爱"，在大乘佛学中表现为"慈悲"。

关于自爱对个体修行向善、离苦得乐的意义，佛陀曾作偈子云：

> 谓为自念者，不应造恶行，
> 终不因恶行，令己得安乐。
> 谓为自念者，终不造恶行，
> 造诸善业者，令己得安乐。
> 若自爱念者，善护而自护，
> 如善护国王，外防边境城。
> 若自爱念者，极善自宝藏，
> 如善守之王，内防边境城。
> 如是自宝藏，刹那无间缺，
> 刹那缺致忧，恶道长受苦。②

当然，发挥此积极作用的"自爱"不同于助长众生作恶业、受众苦的贪爱，因为"贪爱"在根本上是无利于己的，因而不是真正的"自爱"。只有笃信佛道、积善修德，使自身超脱烦恼，获得至乐，才是真正的"自爱"。如佛所说："人生于世，四大合成。性愚习痴、杀盗淫欺、不信道行，此不自爱也。习善行仁，觉世非常；信死更生，情存三尊；奉戒摄心，信以笃道；守礼以谦，孝顺至诚。此人处世，自爱者也。积善履德，身无枉横，志行修明，

---

① 《大正藏》第 2 册，第 52 页上。
② 《杂阿含经》，《大正藏》第 2 册，第 336 页上。

上天卫护，无男无女，众行归身，兵刃不伤，虎兕无害，自护之方，唯持戒行。"① 当然，以上只是就具体的行为方式和行为后果来区分"自爱"与"贪爱"，如果从情感本身来作区分，则两者很难区别开来。因为贪爱的目的也是为了主体自身的享受，就此而言，它也是一种自爱，只不过不是一种恰当和应当的自爱而已。

依小乘佛学对积极意义之自爱的论述，则自爱是个体解脱的动力源泉。也就是说，个体虽然最终因正见、正思维为得解脱，但正思维的追求实来自自爱，如此，自爱不是推动个体修行的本源吗？结合自爱的消极意义而做进一步引申，我们可以说，人们对一切法之实有的执着源于自爱（仅在"不妨说"的意义上），助人们摆脱对一切法之实有的执着的动力也源于自爱。执一切法实有，即在观念上创生事物的存在，破一切法之实有，即在观念上毁灭事物的存在。于是自爱对于万物的存在亦有创生的意义。这种创生具有赋予事物对人的意义的境界论之创生的意义，于是自爱似乎由此获得了本源性地位。但我们时刻不能忘记，这只在"不妨说"的意义上成立。用佛学的术语说，这种观点的成立只是一种"方便法门"，是对佛学整体理论架构的片面截取。就小乘佛教的整个义理而言，这一切其实只是笼罩在缘起性空的本体论视域之中的环节。所以，在小乘佛学中，自爱的本源性意义是不能从根本上确立起来的。

二 慈悲的本源义及其本体论化

在佛学中，爱还有另一种重要的表现方式——慈悲。何谓慈悲？《大智度论》云："大慈与一切众生乐，大悲拔一切众生苦；大慈以喜乐因缘与众生，大悲以离苦因缘与众生。"② 也就是说，"慈"是给予他人欢乐之爱，而"悲"是拔除他人痛苦之爱。按照大乘佛学的观点，慈悲之爱可以超越小乘之自爱，不仅有助于提升自我的修行，同时亦有助于提升其他众生之觉悟和修行。原

---

① 《中本起经》，《大正藏》第 4 册，第 160 页下—161 页上。
② 《大正藏》第 25 册，第 256 页中。

因是，一旦慈悲心起，它首先便要求主体自身不断提升，如此才可能有能力帮助别人。所以，"慈悲"是统摄着小乘佛学之"自爱"的效果而超越之的。虽然大乘佛典有时讲"灭自爱念"①，但那其实只是要灭除极端的自爱，而不是灭除利他之爱中所统摄的自爱，因此大乘佛学也有"自利利他"或"自利他利"之说，不过大乘经典明确告诫人们，菩萨所应当修行的"自利"与"他利"是相互蕴含的，不是"纯自利"和"纯他利"，后两者都是应当断除的：

> 云何自利他利？自利他利略说十种：一者纯；二者共；三者安；四者乐；五者因摄；六者果摄；七者此世；八者他世；九者毕竟；十者不毕竟。纯共自他利者，有二种：一者纯自利；二者纯他利。违菩萨道者应知应断，顺菩萨道者应当修学。为己乐故求财自用，为秘法故求佛经法守护执持，为生天故受持禁戒精进禅定智慧等法，为世间贪果故供养佛塔，为贪利故作求利相，为欺彼故无缘自说种种功德，贪他亲附非法摄受，自住禅乐舍为众生，是名纯自利，应知应断。布施忍辱悲心为首，回向菩提及欲生天，是名自利共他，应当修学。除如是所说，余纯自利相违者，是名自利共他。纯他利者，无因无果邪见布施，犯戒违道为他说法，自度下地而以下地净法授与他人，菩萨舍禅愿生欲界，自在菩萨十方世界种种变现教化众生，如来毕竟力无所畏不共之法利益一切无量众生，是名纯他利。前所说二种纯他利，应知应断；余纯他利，应当勤学。除如是所说，余纯他利相违者，是名他利共自。②

合理的自利、他利是相互蕴含的，因此修行对他者的慈悲，其中便包含着自我的提升与解脱。不过，从整体取向来说，大乘佛学更注重的是慈悲而不是自爱，亦即自爱是为慈悲所统摄的。这样的话，诸菩萨便因怀大慈悲之心而不愿早入涅槃。如《大智度论》讲：

① 天亲：《佛性论》，《大正藏》第 31 册，第 787 页中。
② 《菩萨地持经》，《大正藏》第 30 册，第 890 页下—891 页上。

慈悲是佛道之根本。所以者何？菩萨见众生老病死苦、身苦心苦、今世后世苦等诸苦所恼，生大慈、悲，救如是苦，然后发心求阿耨多罗三藐三菩提。亦以大慈悲力故，于无量阿僧祇世生死中，心不厌没；以大慈悲力故，久应得涅槃而不取证。以是故，一切诸佛法中，慈悲为大；若无大慈大悲，便早入涅槃。①

上文讲，菩萨因发慈悲之心，能发奋努力、立大志愿，故总能使自己超脱生死流转，超脱生死正是小乘佛学所注重的积极意义之自爱的作用。同时，又由于对他者有慈悲，需要度化众生，故无法像小乘佛教那样做个自了汉，从而他不会早入涅槃。甚至《楞伽经》中还记载了一种菩萨一阐提，因慈悲心太重，不度尽众生誓不成佛："大慧！何者无性乘？谓一阐提。大慧！一阐提者无涅槃性。何以故？于解脱中不生信心不入涅槃。大慧！一阐提者有二种。何等为二？一者，焚烧一切善根；二者，怜悯一切众生，作尽一切众生界愿。大慧！云何焚烧一切善根？谓谤菩萨藏作如是言：'彼非随顺修多罗、毗尼解脱说。'舍诸善根，是故不得涅槃。大慧！怜悯众生作尽众生界愿者，是为菩萨。大慧！菩萨方便作愿，若诸众生不入涅槃者，我亦不入涅槃，是故菩萨摩诃萨不入涅槃。大慧！是名二种一阐提无涅槃性，以是义故，决定取一阐提行。"②尽管菩萨一阐提不属于通常"焚烧一切善根的一阐提"，但从其不入涅槃这一点来看，这样的菩萨也属于"一阐提行"。

那么，慈悲心是否真的会妨碍自爱的实现呢？其实并不会，在慈悲心的驱动下，已经证得了最高的智慧，他只是因为怜悯众生，自愿不入涅槃而已。在大乘佛学中，最高的慈悲之心其实是与般若智慧浑然一体的。按照大乘佛学的观点，慈悲具体可分成三种，即众生缘、法缘、无缘。《菩萨地持经》讲道：

云何菩萨修四无量？谓慈悲喜舍。略说菩萨四无量有三种修：一者众生缘；二者法缘；三者无缘。菩萨安处一切三聚众生已，若苦若乐不

---

① 《大正藏》第 25 册，第 256 页下。
② 《大正藏》第 16 册，第 527 页中。

苦不乐众生，欲安乐故，作乐饶益想而修慈心，周满十方一切众生意解想住，是名菩萨众生缘慈。若菩萨起法数想，法数众生行观而修慈心，是名法缘慈。若复于法离诸妄想而修慈心，是名无缘慈。如众生缘、法缘、无缘慈，悲喜舍亦如是。①

　　慈悲是四无量心之二，它们各有三种。以"慈"为例，所谓众生缘慈，即菩萨见众生总处于苦乐之中，希望众生离苦得乐而起慈心；所谓法缘慈，是说菩萨于众生而如法见其乃因缘和合而成，是故知众生只是"假有"，于此假有而起慈心，是为法缘慈；所谓无缘慈，即彻底断除一切"假有"之相，处清净般若性海之中亦有慈心生成，此慈心非缘任何"相"而有，故名无缘慈。悲心亦是如此。在这三种慈悲中，最值得关注的是第三种。因为第三种慈悲并非因任何"缘"而起，它无缘而起，故与般若智慧、真如法相同在。印顺法师说："到这时，般若与慈悲二者便可说是合而为一，这才是真正的大乘慈悲，所以又叫它为'同体大悲'。一切法都是平等的，而就在这平等中，没有了法与众生的自性，而法与众生宛然现前。即空而起慈，这便叫无缘慈。所以讲到佛菩萨的慈悲，这其中一定有般若，否则便不成其为真正的慈悲。讲到般若，也必须包含了慈悲，否则这种智慧也就不是佛菩萨的智慧了。"②不过，与般若相即的慈悲本质上是在般若智慧熏陶下产生的清净无漏的爱或者说大慈大悲。犹如宋明儒所谓本体之乐，或者冯友兰在天地境界中所描述的人与万物生灭变化相应的恻隐之心。此类情感虽然是与本体相即的，但它只是本体的一种表现，本体本身才具有真正的究竟地位和本源意义。故在大乘佛学中，慈悲固然可与般若智慧相即，但真正具有本体地位仍是般若智慧。

　　不过，因为慈悲心可以通达般若智慧，我们可以说慈悲之心是众生修行的本源性助力，就众生在修行提升过程中所引发的各重境界及其中事物的生灭成毁，我们也可以说慈悲具有境界之源和敞开事物存在的意义。但如上文所论，在慈悲与般若的关系上，即便我们说在最高的境界中两者是相即不离

---

①　《大正藏》第 30 册，第 927 页上。
②　印顺：《华雨集》第 1 册，台北：正闻出版社 1993 年版，第 119 页。

的，可是在这种相即不离中，慈悲始终具有附随的意味。大乘佛学所最终追求的目标，无论如何都是万法存在之实相，或者说证见实相的智慧。我们可以看到，大乘佛学分宗立派所依之判教标准虽各有不同，但在根本上是依据各家对万法缘起之实相诠解的圆融程度而做分判的，而不是依其对慈悲的理解而做分判的。中土天台、华严两宗皆称自己为圆教，其所谓"圆"就在于"圆以不偏为义，此教明不思议因缘，二谛中道事理具足不偏不别"①。"全说毗卢法界普贤行海，于中所有若事若理若因若果，一具一切重重无尽，总含诸教无法不收，称性自在无障无碍，迥殊偏说故名为圆。"② 圆教能够圆融无碍地论说真如实相，而其他不圆之教，皆是一时权宜之教，故于万法缘起实相的诠解难免有不周全之处。所以，缘起实相以及与之相即为一的正等正觉、般若智慧、一念无明法性之心才是大乘佛学之根本要义，而慈悲只有在真如实相、万法缘起的展开中才显示其根本性意义。但此种根本性不是慈悲之心的本源意义，而是慈悲所开显的最高境界被般若智慧本体论化后所获得的意义。也就是说在境界的最高处，慈悲的根本性地位是通过附随于般若智慧而获得的。在最低处，慈悲开显一切境界的源泉地位因被本体论视域所笼罩而降格为一个环节。从上下两个层面来看，在大乘佛学的理论体系中，慈悲都不是真正的根本。就此而言，大乘佛学同样遮蔽了情感的本源地位。

三 "烦恼"与"菩提"之相即

除了"慈悲"，一些大乘佛学论者对"贪爱"等消极情感、情绪亦有一种积极的论述。如僧肇在《注维摩诘经》中云：

> 七使九结，恼乱群生，故名为烦恼，烦恼真性即是涅槃，慧力强者观烦恼即是涅槃，不待断而后入也。③

---

① 智顗：《四教义》，《大正藏》第 46 册，第 722 页中。
② 道殿：《显密圆通成佛心要集》，《大正藏》第 46 册，第 990 页上。
③ 《大正藏》第 38 册，第 345 页中。

智顗在《摩诃止观》中讲：

> 《无行经》云，贪欲即是道，恚痴亦如是。如是三法中，具一切佛法。若人离贪欲，而更求菩提，譬如天与地，贪欲即菩提，《净名》云，行于非道，通达佛道。①

这里所谓"烦恼即是涅槃""贪欲即是道"，在某种意义上对烦恼和贪欲等情绪做了肯定，而且认为通达佛道不能断除这些情绪。但是，此种说法其实只是体用不二的佛学智慧的表达，强调的是烦恼亦是真如实相的一种表现或作用。在此意义上，人们不仅能说贪欲是道，甚至于任何一种存在者，都可以说它即是般若、即是道。烦恼与涅槃、贪欲与道的相即，恰恰需要般若智慧、正思维、究竟了悟才能真正了解和明白。正如吉藏在《大乘玄义》中所言："'贪欲即是道'者，然贪欲本来寂灭，自性清净，即是实相，如斯了悟，便明般若。"② 或者如《坛经》所言："凡夫即佛，烦恼即菩提。前念迷即凡夫，后念悟即佛。前念著境即烦恼，后念离境即菩提。"③ 这恰恰说明，智慧、觉悟才是佛学诸境界敞开的根源，烦恼、贪爱等情绪在般若智慧的观照下才能与后者相即，因此，佛学从根本上是从本体论的视域来审视情感的。

这里还须对"烦恼"做一点简要的说明，在大乘佛学中，对于烦恼的种类，唯识学分析得最为繁复、精细。有学者指出，我们不能只从主体情感的视角理解烦恼，很多烦恼固然具有情绪的属性，但唯识学所列举的一些烦恼并不是情绪，比如与末那识的常相续俱生我执相应的"不信""懈怠""不正知"等随烦恼，原则上来说并不是典型的情绪。之所以如此，是因为在大乘佛学中"烦恼"这一概念本身不是为了表达主体的情绪感受，而是在表达"我执"。④

---

① 《大正藏》第 46 册，第 18 页上。
② 《大正藏》第 45 册，第 56 页上。
③ 慧能：《坛经》，尚荣译注，中华书局 2013 年版，第 46 页。
④ 刘宇光：《佛教唯识宗"烦恼"的基本性质——心理学概念与伦理学概念之辨》，载《求索之际：香港中文大学哲学系六十周年系庆论文集·校友卷》，香港中文大学出版社 2009 年版，第 317 页。

四 "情缘论"视域的遮蔽与佛家的人生哲学

综合前文，我们可以看到，佛学义理在根本上具有本体论的特征，而情感，特别是情感中最为重要的爱，无论是对人生苦乐、人生诸境界，还是境界中对万法之生灭成毁起消极作用的贪爱、起积极作用的自爱与慈悲，都是万法缘起之实相展开中的环节。在此意义上，佛学中的境界论不是先秦儒家"情缘论"思想视域中的境界论，而是本体论化的境界论。这种本体论化的境界论，依各宗派对本体和体、相、用关系理解的不同而展开为高低、别圆等不同的层次。但从主观方面说，这一切境界终究是由"智慧""正见""正觉"而展开的，不是由情感而展开的，情感的作用附随于智慧。这里所谓"随附"不是说情感在其中毫无作用，而是说情感固然可以影响智慧，但其作用是第二义的，智慧之影响情感才是第一义的。

就"情缘论"的思想视域而言，情感一旦被折合于第二义，境界论一旦被本体论、宇宙论化，人生的本真需求就会沦落于第二义，于是人的需求就必须服从于某种存在的实相，或者某种智慧见解。这在义理上便对人道的本源性造成了摧折，人的正当需求便会遭受贬斥。智慧和实相知识不再服务于人生，相反人生必须迎合于某种智慧或实相知识。这样的人生哲学终究存在问题。由于无法正面安立人道的本源意义，或者说，人的本真情欲的本源性意义，于是传统佛学只能于人世之外开辟净土。但禅宗以后，佛学义理被凝缩为"一切处所，一切时中，念念不愚"[1] 的智慧，这为"不离世间"的"人间佛教"提供了理论可能。尽管如此，以"念念不愚"的智慧为人生修养的根本追求，亦没有正面肯定本真情感的本源意义，以"情缘"为本的境界视域，同样被折合于"智慧"的本体论视域。在此种本体论视域中，一切都没有束缚，一切都被放开，于是展开为一种自由的心灵境界。这种自由的心灵境界最容易为美感（因为审美也追求空灵的自由）所充斥，于是禅境自然地与审美境界相融合。可是，人不只需要审美化的自由，也需要建构秩序

---

[1] 慧能：《坛经》，第46页。

的自由，研究和改变世界的自由，这些需要原本能够通过本真的情感需求表达出来，可是这些表达在本体论化的架构中不具有根本性地位，容易被压抑和否定。于是以审美化的自由心灵为人生的根本导向，人生便倾向于"随顺"，或者表现为随顺外在际遇的"一切随缘""随遇而安"，或者表现为随顺内在心性的自由放纵，于是呵佛骂祖、纵欲摆烂，皆有了合理的借口。这虽然是禅学的流弊，但也反映了其理论的相关局限性。

　　自宋代以后，佛学的本体论形态，糅合着庄子道学和玄学的形而上学，一起被儒家所吸收。宋明理学、心学虽持守儒家的立场，但它的形而上学架构，却深受老庄、玄学、佛学的影响，亦即它的哲学成了一种遮蔽了情感本源地位（"情缘论"思想视域）的本体论和宇宙论，是压抑了仁爱情感之本源性的、先天德性化的本体宇宙论。结果，它所引出的人生态度和人生境界，也带有了趋于随顺和崇尚自由美境的特征。本着"物来顺应"的心态，加之对"道德"本体的执着，于是戴震所谓"以理杀人"的流弊便出现了。这虽然是宋明理学、心学的流弊，但也反映了其理论的相关局限性。

中篇

中国情感主义哲学的再启与发展

第五章　概论 *

　　先秦儒学中的情感本源论被遮蔽以后，中国情感主义哲学的传统便长期中断了，直到明代中晚期，随着宋明理学的辩证演进以及儒家内部对宋明理学的反思，情感主义哲学才再度被接续起来。中国情感主义哲学的再启与学界通常所讲的明清之际中国社会具有现代性意义的转型密切相关。这里所说的"中国社会的现代性转型"并不只是指中国政治历史分期中通常所讲的"现代"阶段（即民国时期），而是包含在前现代历史时期就已发生的具有现代性特征的社会和思想发展阶段。换句话说，本书赞成学界关于明清之际曾发生"早期启蒙"思潮和具备"内生现代性"的观点[①]，认为从那时起，中国哲学就已经诞生了现代性观念的因子。当然，中国哲学开启现代性转型的进路是多元的，情感主义哲学只是其中的一种理论进路。

　　中国情感主义哲学的再启孕育于宋明理学"理欲之辨"（天理、人欲之辨）中对"人欲"之合理性的同情和肯定，诞生于以人欲、人的自然情感为本重新审视传统伦常观念、校正儒家义理的冲动和努力；经过断断续续的发展，在中西哲学的比较和自身反思下，理论的核心问题又从"理欲之辨"转而为"情理之辨"（情感、理性或理智之辨）；20 世纪 80 年代以来，因循"情理之辨"的核心问题，在蓬勃发展的道路上，又产生了诸多具有现代价值取向和有

---

　　* 本章内容曾以《中国哲学现代性转型中的情感论哲学进路及其发展逻辑》为题发表于《中南大学学报》（社会科学版）2022 年第 2 期。此处有修改。

　　① 参见侯外庐《中国思想通史》第 5 卷（人民出版社 1956 年版），萧萐父、许苏民《明清启蒙学术流变》（辽宁教育出版社 1995 年版），许苏民《"内发原生模式"：中国近代史的开端实为明万历九年》（《河北学刊》2003 年第 2 期），黄玉顺《国民政治儒学：儒家政治哲学的现代转型》（《东岳论丛》2015 年第 11 期）等专著和文章。

较高理论创见的情感主义哲学理论，它们有力地推进了中国哲学的当代开展。

一 明清时期："理欲之辨"中对情欲的肯定与张扬

明代中期白沙、阳明的学说可以看作中国情感主义哲学再启的母体，尽管它们自身不是情感主义的哲学。白沙因主张修养工夫"以自然为宗"①，强调"率吾情盎然出之"②，被冯达文称为"明清之际创设主'情'教的第一人"③。不过，白沙虽有重自然、率真情的思想倾向，但总体上看，其哲学仍以守静存理为主，在根本上属于"理本体"的哲学。同样，王阳明的心学对人们的日常情欲多有肯定，"以情表性"的倾向特别明显。如他说："'乐'是心之本体，虽不同于七情之乐，而亦不外于七情之乐。"④ "七情顺其自然之流行，皆是良知之用，不可分别善恶。"⑤ 然而众所周知，"性本情用"的观念仍是阳明心学的主导性观念。所以，与前人相比，阳明虽对人的日常情欲有较多肯定，但他的哲学也不是"情本"的。尽管如此，白沙、阳明哲学注重不假修饰的"自然"功夫、主张"率情"、大胆"以情表性"的思想倾向，对后世情感主义哲学的再启发挥了"孕育"作用。

作为阳明后学的泰州学派率先实现了突破，经由王艮"身本"、"乐学"、良知"自然"、良知"现成"学说的过渡，当泰州学派发展到罗近溪的"赤子之心"说和李贽的"童心"说时，以人的自然情欲为本的哲学已经明确地诞生了，因为他们所言之不假修饰的"赤子之心""童心"，其实就是人的自然情欲。例如，罗近溪明确将"仁"诠释为赤子对母亲的爱恋。他说："赤子出胎，最初啼叫一声，想其叫时，只是爱恋母亲怀抱，却指着这个爱根而名为仁，推充这个爱根以来做人，合而言之曰'仁者人也'。"⑥ 并认为这样的

---

① 陈献章：《陈献章集》，中华书局 1987 年版，第 192 页。
② 陈献章：《陈献章集》，第 5 页。
③ 冯达文：《宋明新儒学略论》，广东人民出版社 1997 年版，第 196 页。
④ 王阳明：《王阳明全集》，第 79 页。
⑤ 王阳明：《王阳明全集》，第 126 页。
⑥ 黄宗羲：《明儒学案》，第 764 页。

"赤子之心"便是圣贤为学的根本："故圣贤之学，本之赤子之心以为根源，又证诸庶人之心以为日用。"① 李贽更是明确地肯定"情"的根本性地位，他说："氤氲化物，天下亦只有一个情。"② "故自然发于情性，则自然止乎礼义，非情性之外复有礼义可止也。"③ 泰州学派的影响迅速波及了文艺领域，汤显祖、冯梦龙、袁宏道兄弟等人的思想和作品，在明末清初的文艺领域掀起了影响巨大的"尚情"思潮。④ 尽管文艺领域的"尚情"思潮在社会上有较大的影响，但客观地说，其在哲学思想的建构和哲学问题的解决方面的贡献则相对较小。

泰州学派开始尝试以人的情欲为标准来评判和校准"理"，但我们不能说泰州学派的这些代表性人物的主张已经完全倒转了宋学"天理"和"人欲"的关系。因为依照他们的思想，天理蕴含在真情之中，故以真情的自然流露为本，其合理性的根据依然是"天理"。只不过由于"不假修饰"之"自然"功夫的截断作用，"真情"本身便成为"天理"，而与"真情"相对的，不是"天理"，是外在的"闻见道理"。⑤ 泰州学派的重要工作，就是以人们日常生活中的自然情欲为本去破除外在的"闻见道理"。正是在此意义上，我们肯定泰州学派是情感主义的，而且他们实现情感主义的方式是认情欲为天理，将情欲与天理合而为一，而不是直接在天理、人欲之间做了颠倒。

不过，认情欲为天理，而不对人的情欲加以适当的约束，则必然会在思想主张和行为实践方面表现得比较激进，比较离经叛道，或者说，泰州学派的学说有纵欲的风险。因此黄宗羲引他人之言批评泰州学派的很多人"坐在利欲胶漆盆中"，并且将其根源追溯到泰州学派的学术本身："非其聪明，正其学术也。"⑥ 此论断是非常精准的。由于泰州学派所主张的"情"是个体自然的情欲，完全以个体自然的情欲为准则，能够掀翻外在的一切束缚，但无

---

① 黄宗羲：《明儒学案》，第 771 页。
② 李贽：《墨子注》，转引自萧萐父、许苏民《明清启蒙学术流变》，第 102 页。
③ 李贽：《焚书》，载《李贽文集》第 1 卷，第 123 页。
④ 参见潘运告《从王阳明到曹雪芹》，湖南教育出版社 2008 年版。
⑤ 李贽：《焚书》，载《李贽文集》第 1 卷，第 92 页。
⑥ 黄宗羲：《明儒学案》，第 703 页。

法为正常社会生活所需的秩序和规范提供支撑。因此，"情本"哲学要想获得人们的认可，并对社会发展发挥长远的影响，必须考虑如何将此个体的情欲做恰当的收束，使其能够普遍化为可遵循的社会性准则，而这是泰州学派的思想所不能做到的。

对于自然情欲的普遍化问题，明清之际虽间有"以民之情为矩"①、"两欲相参，而后有非道不处之理"② 等主张，但提倡者皆未能建构起规模宏大、有系统的情本哲学。直至清中期的戴震，在情本的基础上，进一步融入"知"的因素，进而提出"以情絜情"③ 的主张，才算对此问题的解决有了实质性的推进。戴震的哲学是以人生于血气自然的情、欲、知为基础的。他说："人生而后有欲，有情，有知，三者，血气心知之自然也。"又说"惟有欲有情而又有知，然后欲得遂也，情得达也。天下之事，使欲之得遂，情之得达，斯已矣。"④ 由于肯定"知"在人心中亦有其基础性的地位，因此关于戴震哲学究竟是智识主义的还是情感主义的，学界有不同的观点。有学者专门研究了戴震哲学中"知"的意涵，发现戴震哲学所讲的很多"知"，主要是一种"感性判断力"⑤，而不是今天所谓理智的含义。戴震自己也讲："辨于知者，美丑是非也，而因有好恶。"⑥ 可见这里的"知"是一种判断美丑与道德是非的能力，在道德哲学上，接近于苏格兰启蒙运动时期休谟、斯密所讲的道德上的赞成（approbation）与不赞成（disapprobation）的情感。⑦ 因此，至少在社会、伦理层面，戴震哲学应属于情感主义类型。梁启超曾评价戴震哲学说，戴震"不外欲以'情感哲学'代'理性哲学'。就此点论之，乃与欧洲文艺复兴时代之思潮之本质绝相类。……戴震盖确有见于此，其志愿确欲为中国

① 袁宏道：《袁宏道集笺校》，钱伯城笺校，上海古籍出版社 2008 年版，第 1401 页。
② 陈确：《陈确集》，中华书局 1979 年版，第 468 页。
③ 戴震：《戴震集》，第 266 页。
④ 戴震：《戴震集》，第 308—309 页。
⑤ 谢遐龄：《戴震是理学家吗？——论戴震哲学对理学的否定》，《南国学术》2019 年第 2 期。
⑥ 戴震：《戴震集》，第 309 页。
⑦ ［英］亚当·斯密：《道德情操论》，蒋自强、钦北愚等译，商务印书馆 1997 年版，第 193、253 页。

文化转一新方向。其哲学之立脚点，真可称二千年一大翻案"①。笔者十分赞成梁启超的观点。

戴震所讲"以情絜情"的目标，是使"情得其平"，这个"平"的标准也就是"理"。然而，"理"在戴震这里不是什么抽象的原则，其本质是孟子所说的"心之所同然"："心之所同然始谓之理、谓之义；则未至于同然，存乎其人之意见，非理也，非义也。凡一人以为然，天下万世皆曰'是不可易也'，此之谓同然。"② 这是说，"以情絜情"最终要达到的目标是所有人的共同赞成。所以，戴震哲学的重要意义，就在于他为解决在"情本"的原则下个体自然情感如何能够普遍化而产生公共性准则的问题做出了解答。在戴震之后，焦循着力弘扬戴震之学，又以发挥"恕"道为重心，其所谓"恕道"，主张推扩人之情欲，"以心所欲为矩法"③，本质上即戴氏"以情絜情"之学也。在清末新政期间，何启、胡礼垣所著《新政真诠》一书，将孔孟思想的实质与新政之根本准则定为"情理"，认为外国之富强，根本在于其文化和政策合乎"情理"。他们说："故外国之既富且强，为近乎情理以合乎孔孟之道之故。"④ 此书比戴震哲学进步之处在于，它明确地提倡人们"自用其情理"，并且指出"情理必求其实际"，主张根据人们当世的情理去损益制度规范。⑤不过，该书所讲的运用情理的具体方法，仍然是儒家的絜矩之道，同样未超出戴震"以情絜情"之说。

然而，戴震"以情絜情"的情感普遍化方法也遗留下了很多重要的问题，比如"所有人的共同赞成"如何可能？按照孟子"圣人先得我心之所同然"的观点（戴震显然赞成孟子的观点），必须要搬出圣人来为世人的生活"立法"。可是，圣人不世出，谁又能做圣人的代言人呢？戴震当然不是要在当世寻个圣人的代言人，他的想法是，人们只要能够发挥本有的情、欲、知，通过"以情絜情"就能够接近"理"，接近"圣人之道"。问题是，如果"知"

---

① 梁启超：《清代学术概论》，上海古籍出版社 1998 年版，第 41—42 页。
② 戴震：《戴震集》，第 267 页。
③ 焦循：《雕菰集》，上海：商务印书馆 1936 年版，第 123 页。
④ 何启、胡礼垣：《新政真诠》，广西师范大学出版社 2015 年版，第 567 页。
⑤ 何启、胡礼垣：《新政真诠》，第 565 页。

只是一种"感性判断力",只是一种美丑是非的好恶,它真能够做到由个体的情欲转出普遍性的规则吗?真能够使"情得其平"吗?换句话说,没有真正意义上的理智的运用,情感的普遍化、社会化真的可能吗?这是情感主义哲学的发展需要进一步解决的问题。但在中国情感主义哲学之再启的萌芽期,在"理欲之辨"的思想主题之下,"理智"的地位难以获得充分的肯定。"理智"地位之被轻视,乃是中国哲学自宋明以来存在的普遍性问题。对中国的情感主义哲学而言,此问题的真正开展,将意味着中国情感主义哲学理论核心问题的转型,即从"理欲之辨"转入"情理之辨"。

二 民国时期:从"理欲之辨"到
"情理之辨"的过渡

重视"理智"本是中国情感主义哲学进一步发展的内在需要,然而,中国哲学对"理智"重要性的充分关注却与外来文化的介入有关。清代晚期以来,西方现代性文化伴随着帝国主义的入侵强势"东渐",这给古老的中华文明以巨大的现代转型压力。而西方现代性文化的发展,很大程度上依赖于工具理性,亦即理智的运用。如,韦伯在《新教伦理与资本主义精神》一书的开篇列举了西方近代各领域的突出成就,并认为那一切进步都是"理性化"(即理智化)的结果。① 在此情形下,中国哲学欲实现现代转型,就不得不面对和解决理智、理性的地位和作用问题。这是中国传统哲学的薄弱环节,受到外来的现代化压力不得不面对这一问题。但正如上文所指出的,关注情感与理智(或理性)关系这一问题在理论发展的逻辑上并不完全是外来的,而外来的压力,确实在实际上开启和推动了这一问题的讨论。

民国时期"科玄论战"这一重要的文化史事件,激起了一系列情感主义思想和哲学理论的产生,这些思想和哲学理论对情感与理智的关系展开了一定的辨析。例如,梁启超的思想是重情的,在人生观问题上,他认为,"理性

---

① [德]马克斯·韦伯:《新教伦理与资本主义精神》,于晓、陈维刚等译,生活·读书·新知三联书店1987年版,第15页。

只能叫人知道某件事该做、某件事该怎样做法，却不能叫人去做事；能叫人去做事的，只有情感"①，并指出，情感是"人类一切动作的原动力"②。这里，梁启超实际是从根本上指出了情感是理性运行的动力源泉，并由此肯定了情感在人的生活中的根本地位。不过，梁启超本人并未建立起体系化的情感哲学。在"科学化""理智化"人生观的刺激下，袁家骅和朱谦之系统地论述了他们"唯情哲学"的主张，他们在各自的著作（《唯情哲学》③ 和《一个唯情论者的宇宙观及人生观》④）中都建构了一种情感本体论的哲学，认为情感是宇宙人生的终极存在和真理，因此，人只能通过直觉的体验方式来把握它，并认为这是理智的分析、推理所不能抵达和把握的。他们在人生的修养上，主张"复情"或做个真正的"情人"，在政治、经济和日常生活中强调尊重人的情感体验。他们的学说，在一定程度上吸收了西方近代心理学、哲学的成果，但在哲学形态上依然属于典型的形而上学本体论，明显借鉴了宋学特别是心学的理论架构，重在提倡情感的可贵，且论证多有独断。加上两人并非专门从事哲学研究的学者，之后并未对相关学说进行改进，因此他们学说的影响并不是很大。

民国时期影响最大、最成体系的情感主义哲学理论要以梁漱溟的哲学为代表。梁漱溟的哲学思想奠基于民国时期，新中国成立以后虽然也对之前的思想做了一定的损益，但没有根本上的变化，因此我们在论述梁漱溟的情感主义哲学时，可以将其思想基本归于民国时代。⑤ 梁漱溟的思想受柏格森哲学

---

① 梁启超：《梁启超全集》第 13 卷，北京出版社 1999 年版，第 3968 页。

② 梁启超：《梁启超全集》第 13 卷，第 3921 页。

③ 袁家骅：《唯情哲学》，上海泰东图书局 1924 年版。

④ 朱谦之：《一个唯情论者的宇宙观及人生观》，载《民国丛书》第 1 编，上海书店 1989 年版。

⑤ 梁漱溟情感哲学思想的变化主要体现在《人心与人生》一书中，此书于 1975 年才完成，1984 年首次出版。该书修正了其在《东西文化及其哲学》中将孔子之"仁"或者说道德情感、理性简单地看作本能的观点，但他此观点的变化其实在《东西文化及其哲学》出版后便已发生，在其于 1926 年为《人心与人生》所写的第一篇《自序》中便有所体现，在 1955—1957 年写的第二篇《自序》中已有了成熟的表达。参见梁漱溟《〈人性与人生〉自序》，载《梁漱溟全集》第 1 卷，山东人民出版社 2005 年版，第 329 页；《人心与人生》，载《梁漱溟全集》第 3 卷，第 524—525 页。

的影响很大，不过，从总体上来看，他继承和发展了阳明心学特别是泰州学派先驱王艮的思想。① 他以意欲或情意所集中注意的方向为根本精神来诠释中、西、印不同的文化传统，并指明，世界文化进化发展的未来方向将从西方文化转而为中国文化，并在久远的将来转而为印度文化。

梁漱溟认为，在人的心灵功能中，意志、理智的活动在根本上由情感所驱动。而在各种情感中，儒家所讲的"仁"乃是一种平静无私的情感，这种情感他早期以为就是人的本能，后期又对本能做了区分，认为"仁"不是与身体相关的欲望那样的本能，而是能够体现生命本质的情感，也就是说，"仁"虽也是一种本能，但与欲望不同，而与罗素所讲心灵的"灵性"相近。此种体现生命本质的情感，是人类在进化过程中，人的本能情欲与理智相互作用的产物，此平静无私的情感就是理性。他说："盖理智必造乎无所为的冷静地步而后得尽其用，就从这里不期而开出了无所私的感情。——这便是罗素说的'灵性'。而在我名之为'理性'。理智、理性不妨说是人类心思作用之两面：知的一面曰理智；情的一面曰理性；二者密切相联不离。"② 理性居然是一种类型的情感，这种理性观念与西方理性主义哲学的"理性"观念间有着巨大的差异。近年来，西方一些学者如迈克尔·斯洛特（Michael Slote）③、安东尼奥·达马西奥④等，从哲学和神经科学的视角出发，驳斥了纯粹智性的"实践理性"概念，论证了情感参与和支持实践理性运行的必要性。这为中国情感主义哲学带有情感属性的"理性"观念提供了有力的辩护。

梁漱溟认为，这种体现生命本质的无私情感——理性——是当今人类先天存在的至高无上的美德，从伦理关系上看，这种情感属性的理性也可以称作情义，情义正是一切伦理关系的根本。他说："伦理关系，即是情谊关系，亦即是其相互间的一种义务关系。所贵乎人者，在不失此情与义。'人要不断

---

① 梁漱溟：《答：美国学者艾恺文先生访谈记录摘要》，载《梁漱溟全集》第 8 卷，第 1158—1159 页。

② 梁漱溟：《人心与人生》，载《梁漱溟全集》第 3 卷，第 535 页。

③ ［美］迈克尔·斯洛特：《阴阳的哲学》，王江伟、牛纪凤译，商务印书馆 2018 年版，第 199 页。

④ ［美］安东尼奥·达马西奥：《笛卡尔的错误：情绪、推理和人脑》，第 1 页。

自觉地向上实践他所看到的理'，大致不外是看到此情义，实践此情义。其间'向上之心'，'相与之情'，有不可分析言之者已。不断有所看到，不断地实践，则卒成所谓圣贤。"① 这里，所谓"看到"与"有不可分析言之者"，即表明此无私情感—理性—情义的先天存在。此情感先天存在且合理，这与泰州学派的情本哲学如出一辙。

梁漱溟情感哲学的重要贡献，是对人心的属性做了细致的分析，探讨了本能欲望、理智、情感、理性、意志之间的关系，肯定了情感，特别是作为理性的情感在人生和人类文化中的根本地位，并对人心、人生与人类文化之间的关系做了系统的说明。在梁漱溟这里，伦理原理（即"理性"或"情义"）成为人心之本能情欲与理智相互作用的产物，这似乎在人的心灵中将情感与理智看作了根本性的功能，但是，对当下的人而言，作为情感与理智相互作用之产物的理性又先天地作为德性而存在于人心。这不就是传统心学派的先天德性论吗？只不过此德性不再是与"情"相对的高悬的天理，而成为体现生命本质的情感。与泰州学派不同之处在于，这种蕴含先天德性的情感又不包含人们本真的、生而有之的日常情欲，可见，梁漱溟哲学在某些方面，特别是在他凸显人类心灵之"灵性"、先天美德的后期，颇有越出泰州学派而进一步向阳明本人的心学回归的意味。其好处，是把人性从动物性中区分、提升出来，张扬了人性的可贵，但将理性—德性作为人性的先天存在，这真的合乎人心的现实吗？而且，从泰州学派以来的情本哲学家所一直张扬的人的自然情欲的地位又如何保证？德性既然是先天存在的，且"有不可分析言之者"，那么理智在人的伦理生活中的作用又该如何发挥？他一方面肯定了情感与理智的相互作用是先天德性生成的根本，但同时又将此相互作用归于历史的进化。那么，当代人类后天应如何处理好情感与理智的关系？又如何在此基础上建构现代文化？此根本性问题不解决，必然会造成梁漱溟的内圣之学与其现代性外王诉求的断裂。② 这说明，梁漱溟的情感哲学，尚没有完全落实"情理之辨"的

---

① 梁漱溟：《中国文化要义》，载《梁漱溟全集》第 2 卷，第 136—137 页。
② 李泽厚：《历史本体论·己卯五说》，生活·读书·新知三联书店 2008 年版，第133—134 页。

理论内核，而只是处于从"理欲之辨"向"情理之辩"转型的过渡阶段。

三　20世纪末期以来："情理之辨" 作为理论核心的确立

20 世纪 80 年代以来，中国的情感主义哲学获得了进一步的发展，产生了一系列重要成果。如蒙培元的"情感儒学"、李泽厚的"情本体"论、黄玉顺的"生活儒学"、王庆节提出的以"道德感动"为基础的"儒家示范伦理学"、刘悦笛提倡的"情本哲学"、郭萍和赵广明构建的"自由儒学"，等等，这些学说虽然有些尚不成熟，但无不明确以情感为理论基础。并且在这一时期，很多学者对中国哲学的情感主义进路已有自觉，他们是自觉地在此传统中去建构和发展情感主义哲学理论的。这一时期的情感主义哲学还有一个特点，就是情感与理智的关系已成为哲学的基础问题，"理欲之辨"已经不再作为此时期情感主义哲学理论的核心内容出现。这标志着中国的情感主义哲学已经在理论内核上完成了从前现代到现代的过渡，进入了自觉发展的阶段。

个体自然的情感如何社会化、普遍化而具有合理性？李泽厚赞成梁漱溟所讲的情感与理智相互作用的历史进化过程，他将此看作人类文化心理的"积淀"过程。李泽厚与梁漱溟的区别在于，李泽厚更倾向于从"文化心理结构"[①] 的层面来看待此"积淀"的结果。"文化心理结构"是一个民族的文化发展到今天所积淀的社会心理学观念，其中最根本的部分是文化心理中的"情理结构"。这些观念当然会潜移默化地影响和渗入个体的心理。因此，李泽厚认为，我们所要做的，从根本上看，就是根据今天的需要，去研究和改造我们社会文化心理中的"情理结构"。而改造文化心理中的"情理结构"，需要充分运用个体的情感和理智。情感和理智的相互作用究竟如何展开，有什么规律？按照李泽厚提倡的"实用理性"的观念，这需要到具体的实践中去，通过"度"的把握来具体地研究和积累。[②] 至于更为具体的、个体生命

---

① 李泽厚：《历史本体论·己卯五说》，第 118 页。
② 李泽厚：《历史本体论·己卯五说》，第 8 页。

中的情感与理智互动的理论和经验，李泽厚哲学并未详加论述。但在人的情感心理基础上，李泽厚提出了"两德论"（社会性道德与宗教性道德）、"两个自然"（自然人化与人化自然）和"儒学四期"等学说，这都是其"情本体"理论重要的组成部分。

在道德情感或理性情感的先天性问题上，蒙培元和梁漱溟的观点是一致的，他们都认为这是人类进化的产物。不过，蒙培元认为，就自然人而言，此先天的道德情感能力是潜存的，必须要经过后天的"自觉"才能落实为真正意义上的道德情感。而道德情感的"自觉"，需要借助理智——"思"——的作用，他说："道德情感通过'思'而获得了理性的形式。"① 当然，理智在这里所起的作用只是澄清情感的理性形式，而不是赋予其理性形式。此外，在心灵哲学问题上，蒙培元指出，传统中国哲学需要进行一种"心灵转向"，使传统注重"整体性""内在性""情感性"的心灵观念"变成一个开放系统"。具体的做法，是要"由绝对的无限心分化为多样的相对心"，"发展自由理性，树立客观理性精神，使内省式的心理定势转变成内外交流互动的形态"②。在《人与自然》一书中，蒙培元强调，必须正确处理好"德性主体"与"认知主体"、"情感理性"与"科学理性"之间的关系，在人文精神的关怀下去开发自然。③ 可见，在蒙培元这里，如何处理好情感与理智的关系，已成为其情感儒学的重要内容。

情感与理智的关系同样是黄玉顺"生活儒学"理论展开的核心。黄玉顺将人类一切观念划分成本源、形而上、形而下三个层级，本源即是生活本身，而生活感悟或本源的情感感受乃是生活本身的显现。本源层级的观念是前主体性的，形而下的观念是主客对立的，形而上的观念是主客合一的。按照黄玉顺的观点，从本源层级的观念生成形而上、形而下的一切观念，根本上依赖的是理智，亦即"认识之思"④ 的运用。于是本源观念与非本源观念之间的切转，在根本上就是情感与理智关系的问题了。在此基础上，黄玉顺建构

① 蒙培元：《情感与理性》，中国社会科学出版社 2002 年版，第 20 页。
② 蒙培元：《心灵超越与境界》，第 16 页。
③ 蒙培元：《人与自然》，人民出版社 2004 年版，第 12 页。
④ 黄玉顺：《爱与思——生活儒学的观念》（增订本），第 113 页。

了"中国正义论"体系和"国民政治儒学"理论，并对儒教问题、儒家的超越与境界问题发表了诸多富有创见的观点。

从以上的论述足以看到，在当代情本哲学中，情感与理智的关系已成为哲学理论展开的核心或基础。这说明，中国的情感主义哲学已经完成了从"理欲之辨"到"情理之辨"的转型，并迈开了多元的发展步伐。

四　中国哲学情感论进路的现代性文化主张

明代中晚期以来的情感主义哲学是中国哲学现代转型中的一种表现，欲阐明其"现代性"意义，还必须在阐述哲学的基础理论之外，对上述种种"情本"学说的具体伦理、政治和社会文化主张加以说明。

现代性文化可以从不同的层面进行论述，概言之，现代人的主体特征是个体主体性的张扬；落实到价值层面，就是自由、平等、人权等观念的提出；知识论上，表现为科学的发展；政治上，表现为民主政治实践和民族国家的建立；经济上，是市场经济的扩张；社会文化和风俗上，于中国而言，就是包办婚姻、贞洁观念、家长威权等观念的淘汰，以及自由恋爱、讲公德等观念的提倡；等等。在这些方面，可以说，从泰州学派开始，相近的思想主张就已经不断在出现了。例如，王艮以身为本的"明哲保身论"、罗近溪的"赤子之心"说、李贽的"童心"说，都为个体主体性的张扬奠定了理论基础。李贽有关男女自择良偶[①]、"人本自治""人能自治"[②] 的主张，蕴含着个体自由的思想倾向。何心隐以朋友关系为人伦关系基础的"交尽于友"[③] 的呼吁，体现了平等人伦关系的诉求。戴震"血气心知"的人性论和反对"以理杀人"[④] 的伦理学，具有反前现代伦常规约束缚的思想解放意义。待及近世，梁启超追随康有为进行的"维新变法"本身就是要使中国从前现代的古老帝国变成一个发达、强大，能够体现自由、平等、博爱精神的"君主立宪"制国

---

① 李贽：《藏书》，载《李贽文集》第 3 卷，第 719 页。
② 李贽：《道古录》，载《李贽文集》第 7 卷，第 372 页。
③ 何心隐：《何心隐集》，中华书局 1960 年版，第 28 页。
④ 戴震：《戴震集》，第 188 页。

家。在国民教育方面，梁启超的《新民说》一书，正是以塑造具有"独立之精神"的现代公民为目标。① 梁漱溟更是认为，西方的科学和民主"这两种精神完全是对的；只能为无批评无条件的承认；……要'全盘承受'"②。李泽厚强调，在其"情本体"理论或"儒学四期"的开展中，"个人将第一次成为多元发展、充分实现自己的自由人"③。黄玉顺提倡的"国民政治儒学"所要实现的，乃是培育"以个体性为优先"的公民和建设"国民所有，国民所治，国民所享"的现代政治。④

　　当然，中国哲学现代转型中的情感主义哲学不仅积极提倡、吸收和建构现代性的主体、价值和社会文化，而且也对西方过于理智化的现代性文化保持着警惕和反思。例如，蒙培元指出，西方理性主义传统"理智理性与情感的分离与对立"的特征，导致了其文化对"人本身更加疏远"，或者说具有"离人的倾向"。⑤ 李泽厚认为，对人的生存世界和生活的审美化改造，有助于人类走出 20 世纪的语言—权力统治。⑥ 这实际上就是用情感本位的文化来修正西方现代性的理性主义文化。由于中国当代的情感主义哲学对西方现代性文化皆有所批评，因此其主张在某种程度上近于或者就是一种后现代主义文化。但是面对过度彰显个性和只解构、不建构的西方后现代主义哲学，中国当代情本哲学亦对其有所批评。比如，李泽厚批评海德格尔哲学是"士兵的哲学"，⑦ 个性张扬有余，却不能合理地安顿和彰显日常生活的意义。黄玉顺也认为，此类"后现代主义者对于建构工作不感兴趣、贡献甚微"⑧。总体上看，中国当代情感主义哲学所提倡的现代生活方式和社会文化，是批判地融合了西方现代主义和后现代主义文化的一种文化形态，其目标是通过"对

① 梁启超：《新民说》，商务印书馆 2016 年版，第 9 页。
② 梁漱溟：《东西文化及其哲学》，载《梁漱溟全集》第 1 卷，第 532 页。
③ 李泽厚：《历史本体论·己卯五说》，第 155 页。
④ 黄玉顺：《国民政治儒学——儒家政治哲学的现代转型》，《东岳论丛》2015 年 11 期。
⑤ 蒙培元：《情感与理性》，第 413 页。
⑥ 李泽厚：《历史本体论·己卯五说》，第 263 页。
⑦ 李泽厚：《实用理性与乐感文化》，生活·读书·新知三联书店 2008 年版，第 80 页。
⑧ 黄玉顺：《从"西学东渐"到"东学西进"——当代中国哲学学者的历史使命》，《学术月刊》2012 年第 11 期。

启蒙哲学与后现代哲学的双重反思"，"积极地探寻新型现代性设计的可能方案"①。这其实是中国哲学乃至中国文化当代开展的基本方向。

综合明代中晚期以来中国情感主义哲学之理论建构及其现代性价值和社会文化诉求，我们能够发现其在现代性文化建构和发展方面的阶段性特征：第一个阶段，是激进突破阶段。泰州学派的哲学家们在"理欲之辨"的主题下肯定了日常情欲的合理性，大张旗鼓地以此为准则去批判传统的伦常道德和文化观念，并提出新的人性和人伦主张；但在当时的情况下，这些主张显得过于激进，加上其主张因未能充分发挥"理智"的因素而显得生涩、不成系统，故而遭到了当时社会的强烈批评。例如，黄宗羲批评泰州学派"掀翻天地""非名教所能羁络"②。顾炎武所言"背弃孔孟，非毁程朱"，甚至"荡轶规矩、扫灭是非廉耻"大多指的就是泰州学派。③ 可见泰州学派思想和行为的激进性。第二个阶段，生硬嫁接阶段。过渡时期的情本思想家和哲学家对于个体主体，自由、平等、民主、科学的理念都是非常赞成的，但这些文化主张与其情感理论之间存在较大的张力。也就是说，其杂糅"理欲之辨"与"情理之辨"的理论无法为现代性价值和社会文化提供充分的论证，导致其在哲学理论与现代"外王"主张之间的嫁接显得过于生硬，不够顺畅。如李泽厚批评梁漱溟哲学之理论学说与乡村建设实践打成两截。④ 到了第三个阶段，才是真正的贯通发展阶段。即当情感与理智的关系成为情感主义哲学的真正理论内核以后，情感主义哲学的理论与其现代性文化主张之间的关系才真正贯通起来，中国的情感主义哲学才在真正意义上完成了现代转型并进入蓬勃发展阶段。

中国的情感主义哲学完成了现代转型，但这只是一个新的开始，一个新的发展阶段，既不是高潮，更不是终点。当代中国的情感主义哲学依然存在很多不足，比如，对于情感和理智的关系，西方心灵哲学、心理学、神经科

---

① 李海超：《中美当代情感哲学比较》，《江西师范大学学报》（哲学社会科学版）2021 年第 1 期。

② 黄宗羲：《明儒学案》，第 703 页。

③ 顾炎武撰，黄汝诚集释：《日知录集释》，岳麓书社 1994 年版，第 661 页。

④ 李泽厚：《历史本体论·己卯五说》，第 133—134 页。

学等相关学科近年来有了很多新的研究成果，这些前沿理论尚未被吸收到中国情感主义哲学的理论创造中；对于中国乃至全人类面临的一些根本性问题，如价值观冲突、高科技发展的伦理约束等，也缺乏有效的智慧贡献。中国情感主义哲学将如何走向未来？历史不可预测，但可以肯定的是，进一步深化"情理之辨"，融入交叉学科的视野，为中国和人类的生存与发展提供智慧，是未来的中国情感主义哲学必须观照的问题。

最后，需要说明的是，关于中国哲学现代性转型中的情感主义进路，无论从思想史脉络上，还是从单个哲学家、思想家的哲学理论上，学界都已有了很多研究。在各类著作中，萧萐父、许苏民的《明清启蒙学术流变》，沟口雄三的《中国前近代思想的演变》，冯达文的《宋明新儒学略论》，季芳彤的《泰州学派新论》，潘运告的《从王阳明到曹雪芹》，黄玉顺、杨永明、任文利主编的《人是情感的存在——蒙培元先生 80 寿辰研讨集》，方用的《20 世纪中国哲学建构中的"情"问题研究》等著作，以及黄玉顺的《儒家的情感观念》、谢遐龄的《戴震是理学家吗？——论戴震哲学对理学的否定》、魏义霞的《梁启超情感主义》等论文为本篇写作提供了较大的参考。基于上述学者已有的研究，本篇的主要工作，不再是对此哲学进路中的情本理论进行详细的挖掘和诠释，而是对上述研究成果进行综合，以期呈现中国哲学现代性转型过程中的情感主义哲学进路之发展历程及其演进的逻辑。

第六章　明清时期的情感主义哲学

一　陈献章与王阳明哲学对情感主义哲学的孕育

　　明清之际，中国文化之所以会产生尚情、重情的思潮，与当时社会生活的大转型密切相关。当时的社会生活中出现了很多具有现代性特征的现象明代中期以后，中国南方的商业城镇大量涌现，商人和市民阶层壮大，市场大规模扩张，商品经济出现了前所未有的发展局面。学界通常将这一时期看作中国资本主义的萌芽期，或者是中国社会现代性转型的发端期。与此相应，在思想文化层面，出现了体现市民阶层生活方式和需求的早期启蒙思潮。① 明清之际的情感主义哲学，正是此早期启蒙思潮中的一个代表。思想文化的现代性转型，总体上表现为个体的觉醒，即个人开始打破外在神圣的、世俗等级的束缚，依凭自己的能力，去重新认识世界、重建伦理道德和生活秩序。从个人觉醒所依托的主体能力来看，西方近现代文化的主流是依靠理性，但也有苏格兰启蒙运动那样以情感为本的哲学流派，其以情感为本同样可以达到张扬个性，肯定个体生存欲求，从而对各种权威提出挑战的效果。尽管一味地放纵情欲也会出现严重的问题，不过，在观念和现实束缚严重的情况下，以情感主义的哲学进路寻求突破，不失为一种有效的手段。与西方相比，中国文化的早期启蒙，就颇重视情感主义的进路。虽然在早期启蒙思潮中，亦有重视理性和理智的学说，但情感主义的进路具有开启蒙先河的意义。

　　情感主义哲学最先实现了具有现代性意义的哲学突破，这与中国哲学自

---

　　① 　参见侯外庐《中国思想通史》第 5 卷，第 3 页；萧萐父、许苏民《明清启蒙学术流变》，第 2 页。

身的特点有关。中国哲学的基本特征就是注重生命的直觉体验，而不是理智的分析。在宋明新儒学中，理学派相对注重分析式的格物之学，但在根本上也是强调直觉体验的。而理学派所重视的那一点"分析"，又被心学派批评为"支离"，于是理智的运用，在宋明主流儒学中越来越被轻视，而主张"易简"功夫的心学越来越受到欢迎。特别是伴随着市民阶层的兴起，儒学世俗化的需求越来越强，对于非专业知识阶层的民众来说，心学也比理学更容易接受。明代前期的儒学主要是理学，到了明代中期以后，心学便转而成为主流。《明史·儒林传》说："原夫明初诸儒，皆朱子门人之支流余裔。师承有自，矩矱秩然。曹端、胡居仁笃践履，谨绳墨，守先王之正传，无敢改错。学术之分，则自陈献章、王守仁始。"① 可见，这一学术转变，陈白沙、王阳明的哲学均功不可没，而白沙乃是阳明的前辈，其哲学对阳明心学亦有很大的影响。

（一）白沙心学对情感主义哲学的孕育

白沙原本师从理学大家吴与弼，然而对吴的学说并没有太深的认同，或者说，从吴那里一直找不到入"道"的门径，直到通过自己的不懈努力，才终于有所创获，并找到了属于自己的学术道路，而这条道路却是心学式的。与一直强调"主敬"的理学功夫不同，白沙偏好"守静"的功夫。比如他说：

> 是以圣贤之心，廓然若无，感而后应，不感则不应。又不特圣贤如此，人心本来体段皆一般。只要养之以静，便自开大。②
>
> 为学须从静中养出个端倪来，方有商量处。③
>
> 晦翁恐人差入禅去，故少说静，只说敬，如伊川晚年之训。此是防微虑远之道。然在学者，须自度量如何。若不至为禅所诱，仍多着静，

---

① 张廷玉等：《明史》卷282，中华书局2000年版，第4827页。
② 陈献章：《与谢元吉》，转引自黄宗羲《明儒学案》，第85—86页。
③ 陈献章：《陈献章集》，第133页。

方有入处。①

　　学劳攘则无由见道。故观书博识，不如静坐。②

　　宋学诸儒大多忌讳"守静"的功夫，因为"守静""静坐"乃是佛家的基本修养方法，提倡"守静"，很容易被看作禅学。佛家在生活态度上主张清心寡欲，而儒家则主张积极入世，所以儒家更强调做事时的恭敬、专心，即"主敬"，而不是内心的清静。然而在白沙看来，儒家固然不是以内心的清静为目的，但不妨以"守静"作为一种方法来涵养德性，因为心思散乱、劳攘总是不利于"见道"的。

　　那么，"守静"何以能够养出"端倪"呢？依白沙的观点，宇宙的运行是以"自然"为宗旨的，天地万物皆因其本性而自成自化，不依赖于外物，云卷云舒，鸢飞鱼跃，都不是刻意安排的。人本与天地为一体，其修养的目标是追求天人合一，以参悟"天理"为本，故为学应当以"自然""无着"作为宗旨。他说："人与天地同体，四时以行，百物以生，若滞在一处，安能为造化之主耶？古之善为学者，常令此心在无物处，便运用得转耳。学者以自然为宗，不可不着意理会。"③ 既然为学要求不假安排、自然而然，那么只要静养而不扰攘，此心之理便自然会发露，"守静"也就能够成为儒家的修养方法。

　　注重顺人心之自然，以此为本，人的情感的自然流露也就获得了合法性。于是，白沙提出了一些主张"率情"或肯定自然情感的观点。例如：

　　率吾情盎然出之，不以赞毁与；发乎天和，不求合于世与；明三纲，达五常，征存亡，辨得失，不为河汾子所痛者，殆希矣。

　　受朴于天，弗凿以人，禀和于生，弗淫以习。故七情之发，发而为诗，虽匹夫匹妇，胸中自有全经。此《风》《雅》之渊源也。而诗家者

---

① 陈献章：《陈献章集》，第 157 页。
② 陈献章：《陈献章集》，第 269 页。
③ 陈献章：《陈献章集》，第 192 页。

流，矜奇眩能，迷失本真，乃至旬锻月炼，以求知于世，尚可谓之诗乎？①

　　率人之自然真情，即是"发乎天和"，即是天理之流行，把握住此真情，便可"明三纲，达五常"。这不就意味着，白沙所讲之人心实际上就是情感心吗？其所谓道、天理，不就是真情吗？基于此，冯达文称白沙学说"与其以'理'为'心'，毋如以'情'为'心'"，并指出："'情'作为'人'与'心'的最原初的存在方式，最具整全性与本真性，故在白沙那里，唯'情'才具本体意义。"于是他便宣称："白沙诚为明清之际创设主'情'教的第一人。"② 白沙之学，基于自然、无着的功夫论，为不假修饰的真情提供了合理性，与以往的理学家相比，彰显了情感的重要性，这是毋庸置疑的。但白沙之学是否真如冯达文所言，是"情本体"的哲学呢？恐怕并非如此。

　　其实，在白沙心学中，本体性的概念依然是"理"，为学的目标，在于参悟此"理"。如他说："终日乾乾，只是收拾此理而已。此理干涉至大，无内外，无终始；无一处不到，无一息不运。会此则天地我立，万化我出，而宇宙在我也。"③ 此"理"既是天理、天道，也是人心之理，人的心本与天理为一体："天道至无心，比其著于两间者，千怪万状，不复有可及。至巧矣，然皆一元之所为。圣道至无意，比其形于功业者，神妙莫测，不复有可加，亦至巧矣，然皆一心之所致。心乎，其此一元之所舍乎？"④ 这里的"一元"即是指天理，天理"舍"于人心。这里的人心，既有个体的主观心灵义，亦有本体义。但两者并非两心，而是可以贯通为一的一心。这中间当然存在理论的张力，但此问题是所有心学理论都存在的。心学之为心学，在于其将理学中的"性"与"心"合而为一，进而将理与人心合而为一。此种理论架构扁平化的好处，是接引了现实的人心，提升了个体心灵的可贵与可靠性，这也是心学能够提升情感地位的重要理论原因；缺点是无法抹除带有普遍属性的

---

① 陈献章：《陈献章集》，第5、11页。
② 冯达文：《宋明新儒学略论》，第194、195、196页。
③ 陈献章：《陈献章集》，第217页。
④ 陈献章：《陈献章集》，第57页。

天理与个体心灵之间的"二重性"张力。①

　　基于此种二重性，我们不能说心学中的"理"完全可以等同于心，理作为原理、条理有存于人心的一面，否则就不能说"舍"于人心。而冯达文说，白沙所讲的理与程朱、陆王不同：

> 　　按，程、朱指"理"为客观必然理则，固以"所以然"说"理"；陆、王指"理"为"心之条理"，实亦以"所以然"说"理"。即是说，他们都把"理"看做是"公共的"，或应该是"公共的"。白沙却称"此理包罗上下，贯彻终始，滚作一片，都无分别"，这显然取消了"理"的"公共"意义，而将之视为个人心中一种超越分别对待的精神境界。②

　　冯达文的观点显然与上文的分析不符，他说白沙所讲之"理"已完全没有公共性、客观性和条理的内涵，而只是一种主体的精神境界，或者确切地说，就是一种情感境界。这实际上是过度诠释了。因为根据白沙"人与天地同体"、宇宙运行与人心作用皆"一元"之所为，以及"心之所有者此诚，而为天地者此诚"③ 的哲学，个体最高的心灵境界与宇宙的客观运行是浑然一体的。此种境界论与宇宙论、本体论的浑一，不仅是白沙，而且是传统心学乃至牟宗三、唐君毅等现代新儒家共同的理论特点。只有最高心灵境界与宇宙实在的一体，才能保证"心"的本体性、创生性以及牟宗三所说的"德福一致"。所以，白沙哲学所讲之"理"也不仅仅是个体的主观心灵境界，而有其宇宙客观性的一面。我们固然可以说，白沙所述说的境界，只有被理解为个体主观的心灵境界才能成立，但这也只是我们为白沙哲学谋求合理性的结果。从白沙本人的思想学说来看，其所讲的理与心并不完全是个体主观的心灵境界，更不是纯粹的情感境界了。

　　综合起来看，白沙哲学的主体内容，不是以情感为本建构和诠释新的人

---

　　① 杨国荣：《心学之思——王阳明哲学的阐释》，生活·读书·新知三联书店 1997 年版，第 243 页。

　　② 冯达文：《宋明新儒学略论》，第 192 页。

　　③ 陈献章：《陈献章集》，第 217 页。

生观和价值观，而是通过对理、心关系以及为学功夫的改进提升了情感的地位，强化了情感的正当性，但在理论形态上仍然更接近于"心即理"的"心本体"哲学，而不是情本体哲学。虽不是，却对情感主义哲学的开展具有启发作用。

（二）阳明心学对"情感主义哲学"的孕育

作为心学派的代表，阳明心学同白沙哲学一样提升了情感的理论地位。阳明心学虽然没有改变宋学"性发为情"的理论结构，认为情是性之所发，但他也反对将性与情做过于严格的区分，指出仁义礼智诸德与恻隐、羞恶等情感一样，都是"性"的不同表达而已：

> 澄问："仁、义、礼、智之名，因已发而有？"曰："然。"他日，澄曰："恻隐、羞恶、辞让、是非，是性之表德邪？"曰："仁、义、礼、智，也是表德。性一而已：自其形体也谓之天，主宰也谓之帝，流行也谓之命，赋于人也谓之性，主于身也谓之心；心之发也，遇父便谓之孝，遇君便谓之忠，自此以往，名至于无穷，只一性而已。犹人一而已：对父谓之子，对子谓之父，自此以往，至于无穷，只一人而已。人只要在性上用功，看得一性字分明，即万理灿然。"①

情既然是性的一种"表德"，人们就可以在一定程度上"以情表性"。亦即情虽然不即是性或本心，但在有限范围内，用情来指代性似乎也没有太大问题。阳明在论证"万物一体之仁"的著名命题时，就是以恻隐、不忍等情感作为证据的：

> 大人之能以天地万物为一体也，非意之也，其心之仁本若是，其与天地万物而为一也。岂惟大人，虽小人之心亦莫不然，彼顾自小之耳。是故见孺子之入井，而必有怵惕恻隐之心焉，是其仁之与孺子而为一体

---

① 王阳明：《王阳明全集》，第 17—18 页。

也；孺子犹同类者也，见鸟兽之哀鸣觳觫，而必有不忍之心焉，是其仁之与鸟兽而为一体也；鸟兽犹有知觉者也，见草木之摧折而必有悯恤之心焉，是其仁之与草木而为一体也；草木犹有生意者也，见瓦石之毁坏而必有顾惜之心焉，是其仁之与瓦石而为一体也；是其一体之仁也，虽小人之心亦必有之。是乃根于天命之性，而自然灵昭不昧者也，是故谓之"明德"。①

而且阳明不反对用"爱"来指称"仁"。例如，他说："樊迟问仁，子曰：'爱人。'爱字何尝不可谓之仁欤？昔儒看古人言语，亦多有因人重轻之病，正是此等处耳。然爱之本体固可谓之仁，但亦有爱得是与不是者，须爱得是，方是爱之本体，方可谓之仁。"② 阳明一方面不反对人们称爱为仁，但同时也对爱做了限定，即必须是正当的爱才可以用来指代仁。这是否意味着，阳明其实只是提高了道德情感的地位，对于人们在生活中的其他自然、本真的情感，就没有正视呢？并非如此。阳明认为，只要人们对内心自然的情感不加执着，任其自然流行，则喜怒哀乐等日常情感皆是正当的，合乎良知、本心或天理的。他说：

> 七情顺其自然之流行，皆是良知之用，不可分别善恶，但不可有所着；七情有着，俱谓之欲，俱为良知之蔽；然才有着时，良知亦自会觉，觉即蔽去，复其体矣！此处能勘得破，方是简易透彻功夫。③

这里，阳明所重视的情感不是道德情感，而是一切不加执着的"自然"情感。这也就意味着，只要是"顺其自然流行"的情感，皆是良知的表现。这些情感本身不直接就是良知，而只是良知之"用"。它们不是良知本体，但如果用这样的情感来指代良知，也没有什么问题。阳明同白沙一样，都注重

---

① 王阳明：《王阳明全集》，第 1066 页。
② 王阳明：《王阳明全集》，第 217 页。
③ 王阳明：《王阳明全集》，第 126 页。

功夫的"自然"，反对"有着"。阳明与白沙之不同，在于他认为良知本体可以自觉地去蔽、去着。既然良知本体可以自我去蔽，那么刻意的功夫也就不需要了。不需刻意，包含不需要刻意地去"守静"。虽然阳明并不反对静坐，但他也并没有像白沙那样特别地强调"守静"的功夫，而且他还多次对贪恋静坐中之各种愉悦光景的行为提出"簸弄光景"的批评，在修养方法上，更是主张"知行合一""事上磨练"。

阳明心学中的最高修养境界是蕴含着快乐情感的境界。如他说：

> "乐"是心之本体，虽不同于七情之乐，而亦不外于七情之乐。虽则圣贤别有真乐，而亦常人之所同有。但常人有之而不自知，反自求许多忧苦，自加迷弃。虽在忧苦迷弃之中，而此乐又未尝不存。但一念开明，反身而诚，则即此而在矣。每与原静论，无非此意。而原静尚有何道可得之问，是犹未免于"骑驴觅驴"之蔽也。①

阳明说"'乐'是心之本体"，并指出此本体之"乐"，不外七情之乐，而且此七情之乐为圣贤和常人所同有。换句话说，常人在日常生活中的七情之乐本来就是本体之乐，只不过常人不自觉、不自知而已。这极大地提高了情感的地位，也提高了常人在日常生活中表达情感，依情感诉求去做事的信心。需要注意是，尽管如湛甘泉所言，阳明的心学理论具有明显地将本心、良知落实到个体"腔子里"②的特征，亦即个体化特征，但阳明心学的境界论依然不是纯粹个体主体化的，客观实体化的特征同样存在，也就是说，个体之心与普遍的宇宙之心（本体，存在实体）浑然一体的特征依然存在，这与白沙哲学是一样的。个体主观心灵境界不能从宇宙实在中独立出来，这就决定了个体的任何心灵功能自身都不能成为真正意义上的本体。但本体的个体主体化的哲学发展趋向，又确实提高了个体心灵功能的地位。情感的地位能够在白沙和阳明心学中得到提升，与此种理论的发展趋向密切相关。

---

① 王阳明：《王阳明全集》，第 79 页。
② 湛甘泉：《答杨少默》，载《泉翁大全集》卷 9，万历二十一年修补本。

所以，阳明心学对人们日常生活中的情感之地位的提高，仅相对于之前的理学而言。在很多时候，阳明对人们的"七情"也是很警惕的，强调要以良知来节制情感的表达。如他说："大抵七情所感，多只是过，少不及者。才过便非心之本体，必须调停适中始得。就如父母之丧，人子岂不欲一哭便死，方快于心。然却曰'毁不灭性'，非圣人强制之也，天理本体自有分限，不可过也。"① 总之，阳明心学绝对不是"情本体"哲学，但他主张良知之自我去蔽的观点，对"自然""无着"之修养功夫做了进一步支撑，为人们张扬本真自然、不假修饰的情感提供了一定的辩护。阳明心学与白沙哲学的不同，在于它在强化"自然""无着"功夫的同时，摆脱了对"守静"功夫的依赖，这加强了人们在日常生活中大胆地依赖真情去做事的勇气。白沙虽然也肯定常人"七情"的合理性，但其偏于"守静"的功夫论，过于强化了情感表达的中和与闲适，这固然是一种美好的生活态度和心灵境界，但这种境界太过审美化、艺术化了。而阳明心学那种"知行合一""事上磨练"的功夫论和生活态度，则有助于激发个体行动，鼓舞人们勇敢实现情感诉求。这种态度表现在理论层面，有助于学者们以此情感为本去重新衡量社会生活中的一切价值，去塑造新的文化理想。此种哲学理论的突破和实现，既是中国哲学现代性转型中的情感主义哲学的诞生，就整个中国哲学传统来看，也可以说是中国情感主义哲学的再启。而此再启的情感主义哲学，最初便诞生于作为阳明后学的泰州学派之中。所以，阳明心学对中国情感主义哲学的再启具有直接孕育的作用。

二 泰州学派与情感主义哲学的再启

伴随着中国社会现代性转型的发展，经过一定时间的理论孕育，情感主义哲学终于在泰州学派中再次萌芽。当然，泰州学派并非从一开始就完全是情感主义哲学，泰州学派中的哲学理论也并非全部都是情感主义哲学。但总体上看，整个泰州学派的思想倾向是尚情的，而且至少对于何心隐、罗近溪、

---

① 王阳明：《王阳明全集》，第19—20页。

李贽这样的儒者，他们的思想体系可以算作情感主义的。①

　　泰州学派之所以能够从典型的心学理论中发展出情感主义的哲学，这与其理论特点是分不开的。上文已经指出，白沙、阳明在本体论上对心与理的合一，提升了人的主体性，而功夫论上对自然、无着的强调，又提升了情感的地位。但由于其理论的宗旨，依然是为彰显天理、良知服务的，故他们的哲学不是情本的。泰州学派与白沙、阳明的不同，就在于其在前人的基础上迈出了关键的一步。即既然在功夫论上强调自然和无着，那也就意味着对于人的本真存在来说，天理、良知都是"现成"的。例如，王艮讲："识得此理，则现现成成，自自在在。即此不失，便是庄敬；即此长存，便是持养，真不须防检。"② 良知"现成"是说，对人而言，只要其本性未被遮蔽，则其后天本真的存在，其本真的情感发露，就是正当的，合乎良知、本心的。此种后天正当性的肯定，与之前的理学和心学有着巨大的差别。阳明本人的心学虽然也讲"满街人是圣人"③，人人都具有整全的良知，但这只是先天地具有，后天则未必具有。而泰州学派则大胆地强调，此全部正当性，完全可以由后天呈现，且这种呈现是普遍的，不是个别人的，而是所有人的。正是在这里，一切是非准则才真正属于现实的个人，白沙、阳明心学中存在的个体与普遍、主观与客观浑然一体的理论张力，到此才真正得到消解。

　　正是因为肯定了人的后天心灵具有完满的正当性，作为一个现实的人，他的关注点才能从复归"本性"这一功夫目标中解放出来，或者说，才能放松"存天理去人欲"的警惕之心，关注后天的"初心"，并大胆地将人的后天存在看作评估一切是非的起点，重新去衡量一切价值。这一以个体存在为中心的价值衡量，必然会与传统注重整体的伦理道德观念发生冲突，因此泰州学派又要花费很多努力来处理这些冲突，也由此提出了很多适应新的时代需求的主张。总之，泰州学派的理论，由于肯定了后天现成良知，使得儒学理论的重心发生了变化，原本作为理论末端的个体后天的心灵活动，转而为

----

　　① 胡春学认为，泰州学派的哲学本体论在根本上是"情、欲本体论"。参见胡春学《真：泰州学派美学范畴》，社会科学文献出版社 2009 年版，第 119 页。

　　② 黄宗羲：《明儒学案》，第 716 页。

　　③ 王阳明：《王阳明全集》，第 132 页。

理论建构的出发点。以此为基础，泰州学派在伦理道德、社会文化方面提出了很多新的主张，真正实现了哲学理论的"更化"。

个体后天的心灵活动，从现实来看，既有情欲的功能，也有认识的功能，但受到哲学传统的影响，泰州学派所发扬的人的"初心"，主要是情欲的一面。也正因如此，泰州学派中很多学者的哲学理论才可以被定位为情感主义的。

（一）王艮的"保身""自爱"与"乐学"思想

泰州学派的开创者是王阳明的弟子王艮，他大胆发扬师说，在良知自然、良知现成观念的引导下，首先落实了个体存在的根本性地位。王艮在《明哲保身论》一文中具体地阐释了这一思想。他认为，良知是人自然就具有的能力，在众多的自然能力中，排在第一位的是自保、自爱的能力；个体的存在不是抽象的，而是具身性的，因此，自保、自爱首先要以保身为本。在王艮看来，真正的保身、自爱之道，并不是自私自利之道，而恰恰是仁道、万物一体之道，因为如果"身"不能保，一切齐家、治国、平天下的理想，将皆归于虚妄。他说：

> 知保身者，则必爱身如宝。能爱身，则不敢不爱人。能爱人，则人必爱我。人爱我，则吾身保矣。能爱人，则不敢恶人。不恶人，则人不恶我。人不恶我，则吾身保矣。能爱身者，则必敬身如宝。能敬身，则不敢不敬人。能敬人，则人必敬我。人敬我，则吾身保矣。能敬身，则不敢慢人，不慢人，则人不慢我。人不慢我，则吾身保矣。此仁也，万物一体之道也。以之齐家，则能爱一家矣。能爱一家，则一家者必爱我矣。一家者爱我，则吾身保矣。吾身保，然后能保一家矣。以之治国，则能爱一国矣。能爱一国，则一国者必爱我。一国者必爱我，则吾身保矣。吾身保，然后能保一国矣。以之平天下，则能爱天下矣。能爱天下，则天下凡有血气者，莫不尊亲。莫不尊亲，则吾身保矣。吾身保，然后能保天下矣。①

---

① 王艮：《王心斋全集》，江苏教育出版社 2001 年版，第 29 页。

"仁"具有自爱的内涵，这虽内蕴于儒家理论中，却很少被当作哲学理论的核心和基础来提倡，王艮能够大张旗鼓地强调自爱，甚至将其看作实现儒家治国平天下理想的基础，实在难能可贵。要注意的是，王艮并非认为保身、自爱对于齐家、治国、平天下有重要意义才提倡它们，也就是说，他并未将保身、自爱看作一种手段，他是非常明确地将保身看作根本的，这种根本性是由良知之本能所决定的。保身固然有保天下的基础意义，但保身的合法性不需要保天下来论证。因此他说："知得身是天下国家之本，则以天地万物依于己，不以己依于天地万物。"① 所以，虽然前人亦有重视"仁"之自爱内涵者，但都没有像王艮这样对后天具身个体给予如此的肯定。

既然个体以保身、自爱为本，那么其为学的目标又是什么呢？王艮发挥了阳明"'乐'是心之本体"的观点，认为个体为学所追求的目标，就是追求内心的快乐。他曾作过一首非常有名的"乐学歌"：

> 人心本自乐，自将私欲缚。私欲一萌时，还知退自觉。一觉便消除，人心依旧乐。乐是乐此学，学是学此乐。乐便然后学，学便然后乐。乐是学，学是乐。呜呼！天下之乐，何如此学。天下之学，何如此乐。②

在这首诗歌中，王艮表达了为学的目的是"乐"，而且还特别指出，这种乐的获取不需要特别的努力，因为人心本身具有实现此乐的自觉能力。一旦出现了束缚人心、障蔽此"乐"的私欲，人心自然会去消除它们的。"乐"是一种情感，王艮肯定了此种情感在人心中的根本性地位。问题在于，王艮所讲的这种无私欲的本然之"乐"是人心的现实状态，还是一种形而上学的设定？显然，这是一种形而上学的理想设定。即，将一种目标性、理想化的心灵境界设定为人心本来的状态。之所以说这种状态是理想性的，而不是现实人心所真正本有的，乃是因为它延续了阳明心学将"欲"排除在心灵本体之外的传统。如果依照泰州学派的理论趋向，真正地以现实个体的自然心灵

---

① 黄宗羲：《明儒学案》，第 713 页。
② 黄宗羲：《明儒学案》，第 718 页。

为根本，人"欲"这样的字眼，应该得到一定的合理性说明。不能说王艮是完全否定人欲的，因为他批评的是"私欲"，然而因为他也没有为"欲"的合理性做较多说明，这对于泰州学派的理论开拓来说是不够的。当然，作为泰州学派的开创者，我们不能贪求他将所有问题都解决。他能够确立个体主体的基础地位，并主张以保存此主体的存在和追求心灵的快乐为本，这就已经是非常巨大的开拓了。

现在我们需要对王艮的哲学做一个性质上的认定，即王艮哲学是情感主义哲学吗？个体包含身心两个方面，从身体的基础地位来看，王艮哲学是一种"身本"哲学；从"乐"作为心灵之本然状态的观点来看，似乎也可以说王艮哲学是一种情感主义哲学。但是，情感主义哲学必须以"情"为本贯通哲学的整个体系。可在王艮这里，"保身"源于良知之"知"与"能"，而"求乐"乃是良知、本心之本然体现。两者间的关系缺乏更为清晰的诠释。对于如何以"情"为本展开伦理道德的评判和社会文化的建构，王艮哲学也缺少更多的贡献。所以，与其说王艮哲学是"身本"哲学和情感主义哲学，真不如说王艮哲学是一种个体主体哲学，因为无论他讨论身体还是讨论情感，皆是以个体为本位的。当然，这只是强调，作为一种典型的情本哲学，王艮哲学还稍有不足。但如果我们说王艮比白沙和阳明更进一步地提升了情感的地位，其哲学具有重情的倾向，这是毫无问题的。

受王艮哲学的影响，泰州学派对于人的自然情感多有肯定，以情论性、称情为性的情况越来越常见。例如，王艮之子王东崖进一步发挥父亲的学说，将"乐"与本心同一起来，明确讲"乐"就是本心、就是道，反对"乐"是心之"乐"的表达，认为这是床上叠床，多此一举。他说："无物故乐，有物则否矣。且乐即道，道即心也。而曰所乐者道，所乐者心，是床上之床也。"[1]既然"乐"就是心体本身，因此他也反对去"忧"以求"乐"的观点："且乐者，心之体也，忧者，心之障也，欲识其乐，而先之以忧，是欲全其体而故障之也。"[2] 当然，情不局限于"乐"，泰州后学还从不容已之心、喜怒哀

---

[1]　黄宗羲：《明儒学案》，第 723 页。
[2]　黄宗羲：《明儒学案》，第 723 页。

乐之情、人欲等多重视角做了发挥。如耿定理主张从"不容已"的恻隐、不忍之心出发来把握儒家思想，提出"吾学以不容已为宗"。他说："不容已者，从无声无臭发根，从庸言庸行证果。禹、稷之犹饥、溺，伊尹之若挞若沟，视亲骸而沘颡，遇呼蹴而不屑，见入井而怵惕，原不知何来，委不知何止，天命之性如此也，故曰'於穆不已'。如摸拟孔氏之匡廓，非此不容已者为之血脉，则捧土揭木为偶人而已。"① 他认为，恻隐、不忍等情感是天命之性的发端，古代圣贤皆是以此为抓手立言立行的，因此，依这些情感去行事，便不会偏离孔子之道。潘雪松也说："喜怒哀乐，纯是天机之流行，不着己，不着人，便是达天德。"② 方学渐反对天理、人欲的断然割裂，指出："天理人欲，原无定名，以其有条理谓之理，天理之自然谓之天，动于情识谓之欲，情识感于物谓之人。故天理而滞焉，即理为欲；人欲而安焉，即欲为理。凡人欲能蔽其心，而理则心之良也。"③ 也有很多学者从总体上对"情"加以肯定。如焦竑说："不灭情，以求性，情即性。"④ 有人曾说泰州学派的罗近溪以"情识"为性体，耿定向反驳道："若以近溪此示为情识，而别求所为无上妙理，是舍时行物生以言天，外视听言动以求仁，非一贯之旨。"⑤

　　上述泰州学派诸儒者的思想，虽然大多未改变宋明儒"性本情末"的主流立场，但其反对于情外而言道、于欲外而言理的态度是鲜明的。他们的思想彰显了情感的重要性，提升了情感的理论地位，是泰州学派重情思潮中的重要组成部分。但是，若只就以上学者的观点而言泰州学派重情，还是远远不够的。因为，只是以情表性，主张理不离欲，性不外情，则情感、情欲的根本性地位无法确立，相比王艮、王东崖，甚至有理论上的退步。而在泰州学派中，真能沿着王艮思想的方向而大步向前开拓，取得了着实的理论成果，推动了中国情感主义哲学之巨大突破的，不能不提何心隐、罗近溪、李贽三位代表性人物。

① 黄宗羲：《明儒学案》，第 828 页。
② 黄宗羲：《明儒学案》，第 837 页。
③ 黄宗羲：《明儒学案》，第 844 页。
④ 黄宗羲：《明儒学案》，第 831 页。
⑤ 黄宗羲：《明儒学案》，第 820 页。

（二）何心隐的"寡欲""育欲"说

在泰州学派中，何心隐对"欲"的合理性论证最为著名。他反对理学家"存天理，去人欲"的主张，认为人心不能无欲。他说："且欲惟寡则心存，而心不能以无欲也。欲鱼欲熊掌，欲也。舍鱼而取熊掌，欲之寡也。欲生欲义，欲也，舍生而取义，欲之寡也。能寡之又寡，以至于无，以存心乎？"①何心隐的意思是，欲不仅仅包含声色臭味之欲，想要做道德的人、想要成圣成贤的欲求也同样是欲，如果没有"欲"，人的一切价值追求也就不可能了。因此，所谓"舍鱼而取熊掌""舍生取义"这样的选择，不过是两欲之中取一欲而已。这只是"欲之寡"，而不是"欲之无"，我们可以主张寡欲，但绝不能妄谈无欲。在阐释孟子"有命焉，君子不谓性也"那段话时，何心隐进一步将天命之性还原为"欲"。他说：

> 性而味，性而色，性而声，性而安逸，性也。乘乎其欲者也。而命则为之御焉。是故君子性而性乎命者，乘乎其欲之御于命也，性乃大而不旷也。凡欲所欲而若有所发，发以中也，自不偏乎欲于欲之多也，非寡欲乎？寡欲，以尽性也。尽天之性以天乎人之性，而味乃嗜乎天下之味以味，而色、而声、而安逸，乃又偏于欲之多者之旷于恋色恋声而苟安逸已乎？乃君子之尽性于命也，以性不外乎命也。②

何心隐的意思是，君子所谓"天之性"，本质上就是"乘乎其欲之御于命也"，换句话说，就是指有节制的欲望。而"人之性"就是尚未为"命"所节制的自然欲望。因此，天命之性与人的自然之性之间并不是宋明理学所理解的那种形上、形下的关系，天命之性本质上亦是一种欲。在此意义上，君子所追求的也只能是寡欲，而不可能无欲。那么，寡欲之寡，要寡到什么程度呢？在何心隐看来，就上位者而言，寡欲要达到能够与百姓同欲的程度。他说：

---

① 何心隐：《何心隐集》，中华书局 1960 年版，第 94 页。
② 何心隐：《何心隐集》，第 40 页。

昔公刘虽欲货，然欲与百姓同欲，以笃前烈，以育欲也。太王虽欲色；亦欲与百姓同欲，以基王绩，以育欲也。育欲在是，又奚欲哉？仲尼欲明明德于天下，欲治国、欲齐家、欲修身、欲正心、欲诚意、欲致知在格物，七十从其所欲，而不逾平天下之矩，以育欲也。育欲在是，又奚欲哉？①

所谓与百姓同欲，当然不是说和普通百姓过一样的生活，而是要保证自己的享受不侵犯百姓的利益，使百姓也能够各得其所欲。这与孟子所讲的"推恩"是一致的。我们可以粗略地说，上位者之节欲，要合乎公欲，而公欲其实也就是"义"的实质内容。在上面的引文中，何心隐提出了一个重要的概念——"育欲"。"育欲"其实是"寡欲"的一个正面表达，类似于荀子所说的通过礼法的约束以"养人之欲"（《荀子·礼论》）。虽然是同一观点的不同表述，但理论的效果是不同的。"寡欲"更强调对欲进行提防和制约，欲的地位不是正面的。而育欲，虽然也包含制约欲望的含义，但其目标是满足欲望，这就把欲望放在了一个积极的、基础的地位上。所以，"育欲"这一概念，更符合泰州学派的思想宗旨。

从个体内心的视角来看，私欲与公欲的关系，也就是人心与道心的关系。在《论中》一文中，何心隐指出："莫非心也，心而主则中心，而贯则道心。人于人则不贯，不贯则比而无所主。既不能主乎人，又不能主于人人也。人亦禽兽也。人其心也，非道心也。心以贯心，而主于一人，以主乎亿兆无算之人，道其心也，非人心也。"② 也就是说，人与人之间能够相互体量、了解，于自己的心中能知他人的心，同时也要能够主宰自己的心，即能够自我做主，这个时候人心便可化为道心。当然，这在政治上，便要求"臣民亦君也"，也就是要臣民具有君心或了解君心，这样臣民之心才能与君心相贯通。反之，君心对于臣民之心亦然。所以，人心向道心扩展的最终结果，就是人人能够自我做主，人人之心都能够相互贯通。何心隐说："尧之所以必于中而允执之

① 何心隐：《何心隐集》，第72页。
② 何心隐：《何心隐集》，第31页。

者，欲人人之透心也。透心则心有主，而欲四体百骸可以贯也。不惟贯乎己，贯乎人也。君臣、父子、夫妇、昆弟、朋友，莫非人也。贯乎人，所以贯乎君臣、父子、夫妇、昆弟、朋友，人心而道心也。道心，道其心于君也。"①从这里可以看出，何心隐实际上是希望建立一种人人自主而又能相互尊重的新型人伦关系。

在何心隐理想的新型人伦关系中，他认为朋友一伦可以作为其他人伦关系的基准，因为人际交往应该模仿天地之交，而最能秉承天地之交的是朋友之交。所以他说："天地交曰泰，交尽于友。友秉交也，道而学尽于友之交也。"②故，人伦之道在根本上就是去贯彻朋友之交的根本原则。朋友之交的根本原则是什么呢？其实就是上文所谓人人自主又能相互了解、体谅和尊重的原则。传统宗法伦理是以亲亲、尊尊的原则为根本，以父子关系为首而扩展开来的。何心隐认为，在这样的人伦关系中，昆弟之交落于"比"（结党营私），夫妇之交落于"匹"（匹配同一），父子之交落于"昵"（宠溺私爱），君臣之交落于"陵"（盛气凌人）和"援"（巴结攀附），这都失去了正当人伦关系的中道原则，使个人失去了自主性。因此，他主张："不落比也，自可以交昆弟；不落匹也，自可以交夫妇；不落昵也，自可以交父子；不落陵也，不落援也，自可以交君臣。天地此法象也，交也，交尽于友。"③即以自主又能贯通的朋友之交为准则，去重新厘定其他人伦关系，从而使人与人的交往合乎正道。何心隐的此种人伦理想彰显了个体的自主性以及人与人之间的平等性，给建立在亲亲、尊尊基础上的宗法伦理道德造成了巨大的挑战。但是，从个体的私人欲求出发，如何建立起平等性的交往原则？此种平等性是一种基本的个体权利还是全部生活领域的共同准则？君臣之交固然要改变严格的等级性，但是否要达到朋友一样的程度？父子之交固然不能太过溺爱，但是否要疏远到朋友一样的程度？对于这些问题，何心隐并没有细致的讨论，他只是指出了一个新型人伦关系损益改变的方向，这个方向与现代性价值是相契合的。

---

① 何心隐：《何心隐集》，第32页。
② 何心隐：《何心隐集》，第28页。
③ 何心隐：《何心隐集》，第28页。

在这个问题上，何心隐的论述似乎指向了一个私欲以公欲为约束标准的原则，但他的论述是不完备的，没有将这个基本原则阐释清楚。这个问题是一个非常重要的问题。因为就情感主义哲学来说，既然要以人的自然情感、欲望为根本来重建伦理道德和社会文化，就需要解决个人的私欲如何能够导向公共秩序和规范的问题。这个问题在何心隐这里虽涉及，但不是他乃至整个泰州学派能够解决的。泰州学派是中国情感主义哲学之再启的萌芽阶段，最主要的任务是确立情感的根本地位，并以此为基础提出一系列新的伦理道德和社会文化主张。从客观上来讲，其提出的新伦理道德和社会文化主张要想能够具有操作的现实性，必须充分尊重和发挥"理智"的功能。然而，泰州学派毕竟是阳明后学，受整个宋明理学、心学文化的影响，当时的中国文化大都注重直觉的体悟，对于理智的运用颇有警惕和轻视。此文化惯性很难在短时间内发生改变，这也就决定了泰州学派之重情，必然会出现纵情的倾向，因为情感的节制需要理智的运用。而泰州学派最迫切的理论任务是重思"理欲之辨"（天理、人欲之辨），在理欲关系中提升情欲的地位，甚至努力去以情欲为本打破当时社会中伦常道德和社会风俗的束缚，太过强调对情感的节制不利于情欲根本地位的确立。因此，从具体的历史情境来看，泰州学派在当时的确不需要花费太多的精力去解决个体私欲的规制问题。

何心隐将泰州学派理论的基点落实到情欲，为人的情欲的合理性做了辩护，这是泰州学派情感主义思想倾向的进一步发展。不过，何心隐的"欲本"哲学也与王艮为代表的、主张"自然"或"现成"功夫论的心学传统形成了一定的张力。即天命之性固然可被还原为人欲，但这是一种公欲，公欲是私欲节制的结果。若一切伦理道德的建构皆以公欲为本，那么私欲的合理性又在哪里呢？换句话说，私欲要想获得正当性，需要"努力"使自己变成公欲。这种努力的功夫论似乎偏离了良知"自然""现成""自觉"的功夫进路。不过，何心隐的"欲本"哲学并不是一种倒退，而是揭示了中国情感主义哲学在发展到新阶段后，必须面对和解决的新问题。这个问题就是：就后天现成的个人来说，我们肯定他的情感、欲求具有合理性和基础性地位，但是个人后天的心性有一个漫长的成长变化历程，是否此历程中的一切类型的情感、欲望都合理和可以作为理论基础呢？这是一个新问题。何心隐虽没能解答这个问题，但他的后继者必须去解决这个问题。而实际解决这个问题的，就是罗近溪和李贽。他们的解决方法，是将"自然"清楚地落实到个体初生时期或儿童阶段。这就是罗近溪的"赤子之心"说和李贽的"童心"说。

（三）罗近溪、李贽情欲化的"赤子之心"与"童心"说

罗近溪说：

> 天初生我，只是个赤子。赤子之心，浑然天理，细看其知不必虑，能不必学，果然与莫之为而为，莫之致而至的体段，浑然打得对同过。然则圣人之为圣人，只是把自己不虑不学的见在，对同莫为莫致的源头，久久便自然成个不思不勉而从容中道的圣人也。赤子出胎，最初啼叫一声，想其叫时，只是爱恋母亲怀抱，却指着这个爱根而名为仁，推充这个爱根以来做人，合而言之曰"仁者人也"。亲亲为大，若做人的常是"亲亲"，则爱深而其气自和，和气而其容自婉，一些不忍恶人，一些不敢慢人。所以时时中庸，其气象出之自然，其功化成之浑然也。①

在罗近溪看来，个体刚刚出生时的心灵能力是天然具有正当性的，只要保持这种状态，"不虑不学""不思不勉"就自然能够成为一个圣人。这就是说，人天然是圣人，反而是后天过多的思虑、对自然状态的整饬，使内心的正当性被异化。所以人们一定要珍惜自己出生之时的心灵状态。按理说，人天生所具有的心灵能力，有认知的能力，也有情欲的能力，但因为心学传统对"思"与"虑"有太多警惕，因此罗近溪所讲的赤子之心主要是人的情欲方面。正因如此，当时的人们才说他所讲的"心"乃是"情识"而已。因此，在仁与爱的关系上，罗近溪明确将"仁"解释为"爱"，此爱不是什么特别的理性化的道德情感，就是赤子出生时怀有的对母亲的依恋之情。此依恋之爱是一切爱的根源，也是赤子将来为人之道的根源。罗近溪认为，只要保任此爱而不失，所言所行自然合乎中庸，合乎圣人之道。不过，罗近溪在

---

① 黄宗羲：《明儒学案》，第 764—765 页。

其他地方也讲道："故圣贤之学，本之赤子之心以为根源，又征诸庶人之心以为日用。"① 这似乎是说，赤子之心只是一个源泉，还需要个体之间相互印证才能得到社会性的准则。这又回到了个体之心与公共之心的关系问题，罗近溪并未对此做进一步的诠释。

与罗近溪一样，李贽也将人未经社会驯化的初生或儿童时期的心灵状态看作最可贵的，认为"童心"才是真正的"人心"。他说："夫童心者，真心也。若以童心为不可，是以真心为不可也。夫童心者，绝假纯真，最初一念之本心也。若失却童心，便失却真心；失却真心，便失却真人。人而非真，全不复有初矣。"② 因此，李贽认为人们应该保护好自己的"童心"，并以此为本去为人处世、去作文、去为政。但在现实生活中，"童心"容易被外在闻见的道理所遮蔽，而"童心"一旦被遮蔽，个体也就失去了人之为人的本质属性，成为"假人"。在李贽看来，在当时的社会文化中，最容易使人成为"假人"的就是道学家所宣扬的儒家经典和孔孟之道。他说："然则六经、《语》、《孟》，乃道学之口实，假人之渊薮也，断断乎其不可以语于童心之言明矣。"③ 李贽并不是说，儒家经典和孔孟之言全部都是败坏人心的，他的意思是，儒家经典和孔孟之言往往都是因时而发，有其具体的历史情境，而宋明理学家将这些言论转化为万世不变的道理，从而使它们成为束缚人心的工具和塑造假人的源泉。李贽"童心"说破除了外在经典、说教的权威性；将一切是非的根据引向个体的内心，对张扬个体的主体性具有重要的意义。

"童心"因为是"最初一念之本心"，是不假思虑和计较的心灵状态，所以"童心说"实际彰显的也是人的自然情欲。李贽多次论及"情"的重要性及其在人生和社会文化中的根本性地位。如他说："氤氲化物，天下亦只有一个情。"④ "故自然发于情性，则自然止乎礼义，非情性之外复有礼义可止也，惟矫强乃失之，故以自然为美耳，又非于情性之外复有所谓自然而然也。"⑤

---

① 黄宗羲：《明儒学案》，第 771 页。
② 李贽：《李贽文集》第 1 卷，第 91—92 页。
③ 李贽：《李贽文集》第 1 卷，第 93 页。
④ 李贽：《墨子注》，转引自萧萐父、许苏民《明清启蒙学术流变》，第 102 页。
⑤ 李贽：《李贽文集》第 1 卷，第 123 页

李贽和何心隐一样，认为人的欲望是人性中自然存在、不可去除的内容。他说："虽大人不能无势利之心。则知势利之心，亦吾人禀赋之自然矣。"① 既然人的自然本性是一种情性或情欲，那么，一切人伦道德的存在，亦不过是为了安顿人的这些情欲而已。于是李贽指出："穿衣吃饭，即是人伦物理。除却穿衣吃饭，无伦物矣。世间种种，皆衣与饭类耳。故举衣与饭，而世间种种自然在其中。非衣饭之外，更有所谓种种，绝与百姓不相同者也。"② 因此，尊重和安顿好人们在日常生活中的各种欲求，本身就是在践行儒家之道，在人的日常欲求之外，没有什么高高在上的道。

从尊重个体日常的、自然的欲求出发，李贽提出了很多与当时社会文化相冲突的主张。例如，他对司马相如与卓文君私奔的事给予了积极评价，呼吁人们在爱情面前要大胆追求，与其"徒失佳偶，空负良缘，不如早自抉择，妨小耻而就大计"③。在男女关系上，他反对男尊女卑的观念，认为男女之间的差距是社会因素造成的，男女两性在智力上并没有根本差别："谓人有男女则可，谓见有男女岂可乎？谓见有长短则可，谓男子之见尽长，女子之见尽短，又岂可乎？"④ 在政治上，他反对王公贵族与平民百姓的贵贱之分，指出，根据"致一之理"，"庶人非下，侯王非高，在庶人可言贵，在侯王可言贱"⑤。在社会治理上，李贽提倡尊重人们的本性和能动性，反对强权压迫和一味的消极禁止，主张："君子以人治人，更不敢以己治人者，以人本自治；人能自治，不待禁而止之也。"⑥ 这些主张带有明显的现代性自由、平等的价值倾向，但在当时，它们属于离经叛道之言。

总体上看，经过几代人的发展，泰州学派的学说逐步确立了人的情欲的合法性及其在人生和社会文化建构中的根本性地位。但由于其强调情感的自然合理性，主张不假修饰的功夫论，因而其言行及其思想观念带有"纵欲"

---

① 李贽：《李贽文集》第7卷，第358页。
② 李贽：《李贽文集》第1卷，第4页。
③ 李贽：《李贽文集》第2卷，第719页。
④ 李贽：《李贽文集》第1卷，第54—55页。
⑤ 李贽：《李贽文集》第7卷，第16—17页。
⑥ 李贽：《李贽文集》第7卷，第372页。

的特征，其理论学说中蕴含的现代性观念在当时也显得比较激进。这使得泰州学派遭受到世人的诸多批评。如黄宗羲说："诸公掀翻天地，前不见有古人，后不见有来者。释氏一棒一喝，当机横行，放下挂杖，便如愚人一般。诸公赤身担当，无有放下时节。故其害如是。"① 顾炎武、王夫之对当时学风和阳明学派的批评很多亦针对的是泰州学派。如顾炎武批评说，他们"背弃孔孟，非毁程朱……以名教为桎梏，以纪纲为赘疣。以放言高论为神奇，以荡轶规矩、扫灭是非廉耻为广大"②。王夫之也说，他们"废实学，崇空疏，灭规矩，恣狂荡，以无善无恶尽心意知之用，而趋入于无忌惮之域"。③ 这些批评并非完全出于误解，表明泰州学派的思想确实存在张扬情欲而又收拾不住的问题。解决这个问题，根本是要处理好个人私欲与社会公欲之间的关系。即如何以私欲为本源建构出公欲的准则。上文已多次表明，泰州学派的理论重心不是解决这个问题的，其主要的理论任务，是扭转宋学"理欲之辨"中人欲的地位，确立情欲的本体或本源性地位，至于个体情欲之间关系的处理，则是中国情感主义哲学下一阶段发展的任务。

三 戴震对情感主义哲学的推进

随着明清朝代的更替以及清朝专制统治的巩固，明清之际活跃的思想氛围受到了极大的约束，理学再一次被树立为官方的正统意识形态，心学虽有传承，但迅速走向衰微。尽管如此，中国情感主义哲学并没有在清代断绝，而是依然有所赓续，其中贡献最为突出的，非清中期的戴震哲学莫属。

对于戴震哲学的性质，学界颇有争议，有人说戴震哲学是一种情感主义的哲学，如梁启超指出，戴震"不外欲以'情感哲学'代'理性哲学'。就此点论之，乃与欧洲文艺复兴时代之思潮之本质绝相类。……戴震盖确有见

---

① 黄宗羲：《明儒学案》，第 703 页。

② 顾炎武著，黄汝成集释：《日知录集释》，第 661 页。

③ 王夫之：《船山全书》第 4 册，岳麓书社 1991 年版，第 1468 页。

于此，其志愿确欲为中国文化转一新方向。其哲学之立脚点，真可称二千年一大翻案"①。但也有学者认为，戴震在制约情感的功夫上是理智主义的。如刘述先、郑宗义说："东原论性的重点既落在一能裁断义理（计算利益）之心知上，则其言功夫走上智识主义的路子亦想象中事。"② 不过，从伦理道德层面而言，本书更赞成梁启超的观点，这是因为戴震哲学中的"心知"功能并非完全是理智的，尽管包含理智的成分，但其运用也在根本上受到情感的制约。

（一）"血气心知"与"遂欲达情"：戴震哲学的人性基础与理论宗旨

戴震哲学虽不属泰州学派，但其继承了由泰州学派所确立的承认后天个体之基础地位的思想倾向，从现实的个体出发来审查义理的建构。换言之，戴震哲学是建立在自然人性论的基础上的。具体来说，人的自然之性即是"血气心知"之性：

> 人生而后有欲，有情，有知，三者，血气心知之自然也。给于欲者，声色臭味也，而因有爱畏；发乎情者，喜怒哀乐也，而因有惨舒；辨于知者，美丑是非也，而因有好恶。声色臭味之欲，资以养其生；喜怒哀乐之情，感而接于物；美丑是非之知，极而通于天地鬼神。声色臭味之爱畏以分，五行生克为之也；喜怒哀乐之惨舒以分，时遇顺逆为之也；美丑是非之好恶以分，志虑从违为之也；是皆成性然也。有是身，故有声色臭味之欲；有是身，而君臣、父子、夫妇、昆弟、朋友之伦具，故有喜怒哀乐之情。惟有欲有情而又有知，然后欲得遂也，情得达也。天下之事，使欲之得遂，情之得达，斯已矣。惟人之知，小之能尽美丑之极致，大之能尽是非之极致。然后遂己之欲者，广之能遂人之欲；达己之情者，广之能达人之情。道德之盛，使人之欲无不遂，人之情无不达，斯已矣。③

---

① 梁启超：《清代学术概论》，第41—42 页。

② 刘述先、郑宗义：《从道德形上学到达情遂欲——清初儒学新典范论析》，载刘述先《儒家思想意涵之现代阐释论集》，台北："中研院"中国文哲研究所筹备处2000 年版，第96 页。

③ 戴震：《戴震集》，第308—309 页。

戴震认为，人天生就具有声色臭味之欲、喜怒哀乐之情以及是非美丑的判断，这就是人的"成性"，此"成性"的存在，是个体生命得以延续的保证，也是社会道德得以建立的基础。社会道德的存在，并不是与人的血气心知之性相悖的，相反，"道德之盛"就是为了"使人之欲无不遂，人之情无不达"，这也是天下一切事业的最终目标。所以，人的自然存在就是一切社会文化建设的基础。从这段引文还可以看到，人自然具有的"心知"能力，在根本上是服务于情欲的实现的。在此意义上，戴震哲学本质上不可能是以"知"为本的哲学，而是以情欲为本的哲学。

（二）"心知"：情感化的道德判断能力

不过我们不能忽视的是，戴震哲学比泰州学派有了一个巨大的进步，就是他肯定了"知"在人的心灵中的自然存在及其在社会文化建设中不可或缺的作用。然而，戴震哲学中的"知"究竟是何含义呢？是否就是人们常说的能做推理、计算的"理智"呢？在谢遐龄看来，戴震哲学中的"知"的分辨美丑是非和理义的能力是一种"感性判断力"或"直感判断力"，"不可解作理论理性之判断，运用规定的判断力"，也就是说不是"理智"能力。[1] 确实，在对是非美丑的判断中，"知"是感性的，或者说是情感性的，因为这种判断的现实表现是"好恶"。但在戴震哲学中，"知"有没有智性的认知含义呢？其实也有，如关于"分理"的定义。他说："理者，察之几微必区以别之名也，是故谓之分理。"又引许慎《说文解字序》"知分理之可相别异也"之言来解释"分理"。[2] 这里的"察"与"知"就具有智性的观察研究、归类分析的含义。所以，综合道德哲学与知识论两个领域，戴震对于心灵之"知"，特别是理智的功能确实有了很大的拓展。然而回到伦理道德领域，正如谢遐龄所言，其所谓"知"又主要不是从理智的方面来运用的。人们通过"好恶"来做道德判断，类似于道德情感主义哲学家休谟、斯密以情感上的赞成

---

① 谢遐龄：《戴震是理学家吗？——论戴震哲学对理学的否定》，《南国学术》2019年第 2 期。

② 戴震：《戴震集》，第 265 页。

与不赞成来做道德判断。如斯密在《道德情操论》中所言：

> 它们（道德准则）最终建立在我们在各个场合凭借是非之心和对事物的优点和合宜性所具有的自然感觉而赞同什么或反对什么的经验之上。我们最初赞同或责备某些特别的行为，并不是以为经过考察，它们似乎符合或不符合某一一般准则。相反，一般行为准则是根据我们从经验中发现的某种行为或在某种情况下做出的行为，是为人们所赞同还是反对而形成的。
>
> 道德上的赞同与不赞同的情感，是以人类天性中最强烈和最充沛的感情为基础的；虽然它们有可能发生一些偏差，但不可能完全被扭曲。①

斯密指出，道德准则，不是我们以某些一般准则为根据进行理智判断的结果，而是在人们赞成与反对的是非之心的基础上形成的，并且这种赞成与不赞成的判断，就是一种情感反应，是基于人类天性的情感反应。戴震哲学中做出是非美丑之判断的"知"，其实就是这种做出赞成（好）、不赞成（恶）之道德判断的情感。

指出道德判断源于"情感"，并不能为戴震道德哲学的情感主义特征做充分的定性，因为还有一个重要的问题需要解决，即个体本性中能够做道德判断的"知"是否天然是合乎公共性的？道德或不道德的判断必须能够进入公共领域才能成立，完全私人化的好恶本无所谓道德与不道德。如果个体的好恶并非天然具有公共性或一般性，那么个体的好恶如何能够推扩到公共领域中去？我们又如何能够说，个体的好恶判断是道德的或不道德的？所以，承认道德判断源于情感判断，这只是解决了道德属性的部分来源问题，尚未解决此判断的公共性或合宜性问题。

（三）"以情絜情"：公共道德准则建构的方式

对于这个问题，斯密认为，个体的赞成和不赞成的情感确实未必是合宜

---

① ［英］亚当·斯密：《道德情操论》，第193、253页。

的，最合宜的道德判断只能由"公正的旁观者"做出。斯密当然不是要找一个现实的"公正的旁观者"来对人们的道德行为进行裁决。他是希望人们通过对他人情况的了解与同情，尽可能以"公正的旁观者"的心态来调整自己的情感判断。这里的一个关键环节是，从个人到他人，或从个体到公共领域中的一般原则，这个过程是否能够完全通过情感完成？斯密用了一个很有意思的词"sensibility"，认为只要此能力存在，个体就能够以"公正的旁观者"的眼光审视和约束自己的行为。《道德情操论》的中文版将其翻译为"理智"①："只要理智尚存，他一想到自己的行为就决不能……"这似乎说明斯密承认，从个体性到公共性的道德判断过程是一个理智的过程。但这种翻译是有问题的，在英语里，"sensibility"并不是一个完全智性化的概念，其中有很大的感性成分。所以，英文原文在描述它的作用时，用的不是"想到"，而是"感受到"："as long as he had any sensibility left, without feeling…"所以，斯密认为，个体修正自我道德判断的偏差并不是一个纯粹理智的过程。

与斯密类似，戴震提出了一个重要的命题"以情絜情"。他说：

> 天理云者，言乎自然之分理也；自然之分理，以我之情絜人之情，而无不得其平是也。
> 惟以情絜情，故其于事也，非心出一意见以处之，苟舍情求理，其所谓理，无非意见也。未有任其意见而不祸斯民者。②

戴震认为，只要能够以情絜情，便可修正个体的意见，使个体私情合乎公共情理。上文提到的刘述先、郑宗义正是将此"絜"的过程理解为一个理智化的计算过程，才认为戴震哲学在功夫论上是"智识主义"的。我们现在需要讨论的是，"絜"在戴震哲学中主要是情感性的作用，还是理智化的作用？

---

① ［英］亚当·斯密：《道德情操论》，第146—147页。
② 戴震：《戴震集》，第266、269页。

戴震关于以情絜情的过程有一段具体的论述。他说："好恶既形，遂己之好恶，忘人之好恶，往往贼人以逞欲；反躬者，以人之逞其欲，思身受之之情也。情得其平，是为好恶之节，是为依乎天理。"① 这里的"思身受之之情"涉及的是反思、对比，当然这个过程不是纯粹理智的，一方面对比的内容是情感的，目标是情感的"平"，而且设身处地的设想，"思"的实现肯定还需要以同情、恻隐之心为基础。但是整个"思"的过程似乎不能排除理智的运用。而且戴震还特别强调了"智"在求"理义"过程中的作用："是故明理者，明其区分也；精者，精其裁断也。不明，往往界于疑似而生惑；不精，往往杂于偏私而害道。求理义而智不足者也，故不可谓之理义。自非圣人，鲜能无蔽；有蔽之深，有蔽之浅者。人莫患乎蔽而自智，任其意见，执之为理义。"② 从"求理义而智不足者也，故不可谓之理义"这句话，可以看到，戴震认为整个"以情絜情"的过程是需要"去蔽"之理智作用的，只不过，这不是一个纯粹理智的过程，在此过程中不仅伴随着情感的作用，而且理智的运用也是服务于情感的。

刘述先、郑宗义认为，"以情絜情"的过程是通过理智的运用实现对个体情欲的制约的，因此他们将戴震哲学的功夫论看作"智识主义"的。③ 他们的论断忽视了情感在此过程中发挥的更根本的作用，即此过程不仅不是纯粹理智的过程，而且理智的运用受到同情心（"思身受之之情"）的导引和情感目标（"情得其平"）的制约。因此，理智的运用，并不能改变戴震"以情絜情"过程中情感的主导性地位，即情感主义的特征。

可是，既然"以情絜情"的过程是个体情感主导的，理智的作用又服务于情感的主导作用，那么在现实上，个体究竟能否通过此过程由私人情欲得出公共之"理"呢？容肇祖、胡适、劳思光等学者认为，是不可能的。如容肇祖说："如果把以情絜情的方法，应用于积极的方面，以为施于人的标准，这是有流弊的。因为人的好恶是不一致的，断不能以己之好恶，作为他人的

① 戴震：《戴震集》，第 266 页。
② 戴震：《戴震集》，第 267 页。
③ 刘述先、郑宗义：《从道德形上学到达情遂欲——清初儒学新典范论析》，载刘述先《儒家思想意涵之现代阐释论集》，第 96 页。

好恶的标准。"① 胡适说："他假定'一人之欲，天下人之同欲也'，故可以'以我之情絜人之情而无不得其平'。但那个假定的前提是不很靠得住的。'一人之欲'而自信'为天下人之同欲'，那仍是认自己的意见为天理，正是戴氏所要推翻的见解。"② 劳思光虽然为戴震做了一定辩解，指出戴震所讲"以情絜情"其实是抽去了"情"的特殊内容，而保留了"情"的形式，但尽管如此，情感的"强弱"依然人人不同，故从私人情欲推到公共情理依然存在困难。③ 以上三种认识皆指出"以情絜情"无超越个体私情的可能，因为他们皆认为戴震主张以个体自我的情欲为准则去衡量别人的情欲。这其实是对"以情絜情"的误解。按照邓国宏的说法，"絜"本身就是"衡量"之意，"以情絜情"是要人们在自我与他人的情欲之间做权衡，这种权衡"不仅'设身'而且'处地'地感受和认知受影响的他者是否能够接受自己的行为和态度"，因此"以情絜情"是可以摆脱个人偏见的。④ 邓国宏的观点是可取的。因为，"絜"的过程中所包含的理智因素，是可以为个人提供优化建议，从而使个人在优化建议下，约束个人情欲，做出平等尊重他人情欲，甚至一定程度上牺牲个人情欲的选择的。由于最终的主导权在情感，此过程依然是情感主义的；又由于情感的主导作用，是利己的私人情欲与利他的侧隐之心、不忍之心等共同作用的结果，因此，这个过程也不完全是指向私利的，尽管其中包含着私人利益的考量。

以上只是说明，"以情絜情"的方法本身具有实现从个人私情到公共情理的可能性。但戴震哲学能否解决这个问题，还需要回到戴震本人的具体论述。首先，在理智运用的问题上，虽然戴震强调"智"的运用，但他并没有详细地区分理智以及与理智相伴随的情感各自的作用情况，因此其所谓智，依然是一种与情感浑然不可分离的认识功能，具有很强的感性意味。如果不能将理智与情感相对地分离开来，而是将它们浑为一体，那么理智如何

---

① 容肇祖：《容肇祖集》，齐鲁书社 1989 年版，第 689 页。
② 胡适：《戴东原的哲学》，上海：商务印书馆 1927 年版，第 62—63 页。
③ 劳思光：《新编中国哲学史》下，广西师范大学出版社 2005 年版，第 654 页。
④ 邓国宏：《戴震"以情絜情"说辨析》，《安徽大学学报》（哲学社会科学版）2012 年第 5 期。

能够做出超越私人情感的建议？因此，回到戴震哲学本身，在理智的相对独立性得不到认识和运用的情况下，无偏见的"以情絜情"的效果恐怕是达不到的。

（四）"悦理义"："情得其平"的先天保障

其实，戴震本人对以情絜情的实现是有另一种理论保障的，即他像思孟学派的其他学者一样，对人的自然之心附加了一种形而上学的规定——"悦理义"。他说：

> 欲者，血气之自然，其好是懿德也，心知之自然，此孟子所以言性善。心知之自然，未有不悦理义者，未能尽得理合义耳。由血气之自然，而审察之以知其必然，是之谓理义；自然之与必然，非二事也。就其自然，明知尽而无几微之失焉，是其必然也。如是而后无憾，如是而后安，是乃自然之极则。若任其自然而流于失，转丧其自然，而非自然也；故归于必然，适完其自然。①

"心知"之"悦理义"的属性，一方面表明，此"知"确实不是我们今天所讲的"理智"，尽管包含着理智的一些功能；另一方面，也为"心知"之约束个体情欲提供了理论前提，并表明这种"约束"不是纯粹理智计算的结果，而是对"情得其平"的一种天然偏好。"悦理义"是人心的必然属性，但这种必然属性并不像宋明理学那样直接规定形而上学原理、原则和德性内容，它不包含具体的道德准则，而是通过"以情絜情"的絜矩之道来获得或建构具体的道德准则。或者说，它诉求"情得其平"，却不规定"平"的具体标准。这其实是宋明理学先天人性论的遗留，表明了戴震自然人性论的不彻底性。戴震的理论逻辑，正如今人明确认识到人性本善论的不可行，改而宣扬人性"向善"论一样，是思孟学派人性论的一种变种。当然，这种转变具有重要的进步意义。那就是相对以往的学说，它为肯定自然人性提供了极

---

① 戴震：《戴震集》，第 285 页。

大的空间，也为人们在后天运用心灵能力以建构新的道德准则提供了理论空间。

综合来看，戴震哲学是以个体主体和自然人性为基础探讨伦理道德问题的，无论从理论的出发点——自然的情、欲、知，理论的目标——遂欲达情，道德判断的源泉——情感化的"心知"来看，还是从道德理性建构的过程——以情絜情来看，戴震哲学都是一种情感主义的哲学，或者说情本的哲学。但相比泰州学派，戴震哲学着力提高了理智的运用及其地位，避免了纵情的理论风险，是中国情感主义哲学发展中的重要理论进步。其缺点是，在解决个人情欲与公共情理的关系时，没能够充分认识理智的功能，没能将"理智"的功能相对独立出来，展开情感与理智关系的深入探讨。而是通过"悦理义"的先天人性规定，为"以情絜情"的成功提供保证。由于情感、理性关系问题没有展开，人心的"天理"规定没有彻底根除，因此，戴震哲学的主要贡献依然在张扬和肯定人的情欲的合法性一面，只不过这种张扬更为理性化且有章可循，不再是简单的纵情主张罢了。就此而言，戴震哲学在理论主题上依然属于"情理之辨"的范畴。但他遗留的通过怎样的"心知"来实现"以情絜情"和"情得其平"的问题，确实是中国情感主义哲学理论内核的转型——从"理欲之辨"（天理、人欲之辨）到"情理之辨"（情感、理性或理智之辨）——的一个引子。

（五）"以理杀人"：对压抑正当情欲之伦理道德的批判

戴震的情感主义哲学在义理建构上虽有较大推进，但由于清朝专制统治的强化，在伦理道德和社会文化损益、革新方面，明显比泰州学派收缩了很多。尽管如此，戴震仍然对作为官方意识形态的理学提出了尖锐的批评。他一方面指出，宋以来的儒者多以意见为理，而不知理的本质乃是情的条理，反而要去人之情欲以存天理；另一方面指出，宋以来的儒者又坐而论道，舍经典研究而尚空谈，以至于全无真实学问。其后果，造成了全社会对情欲的警惕、鄙视，意见之理对人心、人身的摧残，甚至不亚于严刑峻法。他说：

圣人之道，使天下无不达之情，求遂其欲而天下治。后儒不知情之至于纤微无憾，是谓理。而其所谓理者，同于酷吏之所谓法。酷吏以法杀人，后儒以理杀人，浸浸乎舍法而论理死矣，更无可救矣。①

又说：

　　故今之治人者，视古贤圣体民之情，遂民之欲，多出于鄙细隐曲，不措诸意，不足为怪；而及其责以理也，不难举旷世之高节，着于义而罪之，尊者以理责卑，长者以理责幼，贵者以理责贱，虽失，谓之顺；卑者、幼者、贱者以理争之，虽得，谓之逆。于是下之人不能以天下之同情、天下所同欲达之于上；上以理责其下，而在下之罪，人人不胜指数。人死于法，犹有怜之者；死于理，其谁怜之！②

联想到清代社会中存在的不自由的婚姻、为家庭美誉而逼迫女儿做节妇等现象和不良风俗，便知戴震并非虚言。道德的宗教一旦产生流弊，则不唯虚情假意之人众，而且杀人诛心，毒害社会深远。这岂是宋以来诸儒者为学立论的本意？但其流弊如此，不彻底革新宋学理论，则难以建构新的文化、传扬新的风气。

四　焦循、何启、胡礼垣的情感主义思想

戴震哲学遗留的一个重要问题，是以情欲为本如何建立道德准则的问题，对于这个问题的解决，戴震的后学焦循有所发挥，他将戴震所讲的"以情絜情"之道与儒家的"忠恕"之道、"絜矩"之道做了进一步的结合。清末何启、胡礼垣以"情理"为基础诠释其维新思想，其思想理路与戴震学派具有相近性，他们的独特贡献在于提倡人们"自用其情理"，这对个体性的彰显具有重要意义。

---

① 戴震：《戴震集》，第 188 页。
② 戴震：《戴震集》，第 275 页。

（一）焦循以情欲为本的絜矩之道

在整个清代，继承和弘扬戴震义理之学的学者并不太多，这与当时严苛的政治统治和文化管制有关。学者们为了保全性命，不敢有太过"反动"的言论。不过，戴震之学也并非没有传承。戴震之后，焦循、阮元等学者都非常推崇戴震的义理之学。特别是焦循，他认为戴震关于理、欲、道、性等的论述真正传承了孔子的真义。他同样以自然的血气心知为性，认为性与情不是对立的，而是"道"之不同表现，两者的区分具有相对性。他说："性即道之一阳，情即道之一阴。……性为'人生而静'，其与人通者，则情也，欲也。……以血气心知之性，为喜怒哀乐之情，则有欲。欲本乎性，则欲立立人，欲达达人，己所不欲勿施于人。……以己之情度人之情，人己之情通，而人欲不穷，天理不灭，所谓善矣。"① 也就是说，人的本性是血气心知的自然之性，以此性为本而产生情与欲，通过"以己之情度人之情"，到达"人己之情通"的境地，便实现了善。这显然是对戴震思想的发挥。

与戴震相比，焦循更重视阐明"以己之情度人之情"的方法，亦即儒家的忠恕或絜矩之道。焦循认为，圣贤之道即仁恕之道，"仁恕则为圣人，不仁不恕则为异端小道"②。"仁"即能体察、感受他人的欲求，恕即推己及人之道。在焦循看来，能够以自己的情欲为基础，体察、感受到别人亦有此情欲，并能保全他人情欲的，便是圣人。这种推己之欲以及人的方法就是絜矩之道，絜矩之道是真正的格物之学。那些克制自己的欲望，不关心百姓疾苦的人，只能算是难能之人，但不能算是仁人。他说："孟子称公刘好货，太公好色，与百姓同之，使有积仓而无怨旷，此伏羲、神农、尧舜以来，安天下之大道。若必屏妃妾，减服食而于百姓之饥寒仳离漠不关心，是克伐怨欲不行，苦心洁身之士，孔子所谓难而非仁者也。一绝己之欲，不能通天下之志，物不可格矣。"③ 焦循所讲的絜矩、忠恕之道，与前人相比，最突出之处，在于他提

---

①　焦循：《易通释·性情才》，转引自侯外庐主编《中国思想通史》第 5 卷，第 502 页。

②　焦循：《雕菰集》，第 268 页。

③　焦循：《雕菰集》，第 132 页。

倡以人的情欲为基准，或者用他的话说"以心所欲为矩法"①。这其实就是戴震所说的"以情絜情"，只不过他将这种方法进一步融入到关于絜矩、忠恕、格物的儒家经典诠释中。

焦循看到，情欲的外推是一个非常关键的问题，这是他的慧眼，但在具体的义理解析方面，他并没有超戴震之右的建树。不过，只从其发扬戴震情本哲学的视角来说，在清代的文化风气中，亦属难能可贵。

（二）何启、胡礼垣以"情理"为本的维新理论

在清末"维新变法"时期，何启、胡礼垣所著《新政真诠》一书是以"情理"为新政的理论基础的。他们首先指出，从理论上来看，孔孟之学在根本上就是情理之学，"情理在则孔孟在，情理亡则孔孟亡"②，因此，只要政治制度和规范的设计合乎情理，也就合乎孔孟之道。他们还认为，西方国家近代以来之所以能够走向富强，正是因为它们的各项改革和制度举措合乎情理。既然这些举措与孔孟之学在义理层面是一致的，那么，中国当然可以名正言顺地学习西方，仿效西方制度进行政治改革了。其实，在他们看来，真正的新政无所谓效法古人还是西方，"情理"总是能够反映人们当下的生活需求，因而是随着时代不断变化的。只要政策是以"情理"为本的，那么制度和政策本身自然就会是新的。是故他们说："新政论议，理必推以至平，情必求以至近，道必行乎至顺，量必极乎至公，无非欲以民之心为心，而收其心以为我用也。是故能平理、近情、顺道、公量，则虽不行新政而政自无不新。"③

那么，何启、胡礼垣所谓的"情理"究竟该如何理解呢？"情理"之"理"是以"情"为本还是以"理"为本？"情"与"理"之间的关系是怎样的？我们先来看下面一段话：

> 然则天下之至浅、至近，而又至深、至远、至广、至大，而又至精、

---

① 焦循：《雕菰集》，第 132 页。
② 何启、胡礼垣：《新政真诠》，第 566 页。
③ 何启、胡礼垣：《新政真诠》，第 479 页。

至微、至庸、至常，而又至高、至妙、至切、至要，而又至神、至奇之理，其在人之性情矣，其在己所不欲勿施于人、己之所欲欲人人共遂其愿也。爱者生之谓也，一人遂其生而欲人人共遂其生也。敬人者人亦敬之，爱人者人亦爱之，此性情之正也。而所以得其正者，在己不在人也。侮人者人亦侮之，夺人者人亦夺之，此性情之反也。而所以致其反者亦在己不在人也。平其理、近其情、顺其道、公其量所以求乎性情之正，而不至于拂乎人之性，戾乎人之情而已，而或者曰是道也。①

这段引文指出，"理"是推己及人之理，所推的内容是人的情欲，所以，"情理"即是人的情欲的公共化。在何启、胡礼垣看来，个体的情欲朝向公共化方向的发展乃是顺乎人的性情的结果，这显然继承的是孟子之学的传统，而不是荀子之学的传统。但与这两个传统共同的是，"情理"所要达到的目标，是"人人共遂其愿"，而这也就是儒家追求的"道"。他们还明确指出，衡量"情理"的标准不在他人，而在自我。这就是他们所说的"孟子教人自用其情理而已"，这便极大地张扬了个体的主体性，肯定了个体不可抹杀的地位。

其实在关于"情理"的解说上，除了"自用其情理"这一点，何启、胡礼垣的论述并没有戴震精细，且无出于戴震之外。因此，戴震哲学所遗留的问题，他们也没有更进一步的解决。但他们的进步，在于将此情感主义哲学传统与真正意义上的现代价值观和政治改革联系了起来，即与建立在人的"自主之权"基础上的选举政治、议会政治关联了起来②，这可以看作中国情感主义哲学在处理内圣、外王关系上的一个突破，向人们展示了中国情感主义哲学与现代价值、现代政治观念衔接的可能性。

五　明清文艺领域中的尚情思想

明清时期的情本哲学之所以能够掀起影响广泛的社会思潮，与文艺领域

---

① 何启、胡礼垣：《新政真诠》，第483页。
② 何启、胡礼垣：《新政真诠》，第120、202页。

诸大家的参与密切相关。思想家的思想固然流传于知识分子中间，但难以进一步影响大众，而通过诗词、小说、戏曲等文艺作品的中介传导，学者的思想观念才可能真正深入人心。就明清时期的情本哲学来说，罗近溪、李贽等泰州学者对汤显祖、冯梦龙以及提倡性灵文学的公安派有着重要的影响，这种影响远及清乾嘉时期的袁枚。在"文以载道"传统的影响下，这些文学大家的创作不仅仅是为了抒发个人情思或为了取悦大众，更主要的目的是用它们来表达对传统儒学和社会文化的批判，以及对新社会文化和风气的向往。而且，这些文学家大多也是儒者和士人，因此在文学作品之外，也有不少直接诠释儒家经典和表达儒学思想主张的文章。通过这些文章，我们更能够直接把握他们的思想。

明清时期那些主情或尚情的文艺创作、文艺评论以及文艺大家的相关文章所传达的思想，与明清时期的情本哲学密切相关，我们不能忽视这些作家和作品。但是，从哲学理论建构的视角来看，上述作品中的主情思想似乎又缺少显著的理论突破，其贡献主要是对泰州、戴震等思想的一种传播和发扬。故本书未将这些作家及其作品中呈现的尚情思想按时代混入哲学理论进展的讨论中去，而只是简述其要，以供学人参考。

明清尚情的文艺思潮的确由泰州学派所激起。戏曲大家汤显祖是罗近溪的弟子，他对老师的情本哲学极为认同。在作品中极力表现情感的重要。例如，《牡丹亭》以杜丽娘因情而病、而死，又死而复生的离奇故事，来表达情可以使人生、可以使人死的重要价值。他说："情不知所起，一往而深，生者可以死，死者可以生。生而不可与死，死而不可复生者，皆非情之至也。"[1]汤显祖非常注重情感表达的极致性，他认为"情致所极，可以事道，可以忘言"[2]。汤显祖所谓"情之至"绝不是情感的绝对放纵，而是真情的坚定，是一种坚守真情和一往无前地实现真情所愿的精神。因为只有秉承这种精神，人们才可能为情而生，为情而死，才可能冲决束缚，改换风气。相反，人们

---

① 汤显祖：《牡丹亭记题词》，载《汤显祖集全编》第3册，徐朔方笺校，上海古籍出版社2015年版，第1552页。

② 汤显祖：《调象庵集序》，载《汤显祖集全编》第3册，第1481页。

若不能尽其情，那么生命的精气神和活力也就没有了。尽情不是纵欲，尽情达欲本身就是儒家之道要实现的目标。汤显祖有一首诗说："无情无尽恰情多，情到无多得尽么。解到多情情尽处，月中无树影无波。"① 此诗表达的正是尽情以合道的意思。

公安派的袁氏兄弟主张作文要直抒性灵，表达真情真性。在学问上，袁宏道将儒家之学看作正面安顿人情的学问，故他说："儒家之学顺人情。"② 何谓"顺人情"？也就是通过因顺人们的情欲以安抚之。对于人情之间的冲突，他同样主张通过絜矩之道来解决。他说：

> 孔子所言絜矩，正是因，正是自然。后儒将矩字看作理字，便不因，不自然。夫民之所好好之，民之所恶恶之，是以民之情为矩，安得不平？今人只从理上絜去，必至内欺己心，外拂人情，如何得乎？夫非理之为害也，不知理在情内，而欲拂情以为理，故去治弥远。③

这里，袁宏道讲的两个观念非常重要：一个是"以民之情为矩"，即以情作为絜矩的内容和准则。这就是戴震所讲的"以情絜情"和焦循所讲的"以心所欲为矩法"。另一个是"理在情内"，反对"拂情以为理"，认为尊重百姓的情欲，乃是治天下之根本。

在明清之际，为"情"而大声疾呼的还有冯梦龙，冯梦龙受李贽的影响很大，多次称赞李贽的作品。冯梦龙虽没有系统的哲学建构，但他的思想真可以称得上是一种粗糙的情感本体论。他认为，天地万物皆因情而生，人间伦常亦需依情而得以维系，每个人都应该做一个"情人"，参与到世间的教化中去，于是他大胆地提出了创立情教以教诲众生的主张。在《情史》一书的序言里，他通过一首诗来概要地表达了自己的这种思想。他说：

---

① 汤显祖：《江中见月怀达公》，载《汤显祖集全编》第 2 册，第 832 页。
② 袁宏道：《袁宏道集笺校》，第 1400 页。
③ 袁宏道：《袁宏道集笺校》，第 1401 页。

天地若无情，不生一切物。一切物无情，不能环相生。生生而不灭，由情不灭故。四大皆幻设，惟情不虚假。有情疏者亲，无情亲者疏。无情与有情，相去不可量。我欲立情教，教诲诸众生。子有情于父，臣有情于君。推之种种相，俱作如是观。万物如散钱，一情为线索。散钱就索穿，天涯成眷属。若有贼害等，则自伤其情。如睹春花发，齐生欢喜意。盗贼必不作，奸宄必不起。佛亦何慈悲，圣亦何仁义。倒却情种子，天地亦混沌。无奈我情多，无奈人情少。愿得有情人，一起来演法。①

基于情本体的思想，冯梦龙对儒家经典做了情感主义的诠释，认为"六经皆以情教"："《易》尊夫妇，《诗》有《关雎》，《书》序嫔、虞之文，《礼》谨聘、奔之别，《春秋》于姬、姜之际详然言之。岂以情始于男女，凡民之所必开者，圣人亦因而导之，俾勿作于凉，于是流注于君臣、父子、兄弟、朋友之间而汪然有余乎！"② 既然儒家之教原本就是"情教"，那么他创立"情教"以教诲众生的理想也就不是离经叛道的了。不过，冯梦龙并不认为宋明理学属于"情教"，他批评理学家以理宰制情欲的观点，认为恰恰相反，情才是"理"的基准。他说："世儒但知理为情之范，孰知情为理之维乎？"③ "情为理之维"的观点，即袁宏道"理在情内"之意。

冯梦龙的情感本体论最富哲理体系的意味，但他本人并没有展开细致的理论建构。而且从理论上来看，将人"情"比拟为天地万物运行的根本原则或万物本体，这本身就面临着理论的困难。放在文学作品中，用夸张的方法表达"情"的重要是没有问题的，但若真将其视作一种严肃的理论，将面临形上、形下观念的混乱和观念的独断问题。

清代主情文学的代表首推袁枚，袁枚不仅在文学上继承和发展了性灵文学，而且其儒学观也是主情或尚情的。他认为，人们的情欲不仅是合理的，

---

① 冯梦龙著，魏同贤主编：《冯梦龙全集》第7册，凤凰出版社2007年版，第1—2页。

② 冯梦龙著，魏同贤主编：《冯梦龙全集》第7册，第3页。

③ 冯梦龙著，魏同贤主编：《冯梦龙全集》第7册，第36页。

而且也是圣人平治天下的根本，能够通过絜矩之道来安顿天下百姓之情欲的便是圣人，圣人也是有情有欲之人，不是绝情去欲之人。他说：

> 且天下之所以从从然望治于圣人，圣人之所以殷殷然治天下者，何哉？无他，情欲而已矣。老者思安，少者思怀，人之情也；而老吾老以及人之老，幼吾幼以及人之幼者，圣人也。好货好色，人之欲也；而使之有积仓，有裹粮，无怨无旷者，圣人也。使众人无情欲，则人类久绝而天下不必治；使圣人无情欲，则漠不相关，而亦不肯治天下。后之人虽不能如圣人之感通，然不至忍人之所不能忍，则絜矩之道，取譬之方，固隐隐在也。自有矫清者出，而无故不宿于内；然后可以寡人之妻，孤人之子，而心不动也。一饼饵可以终日，然后可以浅民之膏，减吏之奉，而意不回也。谢绝亲知，而僵仆无所避，然后可以固位结主，而无所踌躇也。彼不欲立矣，而何立人？已不欲达矣，而何达人？故曰不近人情者，鲜不为大奸。①

袁枚认为，如果儒家圣人的修养要通过绝情去欲来实现，那么圣人作为"无情"之人，也就失去了与百姓感通的渠道，不知百姓之所欲，以过高的道德要求百姓，必然导致百姓家破人亡、妻离子散。这哪里还是圣人呢？甚至连道德上的好人也不算，只能算是一个地地道道的奸人。基于此，袁枚批评李翱的"情恶"论，认为情是性的实际体现，"情昏则性匮，势必割爱绝欲，而游于空"②。所以，李翱虽然辟佛，但他的思想早已渗透了佛学的观念，有了佛学的特质。

袁枚之主情不同于冯梦龙，他并没有将情想象、预设为天地之本体，他在《送许侯人都诗序》中明确说，"情何在，存乎人者是"③，亦即情只是人之情。既然情的根源在人，那么人的自爱保身就非常重要了。所以，袁枚像

---

① 袁枚：《小苍山房诗文集》，上海古籍出版社 1988 年版，第 1615 页。
② 袁枚：《小苍山房诗文集》，第 1641 页。
③ 袁枚：《小苍山房诗文集》，第 1378 页。

王艮一样主张自爱和保身，并且认为自爱具有不可被他人之爱替代的优先性。他说："先王之所以重毁肢体者，爱人故也。然上之爱人，不如人之自爱也。"① 在对待欲望的问题上，袁枚认为"寡欲"的表达也是有问题的，有些欲望的满足根本不需要"寡"，多一点也没有问题。他说："且寡欲之说，亦难泥论。孔子'食不厌精，脍不厌细'，未尝非饮食之欲也；而不得谓孔子为饮食之人也。文王'优哉游哉，展转反侧'，未尝非男女之欲也；而不得谓文王为不养大体之人也。何也？人欲当处，即是天理。素其位而行，如其分而止。圣贤教人，不过如是。"② 从这里也可以看到，袁枚虽然反对寡欲，但他也不主张纵欲。他说"人欲当处，即是天理"，此"当"处不一定就是"寡"，比如引文中的孔子和文王，其欲虽不寡，却是得当的。可是，我们不禁要问，"当"的标准来源于哪里呢？根据前文的论述，恐怕他又要回到儒家的忠恕之道和絜矩之道上去。回到忠恕之道与絜矩之道固然没有问题，但其中的情感与理智关系究竟应如何处理？这个问题是戴震遗留的问题，袁枚当然也没有进一步的展开。

总体上看，明清时期主情的文艺思潮继承和传播了这一时期情感主义哲学的核心观念，张扬了个体情欲的合法性，起到了广泛的思想解放作用。但从哲学理论建构和哲学问题解决的视角来看，他们的思想贡献较小。

---

① 袁枚：《小苍山房诗文集》，第 1645 页。
② 袁枚：《小苍山房诗文集》，第 1572—1573 页。

第七章　民国时期的情感主义哲学

沿着泰州学派、戴震哲学发展的路向，中国情感主义哲学下一步发展的任务，应该是从"理欲之辨"向"情理之辨"发展。即在人的情欲的根本地位确立后，天理问题将被弱化，取而代之的是思考个体情欲的施为和约束问题，情欲的施为与约束要遵从一般性的准则，此准则的来源不能再是先天设定的天理，而必须由人来重构，这就涉及情感与人建构一般性原则的能力——理智——的关系。所以，情感和理智的关系应该是中国情感主义哲学进一步发展要处理的问题。在此基础上，根据对情感与理智关系的认识，针对中国社会面临的文化问题，进一步提出新的"外王"主张，这是中国情感主义哲学在现代文化建设层面要完成的任务。

然而，在现实的历史发展中，这一问题不是在中国文化内部自然而然地展开的，而是在外来强势现代性文化的冲击下被动开启的。当中国哲学探讨理智或工具理性的重要性时，在很大程度上是从一种被迫的立场——如果不发扬理智或理论理性，中国文化将难以自存——来谈的。基于这样的立场，中国文化在接纳理智时，由于对自身原有的缺陷认识不足，加之对外来文化的隔膜和对侵略文化的抵制心态，中国情感主义哲学并没有直接通畅地进入情感与理智关系的深度探讨，而是在对理智警惕而又不得不利用的心态下，花了大力气为情感人生和情感生活做辩护，于是在民国这一段时期内，中国哲学中的情感主义哲学在基本理论形态上呈现为一种过渡形态，即其理论主题处于"理欲之辨"与"情理之辨"的过渡状态。在情感理论与现代文化的融合方面，也出现了生硬嫁接的特征。

一 梁启超的重情思想

"科玄论战"是民国情本哲学开展的一个重要导引。这次论战可以看作西方理性主义文化引入中国后与中国原有文化发生的一次重要碰撞，其主题是人生观能否科学化、理智化的问题。张君劢是从中国传统形而上学的视角进行回应的，他认为人生观之所以不能被科学化、理智化，是因为人生观问题从根本上来看是个体化、主观性的，而理智通常遵循可公度的一般规则，故不能充分尊重主观性，真正能够保障人生观之主观性的是直觉。中国古代哲学特别强调人生体验的直觉性、直观性，但这种直觉与直观的能力往往是一种本体性体验，是良知的自觉，是大圆镜智，是"无"的直观。换句话说，此种心灵能力是与中国传统哲学的形而上学密切关联的，形而上学又被称作玄学。于是，原本的"科学与人生观"论战，被称作"科玄论战"。随着这场论战的发展，一些学者开始从现实个体的心灵或心理出发去探寻人生观的根据，最终将其落实到情感层面。这样一来，原本是一种具有超越性的心灵能力与理智的对话，转而为情感与理智的对话。对于这一转变，梁启超的贡献是非常重要的。

虽然梁启超师从康有为，公羊学是其思想的一个重要背景，但也有学者指出，梁启超的思想具有显著的"心学"倾向。[1] 由于梁启超本人并没有系统的哲学理论建构，因此我们不能从严格的哲学体系的视角来剖析他的思想。不过，在人生或人事问题上，他的观点是明确的，即人生价值的根本源泉是情感，而不是理智。当他参与科玄论战时，便明确表明了自己的这个立场：

> 人类生活，固然离不了理智；但不能说理智包括尽人类生活的全内容。此外还有极重要一部分——或者可以说是生活的原动力，就是"情感"。情感表出来的方向很多。内中最少有两件的的确确带有神秘性的，就是"爱"和"美"。"科学帝国"的版图和威权无论扩大到什么程度，

---

① 魏义霞：《梁启超情感论》，《湖北工程学院学报》2015 年第 2 期。

这位"爱先生"和那位"美先生"依然永远保持他们那种"上不臣天子下不友诸侯"的身份。

我把我极粗浅极凡庸的意见总括起来，就是："人生关涉理智方面的事项，绝对要用科学方法来解决。关于情感方面的事项，绝对的超科学。"①

梁启超并没有反对理智在人生和人生观培育中的作用，但他强调，理智的作用绝不是人生问题最根本的方面，最根本的方面应该是情感的方面，情感才是人类生活的原动力。梁启超曾多次讲到情感的"原动力"作用，他认为，如果用理智来引导人，那么理智只能让人们知道事情怎么做，但做此事时激情的强弱，意志力的持久与否，则完全取决于人们对此事的情感的强弱。他说："用情感来激发人，好像磁力吸铁一般，有多大分量的磁，便引多大分量的铁，丝毫容不得躲闪，所以情感这样东西，可以说是一种催眠术，是人类一切动作的原动力。"② 既然情感的作用是最根本的，那么理智的作用就是像"奴仆"一样服务于情感。他说：

> 一个人做按部就班的事，或是一件事已经做下去的时候，其间固然容得许多理性作用；若是发心着手做一件顶天立地的大事业，那时候，情感便是威德巍巍的一位皇帝，理性完全立在臣仆的地位，情感烧到白热度，事业才会做出来。那时候若用逻辑方法，多归纳几下，多演绎几下，那么，只好不做罢了。人类所以进化，就只靠这种白热度情感发生出来的事业。③

情感固然是人类一切事业的原动力，但这并不意味着什么样的情感都是好的，因此，人生需要情感教育。对此，梁启超指出："情感的作用固然是神

---

① 张君劢、丁文江等：《科学与人生观》，山东人民出版社1997年版，第141、142页。

② 梁启超：《梁启超全集》，第3921页。

③ 梁启超：《梁启超全集》，第3968页。

圣，但他的本质不能说他都是善的都是美的；他也有很恶的方面，他也有很丑的方面。他是盲目的，到处乱碰乱进，好起来好得可爱，坏起来也坏得可怕。所以古来大宗教家大教育家，都最注意情感的陶养，老实说，是把情感教育放在第一位。"① 梁启超认为，人的心灵主要包含知、情、意三个方面的功能，因此人格教育也应该从这三个方面着手，既然情感在这三个方面中发挥着源泉动力作用，那么我们就应该把情感教育放在所有教育的首位。

作为一位儒家学者，梁启超认为，儒家所讲的仁，其内涵就是"普遍人格之实现"，而普遍人格之完成的一个重要表现，就是人与人之间"要彼我交感互发，成为一体"②。这种交感本身也是一种情感体验。所以，梁启超认为，情感教育特别是人与人之间互感互爱的情感教育，对人格的发展具有根本性的意义。

梁启超的情感思想直接触及了情感与理智关系的问题，并且在两者中确立了情感在人类生活中的根本地位，但由于他并没有系统地建构一种情感哲学理论，因此他对如何运用情感与理智去建构各个层次的社会文化并没有详细的论述。在情感与理智的对比中，梁启超非常明显地张扬了情感的重要性，对于理智的重要地位及其在人生中能够发挥的积极作用缺乏清晰的诠释。因此，尽管梁启超的情感理论对中国情感主义哲学在民国时期的发展起到了重要的思想引领作用，但其在哲学理论的建构方面，推进并不是很大。

二 袁家骅、朱谦之的"唯情哲学"

同样是为了回应科学化、理智化的世界观与人生观，提倡情感主义的人生观，但与梁启超不同，袁家骅、朱谦之各自撰写了一本小书，建构了体系化的"唯情哲学"。他们的"唯情哲学"在理论形态上均属情本体论，在具体思想主张方面亦有很多相似之处。因此本章将他们放在一起来介绍。

---

① 梁启超：《梁启超全集》，第 3922 页。
② 梁启超：《梁启超全集》，第 4065 页。

（一）袁家骅的"唯情哲学"

袁家骅着手撰写和发表《唯情哲学》一书时，只有二十岁左右，其能够把握时代脉搏，建构一种体系性的哲学理论，实属难能可贵。他的情感哲学理论在理论形态上属于一种万物一体的情本体论，认为宇宙中的一切都是由一种精神元素构成的，这种精神元素即是"情"。"情"是最高而不可分析的存在，在本体世界里只有情，真情超主客、超时空，是终极唯一的存在者。从主观的视角来看，真情即是真我，宇宙即是真我或真情的活动进化：

> 宇宙从哪里来的？宇宙的发生，源是何起？我的答案是：宇宙因真我的活动流滚，绵延创化，而后实现。须知，真我就是真情的我，本体的我；而我的动，是即当真我——情——本体，活动进化时，所发生出来的一种现象。所以宇宙是真我——情——本体进化途中的现象。①

从这段话可以看到，袁家骅的哲学是以"情"为一切之本体的哲学，并且这种"情"是超越个体主观心理或心灵功能的，具有客观实在的意义。这种形而上学与陆王心学具有一致性。不同在于，陆王心学固然承认人的心灵、良知具有本体论的意义，但它们都没有直接认情为本体。"情"是一种非常主观化、心理化的功能，以情为宇宙万有之本体，则这种本体论哲学之一般性与个体性之间的冲突将更为明显，或者说独断的特性更为明显。以"情"为一切存在者之本体，这种形而上学预设固然有其反对绝对客观化、机械化世界图景及人生观的用意，此用意值得同情，但实在难以获得充分的理论支持。此种情感本体的形而上学，与前文所讲冯梦龙的情本体论是一致的，袁家骅只不过比冯梦龙更进一步地将其理论化、体系化了。这种浪漫主义的形而上学构想固然有助于彰显情感的重要性和根本性地位，但其论证实在难以服人。朱谦之的"唯情哲学"亦有这样的特点，且待下文论及时再加以详述。

袁家骅认为，真情、真我是宇宙的本体，只有体认到真我，才能实现人

---

① 袁家骅：《唯情哲学》，第 10 页。

生的价值。他将能够体认真我的人叫作"情人"，呼吁人们"赶快跳到情海中，变成个情人罢！"①

怎样去变成个"情人"呢？首先需要认识"情"。对此，袁家骅借鉴西方心理学对心灵与情感的相关功能做了较为细致的分析，这些分析虽然整体笼罩在形而上学情本体论的预设之下，但其细化了关于人的主观心灵之功能的讨论，在中国情感主义哲学中，还是很难得的。相对西方情感主义哲学，中国情本哲学关于情感之心理属性的讨论一向比较薄弱，直到今天，这个问题依然存在。情感固然是一种直觉，情感体验固然在根本上拒绝被理智地分析，可是对于情感性质的理智分析和经验研究，对我们认识情感在人们心理中的存在，认识情感功能与感觉、意志、理智等心灵功能之间的关系，仍具有非常重要的意义。情感体验的直觉性是根本的，却不是全能的。认识情感同样需要理智的分析，这一点，中国哲学家往往出于对理智的警惕和批评而重视得不够。由此，更显得袁家骅相关分析的可贵一面。

袁家骅指出，"心理最始最终的唯一元素是感情"，就个体的现实心理来说，心理中通常包含感觉与感情两种元素，这两种元素虽性质有别，但感情具有优先性。因为："第一，有离感觉而独立的元始感情，而没有离感情而独立的元始感觉；第二，感情先感觉存在，二者既不能相生，故说感觉能生感情，殊属悖理。"② 可是，按照袁家骅的论述，感情虽然具有优先性，但如果"两者不能相生"，亦即感情不能生感觉，那么，感情的最始最终的唯一性又是怎么得出的呢？这是袁家骅理论中存在的一个不融贯的地方。

心理功能中除了感情还有理智，理智是如何产生的呢？又与感情有何关联？袁家骅认为，感情的本质就是实现精神生命的冲动，于是生命在感情冲动的作用下需要不断进化，在动物那里，感情冲动是现实性的，而人类则可以超越现实进入理想的层面。正因如此，人类感情冲动的进化逐步趋于调和，而动物的感情冲动只能停留于盲动。人类感情冲动之趋于调和，当然与理智的运用有关，但理智乃是感情冲动进化的结果，或者说，是感情冲动进化中

---

① 袁家骅：《唯情哲学》，第 26 页。
② 袁家骅：《唯情哲学》，第 52 页。

的一支。他说："感情冲动之进化，是自己的流行，并不是和理知联络而得的结果。因理知是一种特别经验组成，是纯粹经验的一部分，不是感情冲动因理知而进化，乃是感情冲动进化以后才产生理知。"① 既然理智是感情进化的一种结果，因此理智不能脱离感情而存在。在人的精神状态中，理智与感情通常掺杂在一起，意志就是理智与感情的一种混合产物。但不管如何掺杂，情感始终是精神和心理状态中的主宰。

基于对理智不离感情的认识，袁家骅对西方纯粹理智主义做出了批判，他认为，那种主张理智可以脱离情感的学说是不能成立的，他于是将自己对理智的批判称为"反知说"。他说：

> 我所肯定的理知，就是良知，是从感情发出的理知；而我所否定的理知，就是主知论者说的理知，是想离感情而自行分立的理知。

> 我们袭之取一种反破理知的论调，一方面显扬感情，一方面仍不埋没理知，并使理知得正当之发展。因二者不是并立的二元，所以也不是对待的发展，根本上理知之反感情的趋向已没有存在的余地，故叫做反破理知。②

可见，袁家骅并不是盲目的反智主义者，他只是反对那种背弃感情的理智，基于感情而发出的理智他是赞成的。袁家骅关于理智不离情感的认识，是中国情本哲学的一个重要论断，也是一种共识性论断。这种论断与西方理性主义哲学有着重要的差别。目前，已经有越来越多的理论，为中国哲学的这种认识提供了支持，同时对西方的"纯粹理性"观念做了批判，我们今天应该继承并大力弘扬中国哲学此种情、理不可决然二分的理念。

袁家骅不反对基于情感的理智运用，但他也认为理智的运用自身具有局限性，即它只能外在地观察事物，其认识局限于经验的层面。因此，基于理智的思想是有限的，不是绝对可靠的真思想，要想获得绝对的真思想，必须

---

① 袁家骅：《唯情哲学》，第 64 页。
② 袁家骅：《唯情哲学》，第 76、78 页。

要通过"情"的体认来实现。他说：

> 但是何以真情活动的思想是真正的思想，而理知作用的思想便是伪的思想呢？这却有两层理由：其一，即因"知"和"情"的真伪而别思想的真伪；因"知"是情的派生，情是真实自存的，所以本了情活动的思想是真思想，而知则附依他生，是虚伪的，所以本于知的作用而成的思想，是伪的思想。其二，理知作用的思想，是用外察法推论而得，故是属于物的经验，但我们细细审思一下，就觉得"外察法"是靠不住的，因无论何种知觉，虽从外感而得，外察而得，但要他变为我心所有，就非有内证不可，即非用内视法来完成他不可。……所以依此性质而成的思想—理知作用的思想，绝非真正的"思想"，真思想何在？在本乎真情的活动。①

情感之所以能够获得真思想，是因为真情活动不是分析的、经验的，而是直觉的，是与宇宙人生之本体相一致的。正因为情感是直觉的和活动的，由情感而获得的思想才不是僵化的和呆板的，而是自由的。所以，袁家骅之所以要把思想的"真"赋予真情，正是因为他追求的是思想的自由，或者说，心灵的自由。他说："真情的本身就是绝对；所以真情的生活，也是绝对自由。我们为着生存是因活动而有意义，所以不得不破灭不自由的理知生活，而恢复绝对自由的理知生活。但真情的生活，破灭了理知生活便是，脱去不自由的圈套，便是绝对自由的所在了。"② 理智不能给人以绝对的自由，因为理智追求必然的发展和因果律，而真正的自由必须超越必然，超越因果律，而这只有在真情生命中才能实现："不自由的因果法则，是自由的精神生活堕落以后的现象，是真情生命间断以后的现象，倘精神生活，真情生命恢复了，那就无适而不自由，还有什么因果？"③ 不得不说，袁家骅对理智之必然性的

---

① 袁家骅：《唯情哲学》，第 103—104 页。
② 袁家骅：《唯情哲学》，第 115 页。
③ 袁家骅：《唯情哲学》，第 179 页。

批判已经具有了类似后现代主义对理性的同一性批判的意义。从这里来看，中国哲学的情本论进路，固然追求的是一种现代性的精神和文化，但其对"现代"或"现代性"的理解，并不是完全西方化的，它要谋求的是一种超越西方启蒙现代性文化之缺陷的中国化的现代性方案。当然，这样一种精神不仅贯穿在中国情感主义哲学的发展中，也贯穿在其他类型的中国哲学进路中，正因如此，中国哲学才始终具有民族性的意义，才在中西哲学的对比中，保存了自我的主体性地位。

要想获得心灵的自由、思想的自由，就必须体认真情的生命，与本体之情合一，顺本体之情而活动而进化。但，如何才能够体认真情呢？在功夫论上，袁家骅借鉴王阳明"知行合一"的学说，将体认真情的功夫分为"认情"与"任情"两个方面：

　　"认情"是属于知的，"任情"是属于行的，但认情——任情，本是一贯的作用：认得情真切时，便是任情了；任得情清明时，便是认情了。认情和任情，是在一线上，绵延不断，而没有先后的分界可寻，并非先用了一番认情的工夫，然后再去下任情的工夫。所以认情——任情，是知行合一并进的，没得法子可以把他分析开来。所谓直觉的思想，就是认情——任情的意义。①

"认情"是确认真情的活动，只有依真情而行动，行动才具有真正的合法性；而"任情"则是一往无前地实现真情。两者的关系并不是一先一后的关系，两者是一体两面，恰如王阳明所讲"知行合一"中"知"与"行"不可打成两截。"认情"与"任情"之所以不能打成两截，归根到底是因为"认情"之"认"不是一种理智的认识，而是情感的直觉体验本身，"认情"是直觉地体验情感感受，"任情"是实现此直觉的情感感受。体验本身包含着情的实现，情的实现必然伴随着情的感受，是故两者是一种活动的两个方面，而不是两种有先有后的活动。这两种功夫难以分离，在现实上也难以具体地

---

① 袁家骅：《唯情哲学》，第 113—114 页。

分别操作。归根到底,袁家骅无非强调真情的直觉性,以及人们应该依此直觉而大胆地行动。

以上介绍了情的本体特性、心理特性以及把握真情的功夫,在此基础上,人们就可以尝试去做个"情人"了。"情人"既然是领会真情、依真情而活动的人,那么"情人"自然会具有两个重要的特征。第一,真情是直觉的,不是理智的,那么一个人自然地按照真情去行动便是"情人"。在此意义上,一个人天生便是情人。他说:"元来人都是情人,当其呱呱坠地时,要算是最真实的情人了。宇宙间那一个不有真情生命而能存在呢?那一个不是情人呢?有生命有生活的时候,就没有一个不是情人了呀!"① 这与泰州学派的观点是一致的。袁家骅将真情赋予每一个自然人,这也就为每个自然人作为主体奠定了理论基础。真情的功夫需要"任情",所以做事不需要打折扣,应当勇敢地去奋斗。基于此,袁家骅认为"情人"具有创造、进化的精神:

> 情人是进化的母亲,或是进化的主人,所以情人没有一个不主张进化论的。情人的进化论,就是以进化为情的活动,因情活动而化生万象。
>
> 情人是最富想象力的思想家,也是最富实行力的革命家。他相信自我,他更相信自我表现的思想;他相信进化,他更相信革命可以帮助进化。②

情人是一个真正的主体,是一个竭力去实现生命的进化本质的人,在现实中,这样的人具有革命的精神,他会本着真情的体验去革新社会中的道德、艺术乃至其他一切违背真情的文化。在袁家骅的描述中,情人的性格是伟大的、诚挚的、和谐的、勇猛的、自由的。这种性格和精神品质,其实正是当时中国社会所需要的革命精神。

由于袁家骅对心灵理智功能的警惕,他所塑造的情人具有充沛的革命热情,却缺乏冷静的革命理性。现实中能够成功的革命,不仅需要热情,同时

---

① 袁家骅:《唯情哲学》,第216—217 页。
② 袁家骅:《唯情哲学》,第220、224 页。

也需要对时事的洞察、对手段的考量、对利弊的分析、对战略的筹划。在这些方面，袁家骅很少讨论。袁家骅的唯情哲学在精神气质上似乎很贴近泰州学派。泰州学派以人的自然情感体验为根本，主张张扬个体的情感，但对理智的作用重视不够。袁家骅比泰州学派更明确地讨论了理智，论述了以情感为本、理不离情的观点，这都是重要的理论进步，但惜乎他未能从实现情感需求的方面正视理智的积极作用及其必要性，亦即他阐释了理不离情，却没有阐释情如何亦不能离理。

（二）朱谦之的唯情哲学

1924 年，朱谦之于济南第一师范学校讲演，同年，《一个唯情论者的人生观》于《民铎》刊物连载发表，1926 年《一个唯情论者的宇宙观及人生观》一书由上海泰东书局出版，该书系统地诠释了他的情感本体论构想。[1] 朱谦之的情感本体论是儒家立场的。他认为，张君劢、梁漱溟等学者所讲的儒家人生哲学，并没有把握到儒家生命哲学的真谛，儒家的生命哲学本质上是生命进化的真理。生命是进化的，儒家本身也是进化的，不同时期的儒学侧重点不同，汉儒侧重于讲宇宙观，宋明儒侧重于讲人生观，清儒侧重于讲政治观，今天，儒学到了一个需要综合的时代，即将宇宙观、人生观、政治观综合在一起的时代。那么，三者如何综合在一起呢？朱谦之认为，关键是要对宇宙人生的真理有根本的把握，宇宙人生的真理（亦即孔子所讲的真理）不是别的，就是"真情"。他说：

> 真理纯以这点"情"言，所以体用合一，体也是这点"情"，用也是这点"情"，只有这一点"情"是真理，除此以外，更没有什么真理，没有一个而外于真理者，即真理而万有即在其中，即万有而真理便无所不在，如没有这天地，已先有这天地的道理，到有了天地，而这理即在天地当中。

> 我敢大胆告诉大家，本体不是别的，就是现前原有的宇宙之生命，

---

[1] 参见张国义《朱谦之先生学术年谱》，《世界宗教研究》2004 年第 3 期。

就是人人不学而能不虑而知的一点"真情",我敢说这"情"字,就是宇宙的根本原理了。[①]

同袁家骅的唯情哲学一样,这是一种泯主客、生万物的情本体论,其浪漫主义的立意是可以同情地理解的,但其中存在的理论困难也是显明的,即一种形而下的主观心灵功能如何能够成为形而上的本体呢?此种本体论的独断,确实限制了其哲学理论的影响力。不过,理论问题的存在并不能完全掩盖其关于人生和社会文化之具体主张的意义。

朱谦之以"情"为宇宙万物之本体,实出于他反对理智主义宇宙观与人生观的见解。他认为,本体是一种具有无限性的事物,故不能被分割地加以研究和认识,生命尤其如此,而理智之认识事物,必以剖析、分割为前提。他说:"却不知分析求得的东西,只是割据心的变现行相的一片一段,并不是本体,却正是本体所否定的。因为本体是永不间断,所以不可分析,并且生命是活动的,如何可作静体来分析呢?"[②] 本体不能分析地加以认识,那么应该如何去认识呢?朱谦之说,求体认本体的方法必须要通过"直觉",宋儒体认天地生物气象、天理、良知,皆以"直觉"的方法。直觉方法的好处,就在于不对事物加以分割,而能够整体地、本质地把握事物。当然,朱谦之指出,他所讲的直觉,与一般空洞地谈论直觉的人不同,其所谓直觉必以感觉的方式存在,这样的直觉也就是情感。但就"直觉"问题而言,朱谦之的观点是比宋明理学更可取的,他将宋明理学中那种形而上学化的直觉能力还原和落实到了个体实际的心灵功能上,即落实到了情感上。这对于消除人们对心灵中之特殊的、能洞见本体的"直觉"能力的盲目迷信具有积极意义。惜乎朱谦之所讲之"情"本身也有不切实际的地方,即其具有超越主体心灵的万物本体性质,这不仅使得他的唯情哲学的那一点进步意义难以得到贯彻和发挥,而且使其情感理论显得过于独断。

既以情为宇宙的本体,则人作为宇宙中之一员,亦必然要以情为人生的

---

① 朱谦之:《一个唯情论者的宇宙观及人生观》,第 13、53 页。
② 朱谦之:《一个唯情论者的宇宙观及人生观》,第 54 页。

归宿。故朱谦之说：

> 人之所以为人，是以"情"为其根本内容的。所谓人生的意义，就是为有这点"情"而有意义。如果有人的形状而没有人的"情"，就所有一切活动，都成为机械的，一身浑是一包脓血里一大块骨头，还有什么存在价值，倒不如大家自杀好了。
>
> 原来人之一生，就是为着这一点"情"，这一点"情"就是真人生，即在我的灵魂，纯粹是一种本然存在，所以唤作"性"，至善无恶所以首唤作"善"，这个"善"生来便有，不是生后始发此窍也。①

人的本性在于拥有真情，人生的价值在于依真情而生活，若失却真情，则人生便沦为机械的、物化的，便毫无存在的意义。于是，朱谦之指出，人生修养的一个重要的目标便是"复情"。情是生命的本质，情不是一种固化的原理，而是永远活动的，宇宙人生正是因为情本体的活动性而不断地进化。与情的活动性相适应，朱谦之在人生观上反对"唯静主义"，主张积极健行：

> 真人生态度没有别的，只是发愤忘食，努力做"人"，只是不停歇不呆坐着的全身全灵的"动"，生命的动，所以说"仁者必有勇""力行近乎仁"。能够随事努力精进，便自然生趣盎然，越努力越发能体验自己的一点"情"，越牺牲小我，越发和天地相似了。所以说："天行健，君子以自强不息。"②

基于情本体论，朱谦之在社会文化层面提出了一系列主张。例如，在恋爱婚姻问题上，他提出"恋爱是人生第一大事"③，反对传统贞洁观，呼吁人们去大胆地追求爱情自由。在政治上，朱谦之提倡"真情政治"，认为"真情

---

① 朱谦之：《一个唯情论者的宇宙观及人生观》，第81、96页。
② 朱谦之：《一个唯情论者的宇宙观及人生观》，第113页。
③ 朱谦之：《一个唯情论者的宇宙观及人生观》，第114页。

政治"即是儒家所讲的"仁"的政治、礼乐的政治。"真情政治"提倡社会治理中的关怀与道德的引导，尊重人们的人身自由和自治权利，反对出于"命令""强制""威赫"的法术之治：

> 因为我们相信人性善，所以用不着别的力量去支配他，所以不主张被动的和逼迫的政治，只主张各人自主自治，以自由个人为发端，进为地方的和职务的自由组合，由自由组合，再次联合，以次至于成为自由组织的"大同世界"，使社会的男男女女各个有自发的能力，废除现在限制个人自由的"强权政府"。①

此外，出于对"理智"的警惕，朱谦之反对西方现代分权政治，认为分权政治过于理智化，偏重利益的计较，必然会压抑真情。在经济领域，朱谦之主张富有愉快情感的创造性的"自由劳动"，反对奴役人的"大规模之工业"和"机械工业"，向往将"艺术家与手工业，经济生活和宇宙生活，浑成一片"的世界。②

总体上看，朱谦之的政治、经济构想带有较强的"乌托邦"色彩，但其反对强权政府压迫、尊重个体自由和自治权利、倡导自由劳动和艺术化生活的主张与现代价值是一致的，而且对西方近代资本主义社会的缺点进行了一定的反思和批评，这些都是与时代的发展相符的。

袁家骅的哲学与朱谦之的哲学在理论形态上非常相似，他们都建立了情本体论，对人自然的真情给予了充分的肯定，对情感与理智关系展开了一定的讨论，但又稍显不足。从中国情感主义哲学的发展历程来看，他们的情感主义哲学之核心命题处于从"理欲之辨"向"情理之辨"的过渡状态。

三　梁漱溟的情意哲学

在民国时期，对情感主义哲学理论既有体系性的理论创造，其理论又对

---

① 朱谦之：《一个唯情论者的宇宙观及人生观》，第145页。
② 朱谦之：《一个唯情论者的宇宙观及人生观》，第152—154页。

后世具有深远影响的哲学家，非梁漱溟莫属。梁启超的情感学说虽然彰显了情感在人生中的根本地位，却缺乏体系性的理论论述；袁家骅和朱谦之的唯情哲学虽然具有规整的体系，但因他们不是专业的哲学家，其哲学的理论形态具有一定的滞后性和浪漫性，因而对后世哲学开展缺乏实质性的影响。而梁漱溟的哲学正好弥补了以上两方面的不足，故成为民国时期中国情感主义哲学发展历程中成就最大、最有代表性的理论学说。

梁漱溟的哲学在学派归属上近于阳明心学特别是泰州学派，他曾多次讲到自己喜欢王艮的思想。[①] 当然，梁漱溟的哲学也吸收了柏格森生命哲学、叔本华意志哲学等内容。他认同王艮在儒学诠释中对人的情欲的肯定，因此他的哲学也是以人的本能情欲、意欲或情意为根本的。梁漱溟的思想在后期有一些变化，不过这些变化不足以影响其哲学的情本特性。梁漱溟哲学的情本论，在理论形态上，与冯梦龙、袁家骅、朱谦之的情感本体论有着根本的区别。他没有将"情"独断地提升为创生万事万物的宇宙本源和本体，"情"既然是一种心灵的功能，那他就以此为基础来展开理论的论述，只是将情看作人类文化建构的根本。在此意义上，也有人称梁漱溟的哲学是一种文化哲学，这种理解是正确的。无论从观念的层次上来看，还是从宇宙发生的历史视角来看，情都不可能作为创生一切存在者的本体。这样一种本体论设定，前文多次同情地说它是浪漫主义的，若严肃地说，这是极为不可信的，是独断的。这样的本体论设定已经很难在现代世界说服人了，袁家骅、朱谦之的唯情哲学对后世影响较小的主要原因正在于此。对比之下，梁漱溟的哲学则较为进步，这也是其在后世具有深远影响的原因之一。

（一）意欲为本的文化哲学

泰州学派将人出生或童年时便具有的情欲看作根本，梁漱溟亦是如此，他认为这是人的本能，人类的一切文化无非为了安顿人本能的情欲，或者用他的术语"意欲"，罢了：

---

① 梁漱溟：《答：美国学者艾恺先生访谈记录摘要》，载《梁漱溟全集》第 8 卷，第1158—1159 页。

　　你且看文化是什么东西呢？不过是那些民族生活的样法罢了。生活又是什么呢？生活就是没尽的意欲（Will）——此所谓"意欲"与叔本华所谓"意欲"略相近——和那不断的满足与不满足罢了。通是个民族，通是个生活，何以他那表现出来的生活样法成了两异的采色？不过是他那为生活样法最初本因的意欲分出两异的方向，所以发挥出来的便两样罢了。然则你要去求一家文化的根本或源泉，你只要去看文化的根原的意欲，这家的方向如何与他家的不同。你要去寻这方向怎样不同，你只要他已知的特异采色推他那原出发点，不难一目了然。①

　　文化源于对人的意欲的安顿，不同民族文化的差异出于人们对意欲的看法和安顿意欲的方式的不同。基于这种认识，梁漱溟对中、西、印三种类型的文化及其对待意欲的方式做了考察。他认为，人们对于意欲的态度，可以分为向前满足意欲的要求，向后克制、超越意欲的要求和在两者间取一种持中调和态度三大类型。向前满足意欲的要求，其文化自然以满足人的本能欲望为本位，注重生产力的发展，强调对自然事物特性与变化规律的研究，尊重个体基本权利，在国际关系上强调竞争。向后克制意欲的文化，追求对意欲的超越，从而具有较强的宗教色彩，不注重发展生产力和研究自然事物，而是关注生命的解脱，具有强烈的与世无争的心态。而对意欲保有持中调和态度的文化，对于前两种类型的文化所关注的事情各有一定的发展，却又无法充分地发展，关注生产和自然，又不以之为目的，关注生命的解脱，又带有世俗的倾向。梁漱溟指出，西方文化、印度文化、中国文化正是这三种类型文化的代表。即"西方化是以意欲向前要求为其根本精神的。或说：西方化是由意欲向前要求的精神产生'赛恩斯'与'德谟克拉西'两大异采的文化"。"中国文化是以意欲自为、调和、持中为其根本精神的。印度文化是以意欲反身向后要求为其根本精神的。"②

　　然而都是意欲，何以人类会对其有不同的安顿方式呢？或者说，对于意

①　梁漱溟：《东西文化及其哲学》，载《梁漱溟全集》第 1 卷，第 352 页。
②　梁漱溟：《东西文化及其哲学》，载《梁漱溟全集》第 1 卷，第 353、383 页。

欲的态度何以会有向前、向后和持中调和的区别呢？除了不同民族所面对的环境等外在因素不同，从人类心灵内部来看，不同民族调节和安顿意欲主要运用的心灵功能也是不同的。西洋文化之所以能够以意欲向前实现为本位，是因为其文化是"直觉运用理智的"；印度文化之所以能够向后超越意欲，因其文化是"理智运用现量的"；而中国文化之所以能够对意欲加以持中调和，因其文化是"理智运用直觉的"。① 简言之，西方文化较多利用理智；印度文化较多运用"现量"，即类似纯粹感觉的心灵功能；而中国文化较多运用情感的直觉。

有必要对梁漱溟的中国文化观做进一步的介绍。《中国文化要义》一书指出，由于中国文化较注重社会中不同角色关系的处理，梁漱溟因此将中国文化定义为伦理本位的文化。伦理型的文化与其说重视社会关系的组织，毋宁说注重一个人道德人格的完成。但中国人的道德义理，不是从理智来的，而是从人的情感直觉来的，亦即伦理原则，乃是一种情义。他说："伦理关系，即是情谊关系，亦即是其相互间的一种义务关系。所贵乎人者，在不失此情与义。'人要不断自觉地向上实践他所看到的理'，大致不外是看到此情义，实践此情义。其间'向上之心'，'相与之情'，有不可分析言之者已。不断有所看到，不断地实践，则卒成所谓圣贤。中国之所尚，在圣贤；西洋之所尚，在伟人；印度之所尚，在仙佛。社会风尚民族精神各方不同，未尝不可于此识别。"② 那么，中国文化所赖以建立伦理道德原则的情义究竟是怎样一种情义呢？梁漱溟认为那是人类心灵中一种特殊的但也是天然的情感，即"仁"。总之他认为，中国文化特别是儒家文化，是以此种感情的直觉运用为基础建立起来的。从意志的视角看，仁当然也是一种意欲，在很多地方，他也将意欲称为情意；就体验和感受而言，仁是一种情感；就仁所蕴含的合理性来说，仁也是一种情义。我们对梁漱溟使用的这些概念有所了解，就知道他的哲学固然可以被看作意志主义的，但他所讲的"意"是一种情意，意志的根源在于情感。故他的文化哲学也具有情感主义的属性。

---

① 梁漱溟：《东西文化及其哲学》，载《梁漱溟全集》第 1 卷，第 485 页。
② 梁漱溟：《中国文化要义》，载《梁漱溟全集》第 3 卷，第 136—137 页。

基于对文化与人类心灵功能关系的认识，梁漱溟提出了三期文化观，即人类文化发展的历史构想：

> 照我的意思人类文化有三步骤，人类两眼视线所集而致其研究者也有三层次：先着眼研究者在外界物质，其所用的是理智；次则着眼研究者在内界生命，其所用的是直觉；再其次则着眼研究者将在无生本体，其所用的是现量；初指古代的西洋及在近世之复兴，次指古代的中国及其将在最近未来之复兴，再次指古代的印度及其将在较远未来之复兴。而此刻正是从近世转入最近未来的一过渡时代也。①

梁漱溟认为，按照正常的发展规律，人类文化的第一步应是较多运用理智来解决人的基本欲求，第二步则是较多运用直觉来体察人类生命自身，第三步是较多运用现量来超脱生死。从现实来看，人类文化应首先发展西洋文化，待西洋文化发展成熟后将会转而发展中国文化，待久远的将来，人类文化主流又将从中国文化转而为印度文化。而当今世界，正处于人类文化从第一步向第二步的过渡时期。所以，我们不能抛弃中国文化，恰恰相反，应当大力弘扬中国文化。

然而中国传统文化不是毫无问题的，它的问题在于人类文化的第一步没有走完，正面解决人类意欲的文化尚没有获得充分发展，便直接跨越到了第二步。梁漱溟称中国文化的这种现象为"人类文化的早熟"②。因为早熟，中国文化在发挥理智作用方面有缺陷，对客观世界认识不足，以致其缺乏征服自然与参与国际竞争的力量，遂导致了近代以来的失败。今天欲重振中国文化，首先必须补齐以往的短板。具体的做法便是："第一，要排斥印度的态度，丝毫不能容留；第二，对于西方文化是全盘承受，而根本改过，就是对其态度要改一改；第三，批评的把中国原来态度重新拿出来。"③ 这里有两点

---

① 梁漱溟：《东西文化及其哲学》，载《梁漱溟全集》第1卷，第503—504页。
② 梁漱溟：《东西文化及其哲学》，载《梁漱溟全集》第1卷，第526页。
③ 梁漱溟：《东西文化及其哲学》，载《梁漱溟全集》第1卷，第528页。

需要注意。第一点是对西方文化的"全盘承受"问题。黄玉顺将梁漱溟的相关主张称为"梁漱溟先生的全盘西化论",并对其具体主张做了细致的梳理。① 我们必须承认,为了应对中国的当务之急,梁漱溟确实主张对西方文化全盘接受。他曾说德谟克拉西精神、科学精神,"其实这两种精神完全是对的;只能为无条件的承认;即我所谓对西方化要'全盘承受'。怎样引进这两种精神实在是当今所急的;否则,我们将永此不配谈人格,我们将永此不配谈学术"②。不过,我们也不能将梁漱溟"全盘西化"的主张与一般的全盘西化论等同。因为梁漱溟对于西方文化的态度,不仅有"全盘承受"一条,还有"根本改过"一条。为什么要"根本改过"呢?西方意欲向前的文化同样有其严重的问题,一方面,在改造、利用自然方面存在着严重的人类中心主义偏见,这将会造成资源的浪费与枯竭;另一方面,对人自身生命的关注和安顿不够,过于强调竞争,不利于人类的和谐。这两方面若不能改过,则人类的未来依然会面对深重的灾难。所以,对西方文化的根本改过,就是使西方文化能够朝着中国文化的方向转。但在"全盘承受"与"根本改过"之间似乎存在矛盾,很难兼而有之。对此,我们一定要历史地理解梁漱溟的观点。如果我们将这两种观点放在历史的维度上,拉长时间的距离,就会发现两者并不是绝对冲突的。也就是说,为了解决中国的燃眉之急,我们首先应当全盘承受西方文化,待中国文化度过燃眉之急,然后再尝试将其"根本改过"。但那时候的"根本改过",绝不是彻底抛弃,而是修正其问题,使我们的文化健康地朝着持中、调和地对待意欲的方向走。

第二个问题涉及对中国文化的批评问题。中国文化的核心精神是持中调和的,但它早熟,意欲向前的伸展不够,理智未得到充分的运用,于是意欲有所萎靡。批评地修正中国文化,改变其早熟的缺点,便是要提起积极向前的精气神。这种精气神,在梁漱溟看来,就是孔子提倡的"刚"的精神:发动于真实的情感,积极向前,却又不逐物纵欲的精神。③ 梁漱溟认为,这是真

① 黄玉顺:《梁漱溟先生的全盘西化论——重读〈东西文化及其哲学〉》,《社会科学研究》2018 年第 5 期。
② 梁漱溟:《东西文化及其哲学》,载《梁漱溟全集》第 1 卷,第 532—533 页。
③ 梁漱溟:《东西文化及其哲学》,载《梁漱溟全集》第 1 卷,第 537 页。

正的持中调和精神。

"刚"的精神为孔子所提倡，在孔子之后，特别是受佛、道思想影响以后，确实有所萎靡了。"批评的把中国原有的态度拿出来"，正是要修正因过于轻视物欲而导致的精神萎靡，这一点若能成功，则对于西方文化"全盘承受"且"根本改过"便也能成功。正如处理后者的内在矛盾一样，我们批判地拿出中国原有的态度，也不是一下能拿得出的，我们也只有放到历史性的视角下，才能化解"批评"与"拿出"之间的矛盾。此种矛盾与冲突的存在，正是文化过渡阶段存在的问题，只要把握住大的文化发展方向，就不会出现根本的错误。当然，梁漱溟本人并没有对文化过渡期存在的态度冲突和操作困难提出解决方案，这只是我们对他的文化主张的一种同情的疏解，希望不会离他的本意太远。其实，假如我们抛开中西文化的比较视野，进入现代化的视野，便可以确定，至少对最近较长的一段时期而言，梁漱溟认为中国文化应该接受现代化的学术、政治、伦理道德等，这乃是毋庸置疑的事情。

（二）哲学心理学

以上只是大体描述了梁漱溟情意或意欲为本的文化哲学。要想深入理解他的情意哲学，还必须进一步了解他的哲学心理学。梁漱溟的哲学心理学曾发生过变化，这种变化发生在《东西文化及其哲学》出版后的几年，最后落实到《人心与人生》一书中。我们不妨先从《东西文化及其哲学》一书讲起。在《东西文化及其哲学》一书中，梁漱溟将人的心灵或心理功能主要分成了两部分，一部分是本能的情意或意欲，另一部分则是理智。梁漱溟所讲的本能，其实又包含两种类型，一种是满足生存需要的情欲，另一种则是道德情感，其中最重要的就是孔子所讲的"仁"了。在《东西文化及其哲学》一书中，梁漱溟并没有对这两种情感做出特别详细的区分。可能那时，他想要做的正是如此，即将仁理解为人天生的一种本能、一种情欲。他要彰显的正是本能的重要性。所以他尽力地将"仁"向一般的情感还原。他认为，胡适将仁诠释为"理想的人道"，蔡元培将仁诠释为"统摄诸德完成人格之名"，这虽不能说错，却很模糊，让人感到莫名其妙，不知仁之具体所指。而儒家言"仁"，其实是可以具体地指出来的，即"仁"不是别的，正是一种情感的直觉，知痛知痒，仅此而已。这不明显是对泰州学派的继承吗？这不正好能够为现实的个人、世俗的个人作为主体提供合法性吗？梁漱溟没有完全坚持这一点，他虽没有对仁与本能欲望加以严格区分，但我们能从他的论述中明显地感觉到仁这种"本能"，不是我们一般的吃喝拉撒、喜怒哀乐那样的本能。因为他一方面说"仁就是本能、情感、直觉"，另一方面又说"仁虽然是情感，却情感不足以言仁"①。

那么，仁的特殊性究竟在哪里呢？梁漱溟说："仁是一个很难形容的心理状态，我且说为极有活气而稳静平衡的一个状态，似乎可以分为两条件：（一）寂——像是顶平静而默默生息的样子；（二）感——最敏锐而易感且很强。"他认为仁的"寂"的特性与"感"的特性类似一种体用关系：

> 能使人所行都对，都恰好，全仗直觉敏锐，而最能发生敏锐直觉的则仁也。仁是体，而敏锐易感则其用；若以仁兼赅体用，则寂其体而感其用。若单以情感言仁，则只说到用，而未必是恰好的用，故言仁者不可不知寂之义。这个寂与印度思想全不相涉，浅言之，不过是为心乱则直觉钝，而敏锐直觉都生于心静时也。平常说的教那人半夜里扪心自问，正为半夜里心静，有点内愧，就可以发露不安起来。

> 平静是体，感通是用，用在体上。欲念多动一分，直觉就多钝一分；乱动的时候，直觉就钝得到了极点，这个人就要不得了。因此宋儒无欲确是有故的，并非出于严酷的制裁，倒是顺自然，把力量松开，使其自然的自己去流行。后人多误解宋人意思，而宋人亦实不免支离偏激，以至孔家本旨遂无人晓得，此可惜也。②

感通是"仁"的情感直觉的一种功能，它的作用是使人的情感在与物、与事相接时能够发生敏锐的感应。但是，情感感应也可能是迟钝的，不当的。谁来保证情感感应的敏锐与得当呢？这就是"仁"的另一面的作用，就是其

---

① 梁漱溟：《东西文化及其哲学》，载《梁漱溟全集》第 1 卷，第 455 页。
② 梁漱溟：《东西文化及其哲学》，载《梁漱溟全集》第 1 卷，第 455、455、457 页。

平静、清明时的状态。当"仁"之情平静清明，未受利欲的熏染干扰，其感通的功能就是敏锐得当的。这就是仁之体用，否则，情失其体，情的感应也会失当，这样的情感就不是合乎"仁"的。正是在这个意义上，梁漱溟才说"仁虽然是情感，却情不足以言仁"。"情不足以言仁"不是否定了"仁"的情感属性，而是说并非所有的情感都是"仁"的情感。我们也可以说，仁就是对的情感，其"对"的原理是先天的，是人的一种本能。这是否合乎人的心理事实？我们暂且不论。从这里能够看到泰州学派主张的人的现成心理蕴含先天合法性的观念，就此而言，梁漱溟的观点与泰州学派是一致的。不过，梁漱溟并不把仁的先天合法性归于"天理"，他运用了另一个概念"理性"，于是仁的那种敏锐得当的情感感应，就是理性的感应。仁就是理性，理性是一种蕴含正当性的情感。这种认识，与西方的主流哲学，特别是理性主义哲学具有明显的差异。

仁的敏锐得当是人的本能，这种本能怎么会变得迟钝呢？梁漱溟认为，这一方面是受到欲望的影响，另一方面也与理智助长人的欲望之作用相关。所以在《东西文化及其哲学》中，梁漱溟对"理智"做了一定的批评。他认为理智的不当计较会妨害仁的功能，会扭曲人的本能。这是因为，理智作为人的心理中与本能相对的另一种功能，其作用正与本能相反。所以梁漱溟说："最与仁相违的生活就是算账的生活。所谓不仁的人，不是别的，就是算账的人。仁只是生趣盎然，才一算账则生趣丧矣！即此生趣，是爱人敬人种种美行所油然而发者；生趣丧，情绪恶，则贪诈、暴戾种种劣行由此其兴。算计不必为恶，然算计实唯一妨害仁的，妨害仁的更无其他；不算账未必善，然仁的心理却不致妨害。"① 所以，儒家学者为了保全"仁"，宁愿选择保持愚钝，也不愿意变成只会算计的人，因为后者的危害更大。尽管对理智的作用有此批评，但梁漱溟显然不是一个反智主义的人，从上文关于梁漱溟的文化哲学的论述中可以看到，梁漱溟对于中国文化的发展，是大力倡导理智之运用的。他强调的只是，不能将理智作为心理的根本方面，也不能使之伤害心理中的根本方面，即仁或者说理性的方面。总结起来，理性与理智的区别，

---

① 梁漱溟：《东西文化及其哲学》，载《梁漱溟全集》第 1 卷，第 461 页。

在于前者是一种情理，后者是一种反乎情感本能的理。用他在《中国文化要义》一书中的话说："必须摒除感情而后其认识乃锐入者，是之谓理智；其不欺好恶而判别自然明切者，是之谓理性。"①

现在需要讨论一个重要的问题，即像仁这样的具有先天正当性的本能情感，其先天正当性何所从来？换句话说，人类的理性从哪里来？在回答这个问题之前，有必要了解梁漱溟对人的心理的相关认识的变化。如他自己所说，当把"仁"归于一种情感本能的时候，他觉得把"仁"或者说人心的地位放得过低了。这样一种意识，从《东西文化及其哲学》一书出版以后几年内就产生了，并在《人心与人生》的两个自序中都有所表达，在《中国文化要义》一书中，他并没有对此展开论述，这一切变化最终都落实到了《人心与人生》一书中。②《人心与人生》一书的出版虽然已经是新中国成立几十年后的事情了，但其核心观念的产生实发生在民国时期，因此这不妨害我们将梁漱溟的主要哲学贡献看作民国时期的。

那么，梁漱溟怎样提高了人心的地位呢？他借鉴了罗素对人类心理的认识，指出人的心理在本能欲望和理智之外，还具有灵性。但梁漱溟不是直接将人类的心理功能从本能与理智之二分变成了本能、理智与灵性之三分的。灵性并不是一种独立的心理功能，而只是体现人之区别于一般动物心理的特性。当然，这种特性可以看作人类生命的本质，也就是儒家心学所讲的人心或本心：

> 老实讲，第三种东西是没有的；但我们说来说去却不免遗忘了最根本的东西，那便是为了本能、理智之主体的人类生命本身。本能、理智这些为了营生活而有的方法手段皆从生命这一主体而来，并时时为生命所运用。从主体对于其方法手段那一运用而说，即是主宰。主宰即心，心即主宰。主体和主宰非二。人类生命和人心，非二。罗素之所见——无私的感情——正是见到了人心。

---

① 梁漱溟：《中国文化要义》，载《梁漱溟全集》第3卷，第128页。
② 梁漱溟：《人心与人生》，载《梁漱溟全集》第3卷，第524页。

人类社会心理学的基础不在理智，——理智不足以当之；不在本能，——本能不足以当之；却亦不是在这以外还有什么第三种东西，乃是其基础恰在人类生命本身，——照直说，恰在人心。①

在梁漱溟看来，人类心灵的这种灵性，正是人的生命本身，生命可以看作心灵的本体，本能与理智这两大功能皆是表现人类生命的手段。然而，动物无不有生命，乃至动物与人一样无不有本能的欲望，甚至有一定的理智。那么人类的生命，以及人心究竟与动物之心有何不同呢？换句话说，我们何以能够从人类的生命中感受到人心的"灵性"呢？在梁漱溟看来，这是因为人类的生命中蕴含着"理性"。对于"理性"的内涵，梁漱溟的理解并没有变化，即理性的具体表现就是仁之情感，也就是罗素所谓的"无私的情感"，从"理"的角度来说，就是"情理"。

不过，"理性"从何而来呢？梁漱溟当然不像宋明理学家一样，认为是上天下贯于人的"天理"。此时他引入进化心理学的观点，认为理性是人的生命或人心在进化的过程中生成的。他说："盖理智必造乎无所为的冷静地步而后得尽其用，就从这里不期而开出了无私的感情。——这便是罗素说的'灵性'。而在我名之为'理性'。理智、理性不妨说是人类心思作用之两面：知的一面曰理智；情的一面曰理性；二者密切相联不离。譬如计算数目，计算之心属理智，而求正确之心便属理性。数目算错了，此心不容自昧，就是一极有力的感情。这感情是无私的，不是为了什么生活问题。——它恰是主宰而非工具手段。"② 从无理性到有理性，这是生命进化的表现，而生命只有不断进化，才能彰显生命的本质。再具体一点说，生命的本质不是别的，正是通过不断进化而展现心灵的灵活与自由。

顾过去生物界犹层层创新，进化之不已，岂不充分证明生命本性之不在此乎？生命本性是在无止境地向上奋进；是在争取生命力之扩大，

---

① 梁漱溟：《人心与人生》，载《梁漱溟全集》第 3 卷，第 533—534 页。
② 梁漱溟：《人心与人生》，载《梁漱溟全集》第 3 卷，第 535 页。

再扩大（图存、传种，盖所以不断扩大）；争取灵活，再灵活；争取自由，再自由。试一谛视生物进化之历史讵不跃然可见。然此在现存生物界盖已不可得见矣。唯一代表此生命本性者，今唯人类耳。——人之大不同乎一般生物者在此；人类生活卒非两大问题所得而限之者在此。

当人类从动物式本能解放出来，便得豁然开朗，通向宇宙大生命的浑全无对去；其生命活动主于不断地向上争取灵活、争取自由，非必出于更有所为而活动；因它不再是两个大问题的机械工具，虽则仍必有所资借于图存与传种。（不图存、不传种，其将何从而活动？）原初便随本能恒必因依乎利害得失的感情，恰以发展理智必造乎无所为的冷静而后得尽其用，乃廓然转化而现为此无私的感情。指出其现前事例，即见于人心是则是，非则非，有不容自昧自欺者在。

具此无私的感情，是人类之所以伟大；而人心之有自觉，则为此无私的感情之所寄焉。人必超于利害得失之上来看利害得失，而后乃能正确地处理利害得失。①

本能与理智，皆服务于人的图存和传种两大任务，生命为这两大任务所局限，便不得自由，唯有超越这两者的局限，才能使生命的自由与活动性得到巨大的提升。而这只有理性才能做到。人心正是因为具有了理性才拥有了"灵性"。但理性何以能够在人心中进化出来呢？其原因可以从身、心两个方面来说。从心的方面来说，上面的引文也提到，理性与理智的发展有关，动物亦有一定的理智，却没有人的理智发达。理智的功能与本能不同："理智对于本能而言，实为后起之一种反乎本能的倾向。俗常非以'人为的'、'天然的'对待而言之乎？本能正是所谓天然的，而人之有为也，必以意识出之，意识即从理智开展出来。犹乎植物、动物同出一源，虽异其趋向而终不相离也，理智、本能亦复一源所出，势若相反而不相离。"② 理智与本能相反相成，在相互作用下，维系着生命的存在，不断解决着生命进化中存在的问题。但

---

① 梁漱溟：《人心与人生》，载《梁漱溟全集》第 3 卷，第 580、592、593 页。
② 梁漱溟：《人心与人生》，载《梁漱溟全集》第 3 卷，第 572 页。

经过一定时期的发展，积量变为质变，竟然在人的生命中积淀出了理性，这是生命进化过程中的一个巨大跨越。所以，理性就是人的情欲与理智积淀的产物，它一旦产生，对后世的人来说，便成为先天的存在。后来李泽厚所讲的"历史建理性"① 其实也是这个意思。不过，梁漱溟与李泽厚的区别，在于李泽厚更偏重于从"文化心理"的视角来谈这个问题；而梁漱溟则是从现实心理的视角来谈这个问题。今天现实的人心，是否先天地具有理性能力？这并不好判断，从人刚出生到明显地有理性的活动，需要一个发展的历程，在这个发展的历程中，离不开文化心理的塑造。由此来看，李泽厚的"文化心理"观似乎是更为可取的。但李泽厚毕竟属于后人，梁漱溟能够从进化的视角看待人的心理，相对宋明理学以"天理"为本体的形而上学设定，亦是一个不可抹杀的进步。

此外，人类生命之所以能够在进化的过程中发展出理性，也离不开人类身体的特殊构造。梁漱溟说："本能、理智之异趣，皆缘生物机体构造及其机能之有异而来。此即是说：凡心之不同皆缘身之不同而来；生命表现之不同，恒因身体解剖学上有条件之不同在也。但本能活动紧接于生理机能，十分靠近身体；理智活动便不然，较远于身体，只主要关系到大脑而已。"② 梁漱溟将人类心灵的特殊性最终还原到身体上来，这与近代以来科学化的心灵还原论具有一致性，这种观点极大地消弭了传统形而上学赋予人心的神秘性，是儒家心学的一种巨大的进步。

梁漱溟对人心以及生命本质的认识仍然服务于他早年提出的三期文化说，但比当时更为清晰地阐释了人类文化发展的未来和归宿。他说：

> 前不言乎，人类有出现即有消逝，却是人类不是被动地随地球以俱进者，人类将主动地自行消化以去。此在古印度人谓之还灭，在佛家谓之成佛。然而菩萨不舍众生，不住涅槃，出世间而不离世间。夫谁得为一往究极之谈耶？然尽一切非吾人之所知，独从其一贯趋向在争取自由

---

① 李泽厚：《人类学历史本体论》，第 84 页。
② 梁漱溟：《人心与人生》，载《梁漱溟全集》第 3 卷，第 573 页。

灵活，奋进无已，其臻乎自在自如，彻底解放，非复人间的境界，却若明白可睹。不是吗？①

　　从这里也可以看到，梁漱溟关于人类文化发展的认识并没有发生根本改变，他的文化哲学思想，从早期到晚期基本是一贯的。只不过在哲学心理学上，对于人心的地位有了进一步的提高。这种提高，无非将仁——理性，与生命的本质关联了起来。他也从未否认，仁，或者理性，就是人的一种本能，只不过不是一般的本能欲望，而是一种能够表现生命本质的本能罢了。对比梁漱溟哲学心理学的前后变化，我们也会发现梁漱溟哲学在中国情感主义哲学的发展中似乎表现出理论倒退的迹象。即他虽然将人的理性根源从"天理"这一传统中抽离出来，将其还原到本能欲望与理智的相互作用之进化历史之中，甚至可以进一步还原到人的身体构造的进化历史之中，但是，他的哲学中依然包含着一种先天理性的观念。对于一个现实的人来说，他先天地就具有人类进化所得的全部理性吗？理性能够在人类的心理中遗传吗？我们恐怕很难找到充分的证据。因此，他的哲学中恐怕依然包含着严重的先天独断性。此种先天理性论，进一步加剧了人的本能欲望与理性情感之间的区分，而这似乎与王艮以来将人的情欲作为文化根本，不断提高情欲地位的思想趋向相背离。从儒学理论形态来看，梁漱溟哲学的这一变化，使得他的思想明显地从泰州学派向阳明本人的心学复归。我们虽不能否认梁漱溟哲学与王阳明哲学的巨大差异，不过这种复归的倾向还是很明显的。此种理论形态的复归，从中国情感主义哲学的发展史来看，在哲学主题上，似乎表现为对"理欲之辨"的一种强化，即他通过对理性情感的张扬，来约束本能欲望的放纵。

　　在梁漱溟的哲学中，虽然理性情感源于进化历史中本能欲望与理智的相互作用，就此而言，本能欲望似乎具有理性之源泉的意义，但是这种源泉意义一旦被归于历史、归于个体的先天存在，对现实的个体来说，此源泉意义也就被打了一个巨大的折扣，因为就已经有了理性的人来说，毕竟理性——尽管这是一种情感性的理性——是正当性的源泉，而本能欲望不是。不可否

---

　　①　梁漱溟：《人心与人生》，载《梁漱溟全集》第 3 卷，第 769 页。

认，梁漱溟哲学比以往任何哲学都重视心灵的理智功能。在理性进化的过程中，理智同样具有源泉的意义，然而，同欲望的地位一样，在理性先天化这一过程中，理智的源泉地位也丧失了。于是，我们的文化建构，一切是非对错的判断，基于理性——仁——也就可以了。可是，先天地拥有理性如果只是一种形而上学的独断——目前我们没有理由放弃这种判定，那么基于理性来建构一切当代文化的理想就只能停留在理想的层面，或者说，这其实是一种幻想了。然而，梁漱溟确实又提出了他的现代性社会文化主张，也就是要全盘承受近代以来的西方文化：学术上要充分地科学化、政治上要充分地民主化。可是，这些主张不是从当代人的理性中推论出来的，对这些文化的接受是基于现实的一种无法拒绝的需要。两者的嫁接显得有些生硬。用李泽厚的话来说，就是梁漱溟的哲学在内圣和外王方面打成了两截。① 为什么会出现这种情况呢？是因为人的真实的情感和理智关系及其文化作用并未真正成为文化建设的基础，那个被设定的文化基础——进化而来的先天的、情感化的理性，并不为现实的人在后天活动中直接地具有。

由此，我们可以说，"情理之辨"并不是梁漱溟哲学的核心命题，他的哲学同袁家骅、朱谦之的哲学一样，核心形态仍处于从"理欲之辨"向"情理之辨"的过渡之中。由此，我们可以对整个民国情感主义哲学的理论形态做一总结，即民国时期的情感主义哲学在中国情感主义哲学的发展历程中，属于核心理论由"理欲之辨"向"情理之辨"过渡的阶段。

---

① 李泽厚：《历史本体论·己卯五说》，第133—134页。

第八章　当代中国的情感主义哲学

20世纪80年代以来，随着中国社会的改革开放，传统文化出现了复兴的热潮，中国情感主义哲学得以继往开来，不断推进。与以往相比，这一时期的情本哲学的一个重要特点是，从理论形态上来看，在当代中国情本哲学中，情感与理智关系已经取代传统的理欲之辨成为哲学理论建构的基础。就此而言，我们可以说，中国的情感主义哲学已经在理论形态的发展上取得了重要突破，完成了现代转型，因而更新了其理论核心命题，从而真正健康地走上了现代发展的道路。从目前来看，当代中国情感主义哲学的发展是比较多元的，而且也已经取得了不错的成绩。理论相对成熟且有较大影响的，有李泽厚的"情本体"理论、蒙培元的"情感儒学"理论、黄玉顺的"生活儒学"理论、王庆节提出的以"道德感动"为基础的"儒家示范伦理学"等。此外，刘悦笛提倡的"情本哲学"或"情本儒学"①、郭萍②和赵广明③提出的"自由儒学"等也逐渐引起了人们的关注，由于这些情本哲学理论尚处于初步建构阶段，这里暂不做具体的介绍。本章重点介绍李泽厚、蒙培元、黄玉顺、王庆节的情本哲学思想。

---

① 参见刘悦笛、赵强《从"生活美学"到"情本哲学"——中国社会科学院哲学所刘悦笛研究员访谈》，《社会科学家》2018年第2期。

② 郭萍：《"自由儒学"导论——面对自由问题本身的儒家哲学建构》，《当代儒学》2017年第2期。

③ 赵广明：《自由、信仰与情感：从康德哲学到自由儒学》，社会科学文献出版社2019年版。

一 李泽厚的"情本体"论

在当代中国的情感主义哲学理论中,李泽厚的"情本体"论具有广泛的影响。他对先秦儒学传统做了情感主义的阐释,肯定情感在人生中的根本性地位,追求情与理的融合;他以美学为第一哲学,提出"以美启真""以美储善",主张"人化自然"与"自然人化";他对儒学的发展做了重新的分期,并指出新的一期儒学应以"情欲论"为主题。

(一) 历史本体论

从情感主义哲学的视角看,李泽厚的哲学可以概括为"情本体"论,但"情本体"论不足以呈现李泽厚全部哲学的内容。他有时候也将自己的哲学概括为"人类学历史本体论"或者"历史本体论",而"情本体"不过是其中的一部分或者一个视角的论说。因此,要了解李泽厚的"情本体"论,首先应当对他的"历史本体论"有全面的把握。"历史本体论"认为,人类心理的先天结构、原则和人性能力,特别是理性原则,是历史积淀的产物,是人类在历史实践的过程中,在实际的操作、"度"的把握、感性的经验综合中,积累、凝聚出了普遍化的逻辑形式和辩证思维形式。它们可以内化、凝聚为人的先天心理结构、内容和形式,这便创造性地解释了人类先天观念的由来。

这便是李泽厚著名的"积淀说"。"积淀说"主张,人类心理中的一切先天的内容、形式不是从来就有的,而是在历史的长期发展中形成的。这其实和梁漱溟哲学心理学中的历史进化论是一致的。但梁漱溟只是简单地将这个历史进化的过程还原为本能欲求与理智的相互作用,李泽厚则借鉴杜威哲学,将这个过程细化和深化了。这表现在三个方面:第一,梁漱溟只讲到了道德理性的历史进化过程,而李泽厚则将其扩展到人类一切先天心理结构。比如,梁漱溟并未具体阐释"理智"自身的逻辑形式如何产生,而李泽厚却对理智的逻辑形式之生成做出了实践哲学的说明。第二,李泽厚对人的心理的先天内容与形式之产生有了更为细致的分析。比如,他提出了"度"的概念,认为在人类的实践活动中,很多技艺的操作需要把握一定的"度",而"度"

正是一切普遍性标准的源泉，一切逻辑形式都因此而生成。当然，"度"不仅涉及理智的先天内容与形式，在社会领域，它也是实践理性之先天内容与形式的一个重要源泉。第三，李泽厚相比梁漱溟哲学的一个重要的进步，就是他对人的现实心理与文化心理做了区分。虽然李泽厚也讲，历史的积淀过程既涉及个体的现实心理层面，也涉及文化心理层面，但他主要强调的是文化心理层面。在介绍梁漱溟哲学时已经讲过，我们固然不否认，在历史的进化过程中，人类的身体和心理发生了一定的变化，以至于一些历史经验先天地渗入到人的现实心理中。可是，根据我们目前的经验，并不是每一个个体一出生就具有我们文化和习俗中所积累的那些准则，相反，通过后天的教育，个体相应的能力才能逐步发展起来。就此而言，讲文化心理就明显地比讲现实心理更为准确。因为人类在历史的经验中积淀的理智的和道德的形式，确实先天地蕴含在我们的习俗和文化之中，从社会心理学的层面讨论文化心理的先天结构、内容与形式是完全没有问题的。这是李泽厚哲学相比梁漱溟哲学的一大进步。

正是在历史积淀说的基础上，李泽厚将人类文化心理的先天积淀过程概括为"历史建理性""经验变先验""心理成本体"的过程。"历史建理性"和"经验变先验"说明我们文化中看似普遍性的原则，其实来源于有限的历史经验，来源于人类的实践活动。"心理成本体"则进一步指出了人类心理在指导人类活动和文化进步方面具有重要地位。而在人类心理中，占有最根本地位的，在李泽厚看来，就是感性的"情"。正因如此，李泽厚所讲的"心理本体"才可以称为"情本体"。

（二）"情本体"论

李泽厚认为，情感的"本体"地位，或者说情感的重要性表现在三个方面。

第一个方面，情感的重要性表现为，理智形式、道德原则的积淀过程离不开情感活动的参与和推动。如，他说："技艺操作发明的特点在于它直接与人的各种感性因素（或功能）如知觉、情感、想象、意欲等等有多样的渗透或牵连，不能脱离作为活生生的人的个体。也正是它，使度的本体性能够诞生。'度'本来就是首先通过个体在实践操作中而不是先在逻辑推理上去发现和把握的。"① 可见，人类心理中的感性因素特别是情感是人把握"度"的一个重要的源泉。换句话说，人们为什么要去参与生活实践？首先无非为了满足自己的生存，在满足生存之后又会有其他的欲求，如果没有任何欲求和情感诉求，也就不会有实践诉求，没有实践诉求，便不会去认识事物，更不可能去把握"度"。所以，感性心理或情感是人类文化心理先天内容之历史积淀得以发生的重要源泉。

第二个方面，情感的重要性表现为，情感特别是审美情感对于人类求知与求善具有极其重要的意义，李泽厚将其总结为"以美启真""以美储善"。把握此点，应先了解李泽厚对审美情感之本质的把握。李泽厚早期从事美学研究，特别是在中国古代美学研究方面有着精深的造诣，他的美学观受到马克思主义实践美学和中国传统美学的双重影响，这使得他一方面注重挖掘"美"的实践哲学根源，另一方面又强化了其美学思想中审美情感的本源性地位。李泽厚认为，"美"的本质不是别的，"美"是"自由的形式"："何以人类能够将此'度'普遍化、扩展得远超过动物呢？是因为人性中的一个重要的性质'自由'，而美正是'自由的形式'。'度'是'美'的基石，还不是'美'本身。美是'度'的自由运用，是人性能力的充分显现。"② 梁漱溟认为，人类能够超越于动物是因为理智，而李泽厚经过进一步还原，指出理智的原则也是历史积淀的产物，而人能够比动物更优越的根本原因，在于人拥有"自由"，而自由的形式表现，就是"美"。亦即人类能够超越于动物的心理基础是因为人类具有审美的能力，这个能力在根本上是感性的，而不是智性的。

审美感受之所以具有"自由"的特性，是因为审美活动能够消弭主客之间的对立，并使主客双方协调一致，此种"协调一致"的目标导向，为人们把握"度"提供了动力。在此意义上，审美具有启发求真活动的作用。当然，李泽厚特别强调，"'以美启真'，只是'启'，即形式感只是开拓领悟真理的

---

① 李泽厚：《实用理性与乐感文化》，第37页。
② 李泽厚：《实用理性与乐感文化》，第40—41页。

门户，最终找到真理，仍然需要经由演绎（推理）归纳（实验）的逻辑通道"①。这是说，审美不能替代求真。但不可否认，审美具有启发求真的作用。在李泽厚哲学中，此种启发作用，具有根本性的地位。

审美感受不仅具有求真的作用，而且具有"储善"的作用。李泽厚以儒家哲学为例，对此做了说明。他将中国古代以儒家文化为主体的传统文化称为"乐感文化"，将此乐感文化背后蕴含的理性精神称为"实用理性"。"实用理性"不是一般的纯粹智性的理性，而是强调在实践活动中生成一般性准则的理性，强调一般性准则的产生及其运用不能脱离感性、情感的理性。李泽厚认为，"情本体是乐感文化的核心"②，这也就将他的哲学主张与中国文化传统密切地关联了起来，使他的主张成为中国文化传统的一种继承和发展。他说：

> 儒家所倡导的伦常道德和人际感情却都与群居动物的自然本能有关：夫妻之于性爱，亲子、兄弟之有血缘，朋友之与群居社交本性。从而儒家的情爱可说是由动物本能情欲即自然情感所提升（社会化）的理性情感。虽然最初阶段（无论是原始民族或儿童教育）都有理性的强制或主宰，但最终却是以理性融化在感性中为特色，与始终以理性（实际是知性特定观念）绝对主宰控制有所不同。③

李泽厚的意思是，儒家文化不仅认为道德原则来源于自然情感，而且还强调不能干巴巴地以强迫的方式实践道德原则，儒家主张将道德原则融入情感中去，从而达到情理交融的效果。儒家所追求的情理交融的最高境界是天地境界，"孔颜乐处"就是这样的境界。这不仅是"善"的境界，也是"乐"的境界，是一种审美的境界。在审美的境界中践履道德原则，使审美成为有道德的审美，这就是"以美储善"。

---

① 李泽厚：《实用理性与乐感文化》，第50页。
② 李泽厚：《实用理性与乐感文化》，第54页。
③ 李泽厚：《实用理性与乐感文化》，第74—75页。

在伦理道德问题上，李泽厚提出的"两德论"也非常著名。他首先对"伦理"和"道德"这两个概念做了区分，认为"伦理"是外在社会对人的行为做出的规范和要求，具体表现为社会制度规范和法律规定等，而"道德"则是个体的一种内在规范和心灵状态。① 当然，道德原则和规范基本是伦理内化的产物，也就是说，有一个从伦理到道德的发展过程。对于道德，李泽厚又将其区分为两种类型，即"宗教性道德"与"社会性道德"，两者既有相同点亦有不同点：

> "宗教性道德"和"社会性道德"之作为道德，其相同点是，两者都是自己给行为立法，都是理性对自己的感性活动和感性存在的命令和规定，都表现为某种"良知良能"的心理主动形式：不容分说，不能逃避，或见义勇为，或见危受命。其区别在于，"宗教性道德"是自己选择的终极关怀和安身立命，它是个体追求的最高价值，常与信仰相联系，好像是执行"神"（其实是人类总体）的意志。"社会性道德"则是某一时代社会群体（民族、国家、集团、党派）的客观要求，而为个体所必须履行的责任、义务，常与法律、风习、环境相关联。前者似绝对，却未必每一个都能履行，它有关个人修养水平。后者似相对，却要求该群体的每个成员的坚决履行，而无关个体情况。对个体可以有"宗教性道德"的期待，却不可强求；对个体必须有"社会性道德"的规约，而不能例外。一个是最高纲领，一个是最低要求；一个是范导原理（regulative principle），一个是构造原理（constitutive principle）。②

"宗教性道德"与个体自由的选择有关，不是来自社会生活的要求，因而不能强迫，只有"社会性道德"才是个体在社会生活中必须遵守的道德。与宋明理学相比，这种区分是一种进步。宋明理学存在的一个问题，是将社会性道德宗教化，将社会道德要求与个人生命的超越捆绑在一起。从积极的方

---

① 李泽厚：《人类学历史本体论》，第 255 页。
② 李泽厚：《历史本体论·己卯五说》，第 257 页。

面说，这增加了社会性道德的权威性，有助于社会规范的落实；从消极的方面说，很容易造成社会性道德对个体的过高要求，因而出现戴震所谓的"以理杀人"的问题。所以，将"宗教性道德"与"社会性道德"分开，在信仰领域给予个人自由选择的空间，尊重个体的信仰自由，有助于避免外在道德规约对个体私人空间的侵犯，这是现代社会的根本道德要求。在李泽厚的"情本体"理论中，他对"社会性道德"的阐述相对较少，他更多关心的是"宗教性道德"。对于"宗教性道德"在当代的开展，李泽厚主张将康德哲学与儒学相会通，赋予至高无上的神圣道德律令以感性的意义，使之具有可操作性，这也就是李泽厚所讲的"实用理性"。具体来说："第一，它将康德的理性绝对主义视作人类伦理本体的建造，并具体化为文化心理结构的塑建。这'心理'并非经验科学的实证研究，仍是哲学假定。第二，它将中国儒学的'仁'的情感性注入这一伦理本体，使'先验'理性具有经验性的操作可能。'实用理性'，亦此之谓。第三，从而为区分今日'宗教性道德'与'社会性道德'提供理论基础。"① 可见，李泽厚对"宗教性道德"与"社会性道德"的区分，是以"实用理性"为基础的，而实用理性所强调的，即是情感与理性的交融。李泽厚之所以特别关注"宗教性道德"，还有一个重要的原因，即他的"情本体"理论因为偏于强调审美情感的作用，因而特别重视人的生命超越与安顿。这就涉及情感第三个方面的重要性。

第三个方面，情感的重要性还表现在人生的终极安顿上。亦即我们不仅在求知和道德实践方面需要审美，在超越这两个层面的心灵安顿、生命安顿上，也需要审美，换句话说，就是使整个宇宙都浸透在情感之中，从而塑造一个弥漫着美的有情宇宙，或者说，有情的天地境界。到此，我们可以看到，人生的一切活动不仅由美而起，亦因美而终，审美情感真具有根本性的地位。于是李泽厚提出"将美学作为第一哲学"的主张。他说：

> 历史本体论承续着这一潮流，将美学作为第一哲学，正是将人的感
> 性生命推到顶峰。它以为不是认识，不是道德，不是心、性、理、气、

---

① 李泽厚：《历史本体论·己卯五说》，第259—260页。

道，不是上帝、灵魂、物质、绝对、精神，而是多元且开放的情感，才是生命的道路、生活的真理、人生的意义。它不可能定于一尊。作为文化积淀，不但因人而异，而且变化多端。它以"以美启真"、"以美储善"和"审美优于理知"来实现个体生命的潜能和力量。①

以美学为第一哲学，将美的情感渗透到人的整个世界观、人生观中去，建构一有情的宇宙，这是"情本体"理论的最高追求。但这只是理论上的论述，"情本体"理论对于现实世界的改造也具有指导意义。此即李泽厚提出的"自然人化"与"人自然化"理念。"自然人化"包含两个层面，一是外在自然的人化，即人按照自己的需求认识自然、改造自然的过程；一是内在自然的人化，其核心是伦理学问题，即人按照道德的要求改造自身的过程。"人自然化"与"自然人化"相对应，指人基于审美的需要，追求人与自然的和谐一致。李泽厚认为，"人的自然化"包含以下内容：

> 一是人与自然环境、自然生态的关系，人与自然友好和睦，相互依存，不是去征服破坏，而是把自然作为自己安居乐业、休养生息的美好环境，这是"人的自然化"的第一层（种）意思。二是把自然景物和景象作为欣赏、欢娱的对象，人的栽花养草、游山玩水、乐于景观、投身于大自然中，似乎与它合为一体，这是第二层（种）涵义。三是人通过某种学习，如呼吸吐纳，使身心节律与自然节律相吻合呼应，而达到与"天"（自然）合一的境界状态，如气功等等，这是"人的自然化"的第三层（种）涵义。②

按照李泽厚的观点，这三方面内容都是可具体操作的建构有情世界的方案，但这只是"人自然化"的硬件，硬件的改造需要软件的支撑，而软件，就是去提升人的审美能力，改造人的心理，使人们发自内心地去追求天人合

---

① 李泽厚：《实用理性与乐感文化》，第106页。
② 李泽厚：《历史本体论·己卯五说》，第261页。

一的自由享受。通过硬件与软件的建构，"情本体"理论所追求的有情世界就彻底建造起来了。

以上就是李泽厚"情本体"理论的主要内容。为了凸显"情本体"理论在中国情感主义哲学中的地位，这里还需要对李泽厚的"儒学四期"说做简要的介绍。

（三）"儒学四期"说

李泽厚的"儒学四期"说是针对牟宗三等现代新儒家倡导的"儒学三期"说提出的。他认为，以牟宗三为代表的现代新儒家所谓的儒学三期说存在六大问题。首先是表层上的两大偏误：第一，"一是以心性—道德理论来概括儒学，失之片面"。其实孔孟谈心、性不是抽象地谈，而是关联着情讲的，三期说的心性论严重违背了原始儒学的根本义理。第二，"'三期说'抹杀荀学，特别是抹杀以董仲舒为代表的汉代儒学"。其实汉儒所讲的天道、阴阳五行等理论对后世儒学的发展具有重要影响。其次是深层理论的两大困难：一个是"内圣开外王"理论的失败。"想由传统道德开出现代的民主政治和社会生活，以实现儒学'内圣外王之道'，'现代新儒学'无论理论上还是实践上，都是失败的。"牟宗三的"良知坎陷"说，理论上无法说明良知坎陷的动力；冯友兰的《新世训》《新事论》中的相关社会主张与《新理学》中的理论联系不够密切；梁漱溟"乡村建设"理念、实践与其哲学理论打成两截。另一个是"内在超越说"的问题。"将本不能脱离感性以及感情的'仁'、'恻隐之心'、'良知'，说成是内在的'超越'（transcendent）或'先验'（transcendental），便不能不产生既超验（与感性无关，超越）又经验（与感性有关，内在），既神圣（上帝）又世俗（人间）的巨大矛盾。"最后是实践上的两大问题：第一，儒学发展的第三期都是高深学理，与大众社会干系较小。"'三期说'虽极力阐明、倡导儒学的宗教性，却在实际上并无宗教性可言，既无传教业绩足述，也对人们的信仰、行为毫不发生影响。"第二，倡导者本人的道德—宗教修养存在问题，如牟宗三被称为"宋明学理，魏晋人物"等。①

---

① 李泽厚：《历史本体论·己卯五说》，第130—138页。

鉴于儒学三期说存在的严重问题，李泽厚提出了儒学四期说。他指出，古代儒学大体可以分为三期：第一期，原典儒学（孔、孟、荀）。这一期的主题是"礼乐论"，基本范畴是礼、仁、忠、恕、敬、义、诚等。第二期，汉学。这一期的主题是"天人论"，基本范畴是阴阳、五行、感应、相类等。第三期，宋明理学。这一期的主题是"心性论"，基本范畴是理、气、心、性、天理人欲、道心人心等。接下来应该是儒学发展的第四期，李泽厚认为，第四期儒学的发展进路应该是多元的，对他来说：

> 第四期的儒学主题便是"情欲"论，它是"人类学历史本体论"的全面展开，仔细探究现代人生各种不同层次和种类的情感和欲望及其复杂的结构关系，它以情为"本体"，其基本范畴将是自然人化、人自然化、积淀、情感、文化心理结构、两种道德、历史与伦理的二律背反等等。在这一期儒学中，个人将第一次成为多元发展、充分实现自己的自由人。
>
> 总括起来说，"儒学四期说"将以工具本体（科技—社会发展的"外王"）和心理本体（文化心理结构的"内圣"）为根本基础，重视个体生存的独特性、阐释自由直观（"以美启真"）、自由意志（"以美储善"），和自由享受（实现个体自然潜能），重新建构"内圣外王之道"，以充满情感的"天地国亲师"的宗教性道德，范导（而不规定）自由主义理性原则的社会性道德，来承续中国"实用理性"、"乐感文化"、"一个世界"、"度的艺术"的悠长传统。①

简言之，在李泽厚看来，儒学的第四期，即是他的"情本体"理论，可见他是自觉地将自己的理论建构纳入儒家哲学传统之中的。

从中国情感主义哲学的发展看李泽厚的"情本体"理论，就会发现一个显著的特征，即李泽厚不再以"先天"的形而上学预设来为情感提供合法性论证，相反，他以情感为基础，说明了人类文化心理中先天观念的由来。李泽厚承认，人类的知识探求、道德建构和生命安顿离不开理性的形式，但他

---

① 李泽厚：《历史本体论·己卯五说》，第 154—155 页。

也认为，人类的这一切活动都渗透着情感，情感在其中发挥着根本性的作用。李泽厚追求的不是像袁家骅、朱谦之那样的唯情主义，而是谋求塑造一种情理交融的人生、文化与世界。在此意义上，情感、理性关系构成了"情本体"理论的核心命题，这表明中国哲学的情感进路真正摆脱了"理欲之辨"的理论束缚，完成了从"理欲之辨"向"情理之辨"的转型，走上了真正意义上的现代发展的道路。讲到"现代"，这里还需要做一点说明。李泽厚的"情本体"论在社会文化上的相关主张在某种意义上具有后现代性质，但这与本书所讲的"现代"并不矛盾。因为西方的后现代主义文化本质上是现代性的一种新设计，其目标是修正西方启蒙现代性文化的弊端，从而推动广义的"现代"的发展。因此，从广义上说李泽厚"情本体"论在社会文化上的主张具有现代意义是没有问题的。而且，相比民国时期情感主义哲学之理论与现代社会文化诉求之间的生硬嫁接，李泽厚的"情本体"理论在此方面则比较贯通，这也是中国情感主义哲学的一个重要进步。

不过，李泽厚的"情本体"论也遗留了一些值得进一步研究的问题。例如，他的哲学有滥用"本体"概念的现象。他所使用的"本体"观念其实只是强调某事物的"根本性"作用和"极为重要"而已，与传统本体论形而上学完全不是一回事。这本无所谓，但他所讲的"本体"似乎过多，如实践本体、"度"本体、历史本体、心理本体、情本体等，这容易使读者产生概念层次的混乱。另外，李泽厚的"情本体"论虽以情理关系为理论内核，但他较注重的是不同领域中的"情理结构"的探索，而任何"情理结构"都来源于不同情境下心灵之情感、理智功能的相互作用。对于心灵之情感、理智功能的运用，他探讨得较少。就此而言，"情理之辨"仍有进一步发展的空间。最后，李泽厚讲的"情本体"本质上是"审美本体"，因为他特别强调的是审美感受的根本性地位，并主张以美学为第一哲学。然而审美情感真的在所有类型的情感和人类文化的建构中都具有最根本性的地位吗？美学真的能够作为第一哲学吗？至少，李泽厚的这样一种主张，与中国情感主义哲学再启之初确立的、以满足人的基本生存需求为目的之自然情欲的根本地位之间，存在一定的张力。我们由此可以追问，审美优先于自爱吗？优先于以满足生存需要为目的的情欲吗？由于审美具有心灵解放的价值，因此李泽厚在道德哲学上对宗教性道德有很多论述，但对于社会性道德的建构缺乏足够的阐释。审美情感能够作为社会性道德建构的某种基础吗？这些问题都值得进一步探讨。

二　蒙培元的"情感儒学"

蒙培元是通过对中国哲学特别是儒学传统的创造性诠释来建构自己的哲学体系的，由于他的儒学研究重视人的情感存在，强调情感在人生、文化中的根本性地位，因而被称为"情感儒学"。"情感儒学"理论体系是以人的主体性为研究中心的。蒙培元很早就关注中国哲学的思维特点，他认为，中国哲学是"以人为中心的人本主义思想"[①]，因而在思维方式上具有明显的主体性特征。具体来说："就其基本指向而言，它是自我反思型的思维，即收回到主体自身，通过自我反思获得人生和世界的意义；就其基本定势而言，它是情感体验型意向思维，即从内在情感需要出发，通过意向活动，确立主体的存在原则；就其基本程式而言，它是主体实践型经验思维，即以自我完成、自我实现的主体实践为根本途径；就其终极意义而言，它又是自我超越型形上思维，即超越感性自我，实现主客内外合一、天人合一的精神境界。这些不同的层面是相互联系的，不是各自独立的。"[②] 这段话实际指明了蒙培元情感儒学体系的基本脉络，即它是以主体为关注的焦点，并进一步向内、向外、向上扩展的。向内，情感儒学关注主体内部各心灵功能，特别是情感与理性之间的关系及其对主体存在的意义；向外，情感儒学关注主体在社会中的道德存在，并追求人与自然之间的和谐；向上，情感儒学关注人的心灵超越问题，深化了儒家境界论研究，提出了情感超越的主张。下文围绕以上几个方面对蒙培元的"情感儒学"做简要的介绍。

（一）情感儒学的"情理"论

人的心灵内部有各种功能，如情感、欲望、意志、理智、理性等，蒙培

[①]　蒙培元：《中国哲学主体思维》，东方出版社 1993 年版，第 2 页。
[②]　蒙培元：《中国哲学主体思维》，第 2 页。

元认为，在人的各种心灵功能中，情感具有根本性的地位，意志活动是从属于情感的，理智本身不能成为意志活动的动力，它是实现情感需求的工具。在这些方面，蒙培元的观点与休谟、梁漱溟等人的观点大体一致。当然，这些并不是蒙培元研究的重点，蒙培元最关心的，是对情感与理性关系的研究。

蒙培元强调，人的心灵内部虽然具有各种功能，但人的情感，特别是"真情实感"，最能体现人最源始的存在状态。他说："人作为人而言，首先是有情感的动物，就是说，人是情感的存在。这当然不是说，情感是唯一的，人除了情感，再也没有别的；但是对人而言，情感具有直接性、内在性和首要性，也就是最初的原始性。正因为如此，情感就成为人的存在的重要标志，并且对于人的各种活动具有重要影响和作用，甚至起决定性作用。"①

将情感看作人源始存在、本真存在的体现，这是很好理解的，因为人无论在有事时还是在无事时总会有他的各种心情，这些情感状态，若不被扭曲、异化，确实是人的存在状态的直接反映。但情感如何对人的各种活动起决定性作用呢？换句话说，人除了直接、首要的情感活动外，还有道德的活动、宗教的活动，等等，这些活动都不是一任情感的涌动就能完成的，相反还需要对情感自身进行一定的限制，那么，情感如何从根本上决定这些活动呢？这其实涉及了情感与理性的关系问题。对此，蒙培元仿照牟宗三"心可以上下其讲"的观点，提出"情可以上下其说"：

> 我们说，情可以上下其说，就是指情感既可以从下边说，也可以从上边说，这里所说的上、下，就是形而上、形而下的意思。情感是人的基本的存在方式，是人的存在在时间中的展开。从下边说，情感是感性的经验的，是具体的实然的心理活动。从上边说，情感能够通向性理，具有理性形式。或者说，情感本身就是形而上的，理性的。或者说，情感是理性的实现或作用。所谓情感能够通向理性，如程明道的"情顺万事而无情"之说就是代表，无情之情就是理性化的性理、情理。所谓情感本身就是理性的，如陆象山的"本心说"与王阳明的"良知说"就是

---

① 蒙培元：《情感与理性》，第 24 页。

代表。"本心"即是情，即是理（性），心、性、情、才是"一物"；"良知"既是"是非之心"，又是"好恶之心"、"真诚恻怛之心"，情与性是合一的。所谓情感是理性的实现，如朱子的"性体情用"以及"心统性情"之说就是代表，无情则性无以见。①

情感可以获得理性的形式，可以被理性化，这样一来，人的自然情感就可以转化为理性情感。问题是，什么是"理性"呢？在蒙培元看来，中国古代虽没有理性一词，但中国哲学传统中却蕴含着"理性"观念："儒家的德性之学是理性主义的，不是非理性主义的，但在他们的学说中，所谓理性不是西方式的理智能力，而是指人之所以为人的性理，这性理又是以情感为内容的，因此，它是一种'具体理性'而非'形式理性'、'抽象理性'，是'情理'而不是纯粹的理智、智性。"② 显然，蒙培元这里使用的"理性"概念与梁漱溟的观点是一致的，他们都将"理性"看作具有正当性的情感。由此，蒙培元对比了中国哲学传统和西方哲学传统，认为西方哲学传统讲人性是以知性、工具理性为中心的，而中国哲学传统讲人性是以情理为中心的，也可以说，"西方是主知的，中国是主情的"③。理性以情感为内容，情与理不可截然二分，而是永远统一在一起，因为理不离情，这使得理性永远是具体的，而不是抽象的和形式的。此种理性，即"情理"，蒙培元又称之为"情感理性"。

情感理性不仅具有具体性，而且还具有目的性。这是因为情感本身是人的存在的直接表现，情感的理性化服务于人生生不息的生命存在以及人的不断自我完善，因此情感理性是具有目的性的理性。蒙培元说：

> 情感哲学是一种生命哲学，儒家的生命哲学决不仅仅是讲生命的"冲动"，本能的"冲动"；儒家的生命哲学是有理性精神的，这种理性精神与自然目的论有关。

---

① 蒙培元：《情感与理性》，第 21 页。
② 蒙培元：《情感与理性》，第 21—22 页。
③ 蒙培元：《情感与理性》，第 237 页。

在儒家哲学中，天是最高存在，天道的根本意义在于"生"，自然界处于"生生不息"的过程中。"生"的哲学隐含着一种目的性，即向着完满性不断生成，人就是自然目的性的实现。但这所谓"实现"，本身就是目的，是目的性的活动，以完成宇宙大生命的目的为目的。这就是儒家的"继善成性"说。①

上面讲到蒙培元将儒家的德性观念还原为情感理性，下面再具体地考察他对儒家核心观念"仁"的诠释。与宋明理学家将"仁"阐释为与情相对的先天德性不同，蒙培元认为，"仁的本来意义是爱，这是人类最本真最可贵也是最伟大的情感"②。这样，他就同梁漱溟等学者一样，扭转了宋明理学"性本情末""性发为情"的理论架构③，肯定了情本身可以作为人性基础的意义。"仁"的本来意义是爱，但爱有各种类型：有对父母的孝爱，有男女之间的情爱，有对他人的关爱，有对宇宙万物的热爱。儒家所讲的"仁"显然不会停留在自然情感的层面，而是会将其进一步提升到理性的层面。所以，儒家重视的"仁"与一般的私人情爱是有差别的。蒙培元说：

> 仁既然以爱为主要内容，那么，仁爱与情爱有何区别？这里涉及儒家所说的爱同现代人所理解的爱究竟有何不同的问题，一般而言，二者属于不同层面。儒家所说，是一种普遍的道德情感，现代人们所理解的爱是个人情感；仁爱是公共的，情爱是私人的；前者具有明显的道德意义，后者则不必有道德意义。其次，情爱是以生理需要为基础的爱（但不等于生理需要），而仁爱则是以精神需要为基础的爱，它体现的是人的精神价值，亦即人的生命价值的超越层面的体现。情爱是人所不能缺少的，也是人性的重要方面，但不能由此否定人生的更高的价值追求，即仁爱。④

---

① 蒙培元：《情感与理性》，第 22 页。
② 蒙培元：《情感与理性》，第 311 页。
③ 黄玉顺：《情感儒学：当代哲学家蒙培元的情感哲学》，《孔子研究》2020 年第 4 期。
④ 蒙培元：《情感与理性》，第 311—312 页。

这当然不是说，仁爱天生就是完全公共的，仁爱有一个从私爱到公共之爱、从生理基础的爱到精神基础的爱的发展过程，这个过程就是情感的理性化过程。蒙培元并没有截断儒家所重视的仁爱与私人之情爱在本源上的关联性，他借用孟子的观点，指出仁爱是有从爱亲到爱他人以致到爱物的过程的。他只是强调，"决不能将仁仅仅局限在'人间性'这一层面上"①。这其实是他的"情可以上下其说"观点的一种运用。

从以上论述可以看到，蒙培元在情感与理性关系研究中的一个重要贡献，在于他与前人相比，进一步说明了自然情感与理性情感之间的关联。在根本上不是有两种情，而是一种情的发展。虽然蒙培元不否认，人天生具有恻隐之心、不忍之心等道德意义上的情感，但在自然的状态下，这些情感根本不具有理性形式，它们同样需要理性化。如此看来，蒙培元所讲的情感的理性化可以区分成两种类型，一种是将源初具有道德情感性质的情感扩充，使之具备充分的理性形式；另一种是对完全私人化的情欲进行调节，使之合乎理性的需要。这两种类型本质上也可以被看作一种类型，因为源初具有道德情感性质的情感的扩充，从另一个层面看就是将这类情感中存在的私人化的、不合乎公共化形式的那部分内容调服。或者说，源初具有道德情感性质的情感，因为在自然状态下并不合乎公共性要求，因此依然具有私人化情感的属性。就像仁，它在源初的意义上就是爱，若只爱亲人而不能扩充，那就是一种私爱。这样看来，情感的理性化过程，本质上就是使自然情感获得理性化形式的过程。当然，自然情感的理性化并不局限在道德领域，也可以延展至超道德的领域，比如冯友兰所讲的"天地境界"的领域，或者说"超越领域"。这就涉及蒙培元关于心灵超越与心灵境界的认识了。在介绍相关内容之前，我们还需要指出蒙培元在情感理性化问题上的一个局限，即自然情感可以获得理性化形式，而理性化形式的源泉究竟在哪里呢？是否来源于理智呢？或者来源于自然情感与理智的相互作用？蒙培元确实讲过"道德情感通过'思'而获得了理性的形式"②，但这个过程具体是怎样发生的？对此，蒙培

---

① 蒙培元：《情感与理性》，第311页。
② 蒙培元：《情感与理性》，第20页。

元缺乏梁漱溟、李泽厚那样明确的说明。

（二）情感儒学的心灵超越论

在"情可以上下其说"的观念下，蒙培元建构起了情感本源的心灵境界论，或者也可以叫情感超越论。他是从中西比较的视野着手探讨心灵哲学问题的。基于西方哲学主"智"、中国哲学主"情"的认识，蒙培元进一步指出，西方心灵哲学侧重对心灵的分析，而中国哲学侧重心灵的体验。这两种类型的心灵哲学各有特点，西方心灵哲学注重认知性的研究，以追求知识为目的，因而产生了"知识即价值""知识即力量"等观念；中国心灵哲学注重情感体验，以追求精神的愉悦为目的，因而开创了"安贫乐道"的心灵修养传统。当然，无论是西方人还是中国人，作为人，总会有超越性的心灵需求，但由于两种心灵哲学传统的差异，其在心灵的超越方式上亦表现出了明显的不同，蒙培元从心灵超越的方向着手，将西方心灵哲学的超越方式称为"横向超越"，将中国心灵哲学的超越方式称为"纵向超越"。他说：

中西哲学都讲超越，但大不相同，西方哲学由于重智力、智性，必须有一个对象（无论是自然界，还是社会，或是人自身）以求认识之。因此在西方哲学中，主客界限是分明的，主体与客体的关系是横向关系，心灵的超越是横向超越（有人称之为"外在超越"）。比如寻求外在的实体、实在（甚至包括现象学所说的"事情本身"、"事情自身"），无论是本体实在、观念实在（具有普遍性、客观性），还是经验实在，都有明确的对象和客体，而心灵与对象总是处在主客对立之中，心灵的超越就在于超出自身的限制，达到某种普遍的实在或实体。

中国哲学由于重情性或情理，因此，人和自然的关系不是对立的，而是统一的、和谐的，甚至是"万物一体"、"内外合一"的。所谓"天人之际"的问题，从心灵哲学看，实为"心性天"或"心性命"问题。……所以，人与天道、天理之间是纵向关系，不是横向关系，就是说，天道赋予人以性，性内在于心而存在，决不是与心灵相对而存在。……心灵不仅能够下通人事，而且能够上达"天德"。这是一种纵向的自我超越。①

　　蒙培元所做的对比，只是就中西两个哲学传统的主要差异而言的，就此而论，他的观点是有一定道理的。在孔子以后的中国哲学主流传统特别是宋明理学传统中，中国哲学确实偏重"纵向的自我超越"。自我超越就是自己不断超越自己，这只是心灵境界的不断提升，而不是向一种外在实体的靠拢。不仅不是向外在实体的靠拢，而且心灵境界本身也不是一种客观的实体。
　　蒙培元否定心灵境界的客观实体性。他说：

　　　　所谓境界，是指心灵超越所达到的一种境地，或者叫"心境"，其特点是内外合一、主客合一、天人合一。境界从来是心灵境界，没有所谓客观境界。它虽然是主观的，却具有客观意义，因此它又不是纯粹主观的。……所谓"境"，当然不能脱离客观存在而谈论，离开客观存在，并无所谓"境"。但心灵之境，却又不是纯粹的客观存在，甚至不是对客观存在的"认识"。心灵之境恰恰在于打破内外界限，取消认识与被认识的关系，使万物呈现于自身心灵，真所谓"万物皆备于我"。②

　　境界虽具有客观的意义，但归根到底是个体心灵的一种主观境界，是万物在心灵中的呈现。心灵也不是什么神秘的、玄学化的本体，它不过就是个体精神活动、意识活动的载体或总体而已。蒙培元对心灵境界的这样一种主体心理化的解释，是中国哲学的一个重大进步。对比熊十力、唐君毅、牟宗三等学者关于心灵境界的阐释，我们就会发现，他们完全地继承了陆王心学的理论架构，其所讲之心体，不仅仅是个体心灵的活动，而且具有创生万物的意义，是宇宙万物的本体。因此，心灵境界在他们那里具有心物一体、心境一体的内涵。这样一种境界论，是对个体心灵地位的一种拔高。在这样的心学传统中，本心、良知就是最高的实体，因为它们具有终极实在的内涵，

---

　　① 蒙培元：《心灵超越与境界》，第79—81页。
　　② 蒙培元：《心灵超越与境界》，第75—76页。

心学家们正是以此批判佛学的，认为佛学之谬，在于其以终极实在为"空"，而没有认识到本心、良知、天理之实在。所以，这样的心学传统，是真正天人合一、万物一体的传统，在这里，天人合一、万物一体不只是个体心灵中的观念，而且是一种实存的状态，这是真正的主客合一的存在样态。

蒙培元所讲的心灵境界显然不是这样的，他的境界论来源于冯友兰。在《新理学》中，冯友兰开创性地将"宇宙的心"与"宇宙底心"做了区分，他认为作为宇宙根源的本体之心是不存在的，真正存在的只是宇宙中的个体心灵，只是"宇宙的心"，即宇宙中存在的人心。基于这样的区分，冯友兰阐述了他的人生四境界——自然境界、功利境界、道德境界、天地境界。这四种境界，都只是个体的心灵境界。虽然在天地境界中，个体有与万物为一体的感受、有天人合一的体验，但这只是心灵境界中的体验，而不是实际上合成为整个的实体。毕竟在冯友兰哲学中，天理本身也只是逻辑的存在，而不是实体性存在。蒙培元作为冯友兰的学生，在境界论上继承了冯友兰关于"宇宙的心"与"宇宙底心"的区分，他明确指出，境界和本体绝对不是一种实体，本体只是一种可能性存在，它以境界的方式表现出来：

> 中国哲学也讲"本体论"，但与西方哲学有很大区别。西方哲学所说的本体，就是实体。这是哲学上的最后承诺。中国哲学所说的本体，也是一种承诺，但它不是实体，而是本源性存在，或潜在性存在，是一种创造与发展的可能性，其实现则靠作用、功能。……换句话说，本体（天道、天德）是要人来实现的，这是一个过程，其存在方式是境界。本体存在实现为境界，这是需要人去做的。"天功人其代之"，天（本体）的功能，需要人来代替完成，这不只是指"事功"，主要指境界，这也就是中国的"内圣"之学。①

可见，从冯友兰到蒙培元，他们在中国哲学的境界论上实现了一种主观心理的转向，这使得中国哲学终于摆脱了"天人合一""万物一体"的实体

① 蒙培元：《心灵超越与境界》，第78—79页。

化的本体论预设，使心理的事情归于心理，这是一种哲学的进步。当然，这并不是说，他们放弃了"天人合一""万物一体"的理念，相反，他们没有放弃，而是将其看作一种理想的追求。"天人合一""万物一体"的理念具有重要的价值，值得我们坚守和追求。但这只是我们追求的目标，而不是说它们原本就存在。牟宗三哲学继承了传统形而上学将境界实在化的理路，以为"物随心转"，试图通过提高心灵境界来解决"德福一致"的问题。① 这种设想虽美好，却容易误导现实的实践。冯友兰、蒙培元将理想还归理想，反而能够使人们更好地认清现实，从而不懈地追求、勇敢地实践。境界是自己的，但改造世界，使之合乎我们的心灵境界，还需要我们付出另外的努力。有德的人，要有求福的努力才能真正得福；内圣功夫之外，还要有专门的外王实践，才能实现外王。这是冯友兰、蒙培元的心灵境界论向人们揭示的道理。我们由此也可发现其重要的价值。

不过，在境界问题上，冯友兰不是一个情感主义者，而蒙培元则使心灵境界情感主义化了。他说："情理合一、情性合一，是中国心灵哲学真正提倡和追求的，它要把人的情感升华为普遍的、超越的精神境界，使之具有普遍的理性精神，获得一种精神享受，从而使人的精神有所安顿。中国哲学并不关心如何获得知识，由此得到享受；而是关心人的情感的自我调节，由此得到满足，其结果是不断提高人的心灵境界。"② 在这里，蒙培元将不同的心灵境界还原为情感理性化的不同层面，而心灵境界的提升，也是为了服务于情感自我调节的需要，或者说为了情感体验的享受和满足。从重视的情感类型出发，蒙培元还对儒、佛、道三家境界论的差异做了说明。他认为，儒家由于重视道德情感、道德意志，因而偏于追求善境；道家注重自然情感和"真理"，因而有美学意向，偏于追求无境；佛家讲宗教情感，因而有宗教意向，偏于追求空境。由于追求的心灵境界不同，在修养方法上，儒家强调"主敬"，道家强调"主静"，佛家强调"主定"。蒙培元认为，尽管有以上差异，三家的境界论却都是心灵境界论，而不是心灵实体论。其实，儒、道两家在

---

① 牟宗三：《圆善论》，载《牟宗三先生全集》第 22 册，第 287 页。
② 蒙培元：《心灵超越与境界》，第 72 页。

历史上存在实体性的理论表述，但蒙培元倾向于以"六经注我"的方式从事中国哲学研究，因此我们不必去纠缠哲学史的事实，将上述观点看作他自己基于中国哲学史传统的创造性发挥即可。

对于当代儒家心灵哲学的进一步开展，蒙培元认为应该在继承中国哲学原有重情感、重内在和重整体的基础上，吸收西方哲学理性的批判精神，使"心灵变成一个开放系统"。具体来说，就是"要改变整体性的绝对主义，就要自觉地实行自我分化，由绝对的无限心分化为多样的相对心，从而建立起真正的德性主体、审美主体、知性主体、政治主体、社会主体等等，而又不失其道德之体，这样才能适应时代的发展和进步。这里还包含着个体人格的独立与解放，同时又不失大整体的和谐"。"要自觉地实行自我转向，开放心灵的求知欲、好奇心，发展自由理性，树立客观理性精神，使内省式的心理定势转变成内外交流互动的形态。"① 这实际是谋求中西方心灵哲学传统的融合。这种融合在理论上就是重情传统与重智传统的融合。蒙培元提出了两者融合的可能性问题，可是究竟应该如何展开理论的融合工作呢？中国传统同样重视情感的理性化，但为什么原来的理性化是不够的？不够的原因是什么？其实，在中西方心灵哲学的对比中，我们可以发现，中国哲学传统缺乏的正是理智功能的充分运用。那么，是否情感要与理智相互作用，然后才能推动理性形式的进一步发展呢？对于这个问题，蒙培元并没有展开深入的讨论。

（三）情感儒学的生态观

除了向内展开主体心灵内部情感与理性关系研究、向上展开心灵超越问题研究，蒙培元还向外展开了人与自然关系的研究。他认为，人与自然的关系，在根本上不是人类中心主义所描述的认识与被认识、改造与被改造的关系，因此，人类不能无限制地掠夺自然资源。人与自然的关系，在根本上"是一种情感上的亲近关系"，"自然界不仅能够使人类享受到美的体验，而且能够使人类得到伦理道德上的满足。人类从大自然的奥秘之中不仅得到认识上的乐趣，而且能得到更高层面的精神享受，它本身就是超功利的"。所以，

---

① 蒙培元：《心灵超越与境界》，第16页。

"人类没有理由在自然界面前摆出一付'无所不知，无所不能'的姿态，更没有资格以'主人'的身份凌驾于自然之上"。① 人类应该做的是尊重自然、热爱自然。

人类应该如何尊重和热爱自然呢？蒙培元认为，这归根到底是要处理好两种理性之间的关系，一种是将自然看作认知和利用对象的科学理性，一种是包含道德要求的情感理性。蒙培元指出，情感理性是一种价值理性，因为情感正是一切价值的源泉。在中国哲学传统中，情感理性是一种可以普遍化、具有客观意义的理性，因此，以情感理性为基础可以建构起有效的价值规范。既然人与自然的关系是一种情感关系，那么情感理性所蕴含的道德要求就可以涵盖到人与自然的关系上，使"自然界成为人类伦理的重要对象"。蒙培元说："人类对自然界有伦理义务和责任，而这种义务和责任，是出于人的内在的情感需要，成为人生的根本目的。这一点对于当代生态伦理的建设具有关键性的作用。"②

人类基于内在的情感需要而对自然负有责任和义务，这是很好理解的，蒙培元为什么又说这种情感需要能够成为人生的根本目的呢？理解这一点，需要回顾上文关于心灵境界的论述。在讨论心灵的超越问题时，我们曾讲到中国哲学传统中的"天人合一""万物一体"，或者合而言之，"天地万物一体"的境界。这种境界，在冯友兰那里叫作"天地境界"，蒙培元同样认为这是最高的心灵境界，即仁向外扩展到极致而彻底实现自身的境界。他说："仁的全部实现就是'天地万物一体'境界。这是人与自身、人与人、人与社会、人与自然实现整体和谐的最高境界，也是人的价值的全部实现。其中，人与自然的和谐居于重要地位，是整体生态学的基础，也是人生的最高追求。人只有回到自然，才能回到真正的家园，享受到人生的快乐。这里包涵着超越层面的精神追求，包涵着生命意义的无限与永恒。"③ 所以，人的心灵超越的需求本身包含着人与自然的共存，要求着人对自然的热爱。心灵超越的需求

---

① 蒙培元：《人与自然》，第 14 页。
② 蒙培元：《人与自然》，第 13—14 页。
③ 蒙培元：《人与自然》，第 10—11 页。

本身是一种宗教性的需求，由于儒教所信仰的"天"或"天命"其实就是自然，因此蒙培元指出，"儒家宗教可以说是一种自然宗教"，在宗教意识的影响下，人对自然更会"有一种归依感、亲切感与敬畏感"①。蒙培元的"自然宗教"说深刻地彰显了人与自然之间密切的情感关联，在这样的观念指导下，科学理性不可能凌驾于情感理性之上，极端的人类中心主义便可以被消解。

总体来看，蒙培元以"情感理性"为核心概念对中国哲学传统做了情感主义的诠释；以"情可以上下其说"为理论支撑，在心灵哲学上提出了情感超越的路径；在境界论上，进一步消解了主客一体的实体化境界观念，推动了儒家境界论的个体心灵或主观心理转向；以情感关系为本处理人与自然的关系，与时俱进地建立了情感主义的儒家生态学。以上种种，都是中国情感主义哲学的重要发展。需要注意的是，蒙培元的情感儒学并没有使用情感本体的概念，而是更多地阐述情感的"本源"意义。"本源"虽强调了优先性和源泉性，但并不意味着对它以外的存在者具有绝对的决定性。这种非绝对决定性观点，符合情感实际的心灵作用和文化作用。此外，情本源论与情本体论术语的分化很可能预示着理论形态本身的分化，关于这一点，本书将在第九章做进一步的阐述。

三 黄玉顺的"生活儒学"

作为蒙培元的弟子，黄玉顺的"生活儒学"是对蒙培元"情感儒学"的继承和发展。这表现在，他继承了蒙培元情感主义的儒学诠释进路，并批判性地吸收了海德格尔现象学理论，从而建构起囊括生活（情感）本源论、中国正义论、国民政治儒学和广涉儒教、儒学超越论等内容的理论体系。

（一）生活儒学的生活（情感）本源论

生活本源论，也可以称为情感本源论，是生活儒学理论体系的核心。生活本源论的重要创见，在于其对观念层级及其相互关系的探究。黄玉顺借鉴

---

① 蒙培元：《儒家人文主义的特质》，《湖南社会科学》2004 年第 1 期。

海德格尔对存在与存在者的区分，将人类一切观念区分为三个层级，即本源层级、形而上学层级和形而下学层级。本源层级的观念包括生活本身及其各种源初的显现样式。按照生活儒学的观点，生活就是存在本身，生活总是以情感的方式显示出来，即显示为生活领悟或生活感受，也可以称为本源的情感感受，所以生活领悟、生活感受就是存在的本真显现。形而下学层级的观念，即主客对立的领域中的观念，或者说独特、具体存在者领域的观念。形而上学层级的观念，即超越独特、具体存在者领域，并为此领域奠基的观念。用中国传统体、相、用的观念体系划分，或者用西方本体、现象的观念体系划分，形而上学层级的观念即是体或本体层级的观念，形而下学层级的观念即是相、用层级或现象层级的观念。生活儒学继承了海德格尔哲学的观点，认为本体观念，依然是一种存在者，它的存在仍然需要被奠基，而生活本源、生活感悟正是为形而上的存在者奠基的。但是，观念的生成关系与奠基关系并不是一致的，我们并不能从生活本源直接生成形而上学层级的观念，生活本源通过理智的对象性认识首先生成的是形而下学层级的观念，基于对形而下观念之形而上根源的进一步追问，才能生成形而上学层级的观念。三个观念层级之间的关系可表述如下：

观念的生成：生活感悟→形而下存在者→形而上存在者
观念的奠基：生活本源→形而上学→形而下学[1]

黄玉顺指出，在先秦中国哲学中，此三个层级的观念都是存在的。在老子那里表现为："无物→道之为物→万物"的观念关系，在儒家表现为情（本源的生活感悟）→性（形而上的本体观念）→情（形而下的主体情感）的关系。[2]

生活本身是情境性的或情境一体的，本源情境就是人们的"共同生活"。本源生活是有其内在结构的，这个结构就是"在生活并且去生活"。这里并不

---

① 黄玉顺：《爱与思——生活儒学的观念》（增补本），第 3 页。
② 黄玉顺：《爱与思——生活儒学的观念》（增补本），第 26 页。

是在说一个形而下的主体在生活并谋划着怎样去生活，而是说本源的生活内在地就具有此结构。他用李白的诗来比喻生活的这种本源结构：

> 生活就像黄河之水那样流动："黄河之水天上来"，其实所谓"天上"不过是"无何有之乡"，不过是说我们总是没有来由地已经"在生活"；"奔流到海不复回"，不过是说我们总是不可逆转地"去生活"，我们总是超越的、自由的。如果说人就是自由，那只是因为生活本身就是自由。①

黄玉顺的意思是说，生活的此种本源的结构是前主体性的，正是因为生活具有前主体性的结构，主体后来的生活谋划才有可能，生活总是不断地流动，这为主体性的生活谋划奠定了基础。基于此种前主体与主体的观念区分，黄玉顺又将"情"分为"人之情"与"事之情"。后者就是本源的情境和生活感受，这是"先行于主体性的事情"②，前者则是指主体心理中的情感。那么前主体性的观念与主体性的观念之间的区别是怎样产生的呢？关键在于认识性的思有没有运用。一旦以对象性的方式看待事物，情感就变成了某个人的情感和关于什么事物的情感，于是我们就进入了形而下的世界。在未反思之前，只有情感感受本身，主体与对象都不能显现，这就是前主体的观念领域。在前主体的本源领域，本源之情又有从感触到情绪再到感情的发生历程，前主体性的爱就是最本源的感情。黄玉顺认为，孔子所讲的"仁"有时候指形而下的道德情感，有时候指形而上的天道，有时候指前主体的存在本身、生活情感本身，而后者才是孔子所讲之仁的源初意涵，亦即仁就是本源之爱。仁的内涵之所以能够由本源之爱到形而上之"性"再到形而下之主体性的情感，归根到底是因为"思"的作用。总之，人类的观念之所以能够产生三个层级，这与"思"的运用密不可分。

与三个观念层级相对应，"思"亦可以分成三种，即本源之思、形下之思

---

① 黄玉顺：《爱与思——生活儒学的观念》（增补本），第46页。
② 黄玉顺：《爱与思——生活儒学的观念》（增补本），第76页。

与形上之思，也就是说，因为"思"——对象性认识的作用，前主体性的、存在领域的观念才转变为主体性的、超越主客对立的存在者的观念。形下之思与形上之思均属于认识之思，发挥的是对象性的表象作用，因为表象的对象有具体的存在者和作为具体存在者整体的超越存在者之不同，认识之思才分为形下之思与形上之思。最难理解的是本源之思。本源之思既然属于存在领域，而不是存在者领域，这就意味着它不是一种对象性认识作用，而应该是一种情感作用。在黄玉顺看来，一切思都源于爱，思产生于对爱的"想象"，因为"想象"的作用，思不再是当下的爱，但在一开始，这种"想象"仍属于情感性的，比如"思念"之"思"就是这样情感性的本源之思。对于"思"与"爱"的关系，黄玉顺总结为"思源于爱；思不是爱；思确证爱"①。具体来说：

> 情感之思虽然源出于爱，但不是爱本身。思和爱是有区别的。区别就在于：爱是当下的，而思不是当下的。比如说，你现在面对着所爱的人，你是不会思他、想他的。他就在你面前，就在当下，还有什么好"思"好"想"的？你爱他，但此时此刻不会想他。你至多只会说："我想你来着。"但这个"来着"正表明：那是过去的事情，不是当下的。假如你面对着女朋友，却在那里"思"，她可不高兴了，以为你在想谁呢。②

思虽然不是爱，但因其来源于爱，故而具有确证爱的作用。不过这种确证因为偏离了当下的爱，甚至偏离了前主体的、存在领域的爱，因而又与爱有了距离。生活的本源结构，要求思不断地离开爱并回归爱，要求顺从本源生活的流动去建构各种形上、形下的观念，从而不断地以本源为基础创建新的主体、新的文化。

以上就是生活儒学之生活本源论的核心内容。黄玉顺关于哲学本体论

---

① 黄玉顺：《爱与思——生活儒学的观念》（增补本），第113页。
② 黄玉顺：《爱与思——生活儒学的观念》（增补本），第114页。

建构、伦理学、政治哲学、儒教与超越问题的一切论述，都是以此生活本源论，或者说情感本源论，为基础展开的。就生活儒学理论体系来说，就是以本源生活或本源情感感受为基础，重建儒家形而上学——早期的变易本体论和后期的外在神圣超越论，重建儒家形而下学——中国正义论和国民政治儒学。

（二）生活儒学的形而上学：从变易本体论到超越本体论

生活儒学对传统本体论形而上学做了批判，指出形而上的本体不是最本源的观念，不过生活儒学并没有因此否定形而上学的意义，认为形而下学的观念仍然需要形而上学观念的奠基，因此，本体论虽不是最本源性的论述，但它仍然有存在的必要。我们需要做的不是去废除形而上学和本体论，而是应该在生活本源的基础上，重建形而上学。黄玉顺认为，这是形而上学的一个崭新的开始，他称之为"形而上学的黎明"。生活儒学的本体论建构曾发生过较大的转型，早期，黄玉顺根据《易传》哲学建立了"变易本体论"。他说：

> 中国哲学中的形而上者，有一种是流动的变易，这在《易传》哲学中是最为典型的，其形而上者不是凝滞的东西，而是"易"（变易）。故《系辞下传》说：
> 《易》之为书也不可远，为道也屡迁，变动不居，周流六虚，上下无常，刚柔相易，不可为典要，唯变所适。
> 这里的《易》实质上是指的《易传》；其为书，实言道；此道即"形而上者谓之道"，其特征是周流变动、相易无常，既非唯物，亦非唯心，乃"唯变"。换言之，变就是作为形而上者的本体。亚里士多德讲"存在者之为存在者"，《易传》则讲"变之为变"。这样的本体论，可谓"变易本体论"。[①]

---

① 黄玉顺：《形而上学的黎明——生活儒学视域下的"变易本体论"建构》，《湖北大学学报》（哲学社会科学版）2015 年第 4 期。

如果只是从《易传》讲"变易本体论"，这只是《易传》哲学，与生活儒学没有什么关系，所以黄玉顺对"变易本体论"做了进一步的奠基工作。他指出，本体之所以为"变易"是因为它本身就是阴阳交感，阴阳之相交总是不断地变化的，本体揭示的就是这种交感的变化。他认为，《易传》所描述的此种"阴阳感动"的观念，其实是来源于生活感悟的，"是生活感悟的存在者化、本体化、形而上学化的结果"，是通过圣人仰观天文、俯察地理的过程实现的。这意味着，"变易"本体的观念渊源于生活和生活感悟，因为"生活如流"，它的形而上学规定性就是流变本身。

很明显，"变易本体论"其实就是《易传》哲学与生活儒学的一种嫁接，这种嫁接虽然在理论上有其合理性，完善了生活儒学的形而上学建构，但是，纵观生活儒学之正义论、国民政治儒学等形而下学的研究，可以发现这种本体论未能对生活儒学形而下学的开展发挥实际的理论意义。也许正是因为存在着这种理论的尴尬，很多年后，黄玉顺宣布生活儒学在形而上学方面发生了一种"内在转向"，即从"变易本体论"转向了"超越本体论"，即谋求建立神圣的外在超越者。他的构想是："生活儒学的'内在转向'是指其本体论的转变，即从'变易本体论'转为'超越本体论'。这个转向首先解构关于'内在超越'的两个教条——中国哲学的'内在超越'较之西方哲学的'外在超越'既是独特的、也是优越的，而还原到中国前轴心期的神圣的外在超越，最终建构一个顺应现代生活方式的、具有神圣性的外在超越者。"①

所谓关于"内在超越"的"两个教条"，是指学界的两种流行看法："（1）中国哲学的'内在超越'乃是区别于西方哲学'外在超越'的独有的特征。""（2）中国哲学的'内在超越'优越于西方哲学的'外在超越'。"②针对这两种观点，黄玉顺指出，事实上中国哲学传统中也存在着外在超越的传统，前轴心时代的周公以及孔子、孟子的思想中都有神圣超越者的观念，而西方哲学传统中也存在内在超越型哲学，所以"内在超越"并不是中国哲

---

① 黄玉顺：《生活儒学的内在转向：神圣外在超越的重建》，《东岳论丛》2020 年第3 期。

② 黄玉顺：《中国哲学"内在超越"的两个教条——关于人本主义的反思》，《学术界》2020 年第 2 期。

学独有的超越方式。而且"内在超越"的方式本身也未必是优越的，他引用汤一介的研究，指出"内在超越"的理念，不利于外在知识的探究和社会、政治制度的建构。

黄玉顺还认为，外在神圣超越者的建立，还可以通过神圣权威的作用，对人类科技的滥用和政治权力的滥用发挥约束作用。就此而言，"超越本体论"对他所提倡的，也是下文将要讲到的国民政治儒学的理念及其实践是具有保障作用的，所以，相比"变易本体论"，"超越本体论"更为贴合生活儒学的整体理论架构，也更具有现实意义。

论及超越问题，不能不谈黄玉顺的"儒教"观。他在建构"超越本体论"之前，对"儒教"的看法是："一方面，应当承认，在儒家文化传统中确实是存在着宗教意义的上帝的，因此，任继愈先生和李申教授那种视儒教为宗教的观点并非毫无根据（当然，他们对此的立场与态度则另当别论）；但另一方面，儒家文化又确实从孔子始就存在着'不语怪、力、乱、神'（《论语·述而》）的传统，历代士大夫通常并不相信灵魂的不灭和彼岸的神祇，作为人格神的、位格性的上帝在儒家文化中确实并不具有特别根本的意义。众所周知，在儒家的观念中，本源的事情乃是仁爱。"① 显然，在早期，黄玉顺虽承认儒家具有宗教性意义，但他更重视的，认为最重要的，是以作为生活感悟的仁爱为基础而敞开的"不语怪、力、乱、神"的传统。按照这一传统，"在儒家看来，刑教、法教不如礼教、德教；礼教、德教不如神教、理教；神教、理教不如诗教、乐教。换句话说：情教优于德教，德教优先法教"②。黄玉顺认为，在儒家"六艺"传统中，"诗教""乐教"均属情教。"诗教"是前主体的本源存在状态的呈现，"书教""礼教""易教""春秋教"是主体性的形而下学或超主客的形而上学视域的展开，"乐教"是对前主体的本源生活状态的回归。从主体的生存境界来看，这三种类型的教化代表的是从自发的境界到自为的境界再到自如的境界的发展历程。

对比生活儒学本体论的转变，我们可以说，虽然仁爱的本源性地位未

---

① 黄玉顺：《儒教问题研究》，人民出版社 2012 年版，第 85—86 页。
② 黄玉顺：《儒教问题研究》，第 97 页。

改变，可能三种境界的区分也没有改变，但他明显地在自为的境界中增加了神圣超越教化——神教——的分量。这是否代表了他对"儒教"之宗教传统之态度的转变呢？对神圣超越者的信仰是否需要一种建制化的宗教作为支撑？他目前尚未讨论这一问题。值得注意的是，黄玉顺虽提倡建立神圣超越者，但他不是要完全恢复传统形而上学化的神学，而是要建构一种生活儒学的、适应现代生活方式的神学。可是，这样的超越本体论究竟如何建构呢？从理论上看，它离不开本源生活这个大本大源，这是毫无问题的。然而，只就形而上学的层面来看，这样的神圣超越者与前现代的神圣超越者有何不同？具有什么特点？发挥作用的方式是什么？黄玉顺也没有进一步展开讨论。

（三）生活儒学的形而下学："中国正义论"与"国民政治儒学"

接下来我们介绍生活儒学的形而下学建构。先来看"中国正义论"。

中国正义论是黄玉顺生活儒学在伦理学方面的展开，是以生活本源论为基础，从中国哲学传统出发建构的一般性的正义理论。黄玉顺认为，当前学界探讨正义问题往往从西方文化传统汲取资源，事实上，中国文化传统对正义问题也有着丰富的讨论。通过文献的梳理和诠释，黄玉顺指出，古代儒家所讲的"义"，即是我们今天所讨论的正义范畴。在儒家文化中，"义"是制定"礼"的根本原则，而广义的"礼"，涵盖一切社会制度和规范。因此，古代儒家特别是先秦儒家的"义"论，即是一般意义上的正义论。

一般正义论在伦理学中的地位如何？黄玉顺认为，广义的正义论包含三个方面的内容，即正义的行为、正义的制度和正义的原则。三者中，正义的原则问题是正义论中最根本、最核心的部分，因为，正义的制度是在正义的原则的基础上建立的，而正义的行为是根据正义的制度来进行评判的。所以，从狭义上来说，正义论所要探讨的是制度规范建构的一般原则问题。基于此，黄玉顺对罗尔斯的正义论做了批判，他认为，罗尔斯的正义论及其提出的正义原则，不是制度规范建构的一般原则，而只是现代社会制度规范建构的原则，因而本质上只是现代正义论。而中国正义论则是探讨制度规范何以正义的一般原则的理论。从伦理学的视角来看，黄玉顺指出，道德问题涉及的是一种行为是否合乎制度规范的问题，而伦理问题涉及的是制度规范的建构问题，就此而言，制度伦理学是第一伦理学。而狭义的一般正义论，正是制度伦理学的核心。所以黄玉顺说："一般正义论其实本身就是一种伦理学，可称之为'基础伦理学（fundamental ethics）'。中国正义论其实就是这样一种伦理学。"①

作为"基础伦理学"，中国正义论必须给出制度规范建构的一般原则。黄玉顺通过对儒家"义"以"仁"为基础和"义者，宜也"这两方面内涵的诠释，提出了中国正义论的两大正义原则，即"正当性原则"（公正性原则、公平性原则）和"适宜性原则"（时宜性原则、地宜性原则）。具体来说：

> 正当性原则是说：任何制度规范的建构必须是正当的，意味着这种制度规范的建构必须是由仁爱出发而超越差等之爱、追求一体之仁的结果。在这个意义上，西方民主制度尽管在目前条件下或许是一种"最不坏的制度"（丘吉尔语），但其制度设计在正当性方面存在着一种根本的缺陷：利益集团的博弈，其出发点不是一体之仁的诉求，而是以自我利益为中心的差等之爱的表现。

> 同时，中国正义论充分考虑到这种一体之仁的具体实现方式的时空条件，这就是适宜性原则。此即《中庸》所说："义者，宜也。"例如，从历时的角度看，在中国的前现代的生活方式下，帝国制度曾经是适宜的；然而在中国的现代性的生活方式下，这种制度已经丧失了适宜性。从共时的角度看，中国的现代性的制度建构必定不同于西方的现代性的制度建构。②

可见，中国正义论之所以叫中国正义论，不仅仅因为它的理论渊源出自中国传统，更重要的是，它对今天源自西方的以利益分配为基础的正义理论

---

① 黄玉顺：《作为基础伦理学的正义论——罗尔斯正义论批判》，《社会科学战线》2013年第8期。

② 黄玉顺：《中国正义论的重建——儒家制度伦理学的当代阐释》，安徽人民出版社2013年版，第18页。

提出了批评，在肯定普遍正当性原则的同时，又照顾了正当性原则落实过程中的不同条件，因而是一种具有理论优势和现实意义的一般正义论。

中国正义论不仅提出了两条正义原则，而且还具有一套体系性的思想结构，即"仁→利→知→义→智→礼→乐"的思想结构，或者说，"仁爱→利益→良知→正义→理性→制度→和谐"的思想结构。这一思想结构来源于黄玉顺对周公以及孔子、孟子、荀子思想结构的综合性诠释。在这个思想结构中，仁爱通过自爱和差等之爱表达利益诉求，又通过仁爱的"一体之仁"的一面即"良知"来解决利益纷争，并由此得出正义原则。通过理性（即理智）的建构作用，按照正义原则建构起具体的制度规范，在正义的制度规范作用下，实现了全社会的和谐。可见，中国正义论是儒家制度伦理学的创造性发展。

解决了制度规范建构的一般原则问题，就可以进一步讨论现代中国制度规范的建构问题了，而政治制度与规范，无疑是制度规范中的重中之重。因此，生活儒学又在政治哲学方面做了较大的拓展，这就是"国民政治儒学"的建构。

根据生活儒学的生活本源论和中国正义论，生活方式是政治理念建构的源泉，正义的政治观念和制度规范应当在保证正当性的前提下，因时、因地地进行损益变革。黄玉顺指出，从生活方式的变化来看，中国社会经历了两次大转型和三个历史分期："王权列国时代（夏商西周）→第一次社会大转型（春秋战国）→皇权帝国时代（自秦至清）→第二次社会大转型（近现当代）→民权国族时代。"① 在这三个历史时期中，人们的生活方式从宗族生活转变为家族生活又进一步转变为市民生活；社会主体也从宗族到家族再到个体；社会治理方式由贵族共和发展为宰辅制度又进而发展为代议制度；核心价值从宗族宗法观念变为家族宗法观念再到今天的人权观念。因此，当代中国政治形态应以落实第三个历史时期中的生活方式、社会主体、治理方式和核心价值观为目标。儒学研究也不能固守传统，在政治哲学上要因时损

---

① 黄玉顺：《国民政治儒学——儒家政治哲学的现代转型》，《东岳论丛》2015 年第 11 期。

益，建构现代的政治哲学。就生活儒学而言，这种现代政治哲学就是"国民政治儒学"。

所谓"国民政治儒学"，就是以现代生活方式中的个体为政治主体，以个体的基本权利为价值理念的现代政治。黄玉顺将"国民政治儒学"的基本理念具体表述为"国民所有，国民所治，国民所享"的新"三民主义"。[①]

从中国情感主义哲学的发展来看，黄玉顺的生活儒学明显是从"情理之辨"的理论核心展开的，即观念层级的划分、不同层级观念的变化、前主体与主体的切转、正义原则向制度规范建构的落实，在根本上都是情感与理智（黄玉顺有时候用作理性）相互作用的结果。以"情理之辨"为理论核心，生活儒学建构了包含生活（情感）本源论、变易本体论、超越本体论、中国正义论、国民政治儒学的理论体系，提出了很多有价值的原创性观念，在当代情本哲学理论中占有重要地位。当然，生活儒学同样遗留了很多理论问题，比如它因为重视前主体性的情感感受，而对经验个体之情感的特点、心理运行方式等缺乏详细的研究，在神圣超越者的建构方面，缺乏对神圣超越者具体特点及其实现方式的论述。生活儒学中的一些主张也可能面临质疑，如本源生活感受是前主体和前理智的，那么生活儒学对本源情感发展过程、本源生活内在结构的描述是否理智的产物呢？既然神圣超越者不是最终的本源，那么神圣超越者的神圣性又该如何保证？一个不具有本源性的神圣超越者还能获得人们坚定的信仰吗？还能发挥神圣的效力吗？这些问题都值得进一步讨论和研究。

四　王庆节的"儒家示范伦理学"

"儒家示范伦理学"是王庆节对儒家伦理学特征的创造性诠释。"示范伦理"是与"规则伦理"相对的，意味着儒家伦理学不是一种理性化、普遍化、强制性的一般原则，而是榜样性的、范导性的规范。如他说：

---

① 黄玉顺：《国民政治儒学——儒家政治哲学的现代转型》，《东岳论丛》2015 年第 11 期。

儒家伦理的本色不在"规范"而在"示范",示范伦理学才是儒家
伦理在现代意义上对于未来的世界伦理可能贡献的东西。儒家伦理看重
的,不是去制定这样那样的规则、规范,而是强调在道德生活中树立榜
样。我们自小在生活中,更多的不是从规则、规范里学会道德的行为,
而是从家人、父母、邻居、同伴以及历史生活的实例、榜样中来学习和
培养道德感、道德习惯和道德情操的。①

这是说,儒家伦理关注的重心不在行为的规训,而在行为者,即道德主
体的培育,这种培育强调的是行为者对伦理道德规范的一种积极主动的接受,
并能够根据具体情境的差异调适具体的道德规范。这样的主体能力,从根本
上来看,显然不是一种实践理性或理智的能力,因为它们总是会诉求一般性
的原则,以它们为根本,只能建构起规则伦理。王庆节认为,儒家伦理之所
以是"示范伦理",归根到底是因为儒家伦理的基础不是实践理性和理智,
而是仁爱、恻隐之心等道德情感,是源自生命深处而能与他人、与世界相
感应、感通的情感。王庆节将这类情感能力称为"道德感动"。因为"道德
感动"是一种情感能力,因此,王庆节也将儒家伦理看作"情感本位"② 的
伦理学。

王庆节综合儒家学说、情感现象学、道德情感主义伦理学等关于道德情
感的论述,对"道德感动"的存在和运行机制做了详细的说明。他首先指出:
"感动源出于感应,并将感应引向某种感情和感觉的方向。或者说,它是感觉
和感情的起点,在这一意义上,它既是感觉状态,又是感情状态,而且还内
含一种欲求实现两者的冲动。"③ "感动"有很多种,除了道德感动,还有美
学感动、宗教感动等。作为伦理学基础的,是道德感动。什么是"道德感动"
呢?王庆节指出:"广义的道德感动指的是所有具有道德见证力的、激发出我
们的道德评判力和道德意识的情感,其中既包括积极正面的,也包括消极负

---

① 王庆节:《道德感动与儒家示范伦理学》,北京大学出版社 2016 年版,第 89 页。
② 王庆节:《道德感动与儒家示范伦理学》,第 43 页。
③ 王庆节:《道德感动与儒家示范伦理学》,第 4—5 页。

面的情感。但从狭义上讲，也许只有那些能促进和激发人道德向上的情感，即有积极正面意义的情感才属于道德感动。"① 可见，广义上的道德感动只是一种道德判断能力，狭义上的道德感动除了具有道德判断能力之外，还具有促进道德进步的能力。

道德感动是根据什么来做出道德判断的呢？对此，王庆节引入了一种先在的德性观念，即他认为道德感动或者说道德情感总是一种先在的德性的见证，这类似于舍勒的情感现象学所讲的情感对先天伦理质料的见证。可是，道德情感所见证的那些先在的德性从何而来呢？在这里王庆节又借鉴了李泽厚的"积淀"说，指出，那些先在的德性是"在人类伦理道德的生活长河中，在人类各式各样的生命、生活事件中，在人们依循过去的传统，面临未来的召唤而在当下做出的呼应和应和中，出现、形成与发展壮大起来的"②。这不仅适用于民族、共同体，也适用于个人："从小到大，我们的道德人格和品德，正是在日常生活中的一次次感动和不断感动中，不断培养和生长起来。"③也就是说，道德感动所见证的德性，不是来源于别处，归根到底还是来源于道德感动。在这一点上，王庆节的理论是一贯的，即道德感动作为示范伦理的基础，一切德性观念由它生成，一切德性的评判也由它做出。从德性的视角出发，狭义的道德感动的两种能力，便可被分别称为"德性见证能力"与"德性生成能力"。那么，道德感动是如何集这两种能力于一身的呢？王庆节说：

> 当我们被一种行为感动的时候，我们不仅肯定了这一行为，对之给予一个道德赞赏的判断，而且更为重要的是，这一道德感动同时也显现出或见证了这一道德赞赏的根据。也就是说，道德感动自身可能不一定是一个道德行为，但是它确是道德德性的一种见证，而且它还是引发新的道德行为的一种力量，它往往诱导、激励、推动、促进后续的道德行为产生。④

① 王庆节：《道德感动与儒家示范伦理学》，第 26 页。
② 王庆节：《道德感动与儒家示范伦理学》，第 16 页。
③ 王庆节：《道德感动与儒家示范伦理学》，第 44 页。
④ 王庆节：《道德感动与儒家示范伦理学》，第 27 页。

一次道德感动的发生本身就是一种道德评判，因此它见证了一种德性，这是很好理解的。同时，由于心理惯性作用，道德感动会引发"后续道德行为的产生"，这也是没有问题的。不过，道德感动引发"后续道德行为的产生"，说的是同一种德性在主体品格上的深化及其引发的道德实践。但"德性的生成"还应包括"德性"内涵自身的更新，是真正意义上的"新的道德行为"。这对于作为"发挥德性见证功能"的道德感动来说，是如何可能的呢？道德情感本身经过熏习、训练的确可以与某些道德观念相捆绑，以至于它的发生就是一种德性的体现，它可以引导这种德性在主体身上继续发展，可是这样一种发展本身也会使道德观念与情感之间的捆绑更为固化，因此，一旦生活情境发生巨大变化，有些道德情感表达就会显得不合时宜。所以，依靠这样的道德情感来更新德性，使它自身能够解绑一种观念并与另一种观念相捆绑是困难的。这意味着，在现实中，发挥道德见证作用的道德感动难以同时再发挥道德生成作用，发挥这两种作用的应该是两种道德情感。① 就此而言，王庆节将道德感动的两种道德作用结合在同一次道德感动上恐怕是有问题的。

当然，这种细节的问题，不影响道德感动说对"示范伦理"的根本奠基作用。在王庆节看来，由道德感动引发的道德行为，通过儒家的"恕"道推扩出去，就可以形成有范导性作用的伦理观念，这样的伦理观念注定不是绝对规范性的，不能像法律那样发挥作用。在现代社会中，法律只是底线价值，社会秩序的维系只靠法律是不够的，法律之上必须要有道德。但道德不能像法律那样是普遍、强制的，它要在不同的情境中有调适的空间，因此，儒家示范伦理比规则伦理在现代社会中更具适应性，因为它强调根据人们在具体情境中的道德感动来建立伦理观念，并且伦理观念的外推是榜样性、示范性的，不是强制性和同一化的。有人可能会说，随着全球化的发展，现代社会需要全世界共通的普世伦理，情境性的示范伦理是否与此不相应呢？王庆节认为："普世伦理的可能性，并不必然等同于它在规范伦理的意义上是可能

---

① 参见李海超《情感如何既生成又见证德性？——评王庆节的"道德感动说"》，《中南大学学报》（社会科学版）2018 年第 2 期。

的，在我看来，它也许只是在示范伦理的意义上才会实现。而这，就是我所理解的儒家伦理的现代意义。"① 这是说，在全球化的过程中，虽然全世界的生活方式越来越趋同，但地区性的差异仍然会长期存在，只有能够照顾到地区性差异的伦理学才可能成为普世的，而儒家示范伦理恰好具有这样的优势。王庆节之所以积极提倡儒家示范伦理学，正是因为他看到了此种伦理学与现代社会需要之间的契合性。

　　总之，王庆节通过对儒家伦理学的创造性诠释，建构了一种情本的、以道德感动为基础的儒家示范伦理学，并为这种伦理学相比西方理性主义的规则伦理学在现代社会中的优势做了说明。必须承认，在现代社会的道德教化中，我们确实需要一种与底线性的法律相补充的、具有灵活调适性的伦理学，就此而言，王庆节的理论建构是非常有意义的。不过，从他建构的儒家示范伦理学理论本身来说，还有很多内容需要进一步完善。比如，对道德感动之具体道德功能的认识还需要进一步深化，情境性的伦理观念在形成和外推过程中是否需要理智以及如何运用理智也需要更具体的说明。从理论外部来看，儒家伦理是否在根本上属于"示范"伦理？现代社会在伦理学方面是否只需要示范伦理？这些都是值得商榷的问题。

---

① 王庆节：《道德感动与儒家示范伦理学》，第89页。

第九章　情本体论与情本源论的分擘

本书第五章到第八章对中国情感主义哲学继先秦儒家之后的再启及其发展做了概要的介绍，阐述了其核心理论问题从"理欲之辨"向"情理之辨"发展的内在逻辑。从总体上看，中国情感主义哲学已经完成了现代转型，走上了多元、迅速发展的道路。不过，面对形形色色的情本哲学理论，我们还需要追问，其中哪一种类型的理论能够代表未来的发展方向呢？这里并不是要否定中国情感主义哲学多元开展的现实性及其价值，而是要对其下一步的发展做个大略的瞻望。因为有意义的瞻望，可以为当下的研究指明前进道路并规避一些歧路。那么，我们要做怎样的瞻望呢？当然不是去讨论现有的某种情感主义哲学理论及其未来发展的状况，而是要从大的理论形态层面，探讨中国情感主义哲学未来发展的特征。

从理论形态的视角来看，明清之际以来的情感主义哲学理论，有的自称是情本体论，有的自称是情本源论，这不仅仅是语词的差异，背后确实存在着理论形态的差异。这是否意味着，中国情感主义哲学在发展过程中出现了情本源论与情本体论的理论形态分擘呢？为了深入探讨中国情感主义哲学未来发展的趋向，澄清"本体"与"本源"概念之语义及其背后的理论形态差异是十分必要的。

一　"本体"与"本源"概念的区分

欲澄清"情本体"与"情本源"概念的差别，必须了解中国哲学中"本体"与"本源"这两个词的文字内涵、历史使用情况及其背后的理论形态差异。对此，张岱年①、向世陵②、沈顺福③等学者已做过专门的研究。结合已有的研究，我们可以从以下三个方面来探讨"本源"和"本体"概念的区分。

第一，从语义视角来看，"本体"和"本源"都强调事物根本性的方面，因此这两个词在很多时候是可以混用的，但若从文字上强加分别，则两个词语的含义依然有不同的侧重。根据《说文解字》④，"木下曰本"，"本"指草木之根，在偏正结构的词语中，"本"作为修饰词比喻事物的原本状态；"体，总十二属也"，指身体所有部分的总和，强调的是事物的构成性质（材质、形态等）。故"本体"一词的文字本意是指事物原有、本来的性质、属性。而"源"本来写作"灥"或"原"，指"水泉本也"，即水的源头。故"本源"的文字含义强调的是事物的生成之处，是事物所从来的起始之点，而不是事物的性质、属性方面。

第二，考察本体和本源两个词在中国哲学中的应用，会发现两个词的具体使用情况与其文字含义是相关的。即"本体"一般指事物背后的终极实体、原理，而"本源"则强调事物所从出的源头。以朱熹哲学为例。对于本体，朱熹曾说："仁者，仁之本体；礼者，仁之节文；义者，仁之断制；知者，仁之分别。犹春夏秋冬虽不同，而同出于春：春则生意之生也，夏则生意之长也，秋则生意之成，冬则生意之藏也。自四而两，两而一，则统之有宗，会之有元，故曰：'五行一阴阳，阴阳一太极。'"⑤ 故仁作为本体，是义、礼、智生成之根据；太极作为本体，是阴阳五行生成之根据。对于本源，朱熹曾讲过："'大哉乾元，万物资始，诚之源也。'此统言一个流行本源。"⑥ 这里，朱熹认为作为本源的"乾元"是万物流行的源头。

---

① 张岱年：《中国哲学中的本体概念》，《安徽大学学报》（哲学社会科学版）1983年第3期。

② 向世陵：《中国哲学的本体概念与本体论》，《哲学研究》2010年第9期。

③ 沈顺福：《本源论与传统儒家思维方式》，《河北学刊》2017年第2期。

④ 许慎：《说文解字》，中华书局1963年版，第118、86、239页。

⑤ 黎靖德编：《朱子语类》第1册，第109页。

⑥ 黎靖德编：《朱子语类》第6册，第2390页。

在王阳明的《传习录》中，用到"本体"时，大多论述的是事物的性质、属性方面。如他说："须是廓然大公，方是心之本体"，"诚是心之本体"，"这心之本体，原只是个天理"，"中和便是复其性之本体"，"良知者，心之本体"，"只为后世学者分作两截用功，先却知行本体，故有合一并进之说"，等等。① 这里，他谈到心的本体是一种廓然大公的状态、是诚、是天理、是良知，性的本体是一种中和状态，知行的本体是合一状态等，都是就心、性、知行的性质或属性而说的。当他讲到"本原"（即本源）时，如"为学须有本原。须从本原上用力。渐渐盈科而进"，"学者须先从礼乐本原上用功"，"孟子性善，是从本原上说"，"如此，又是脱却本原，着在支节上求了"。② 强调的则是善性的发端、本心最初的一念、为学的入手处、礼乐的根源等，是就事物的发端、源头方面来说的。

第三，从理论形态上来看，本源和本体概念，可以指称同一个形上存在者。如上文朱熹所讲太极是本体，"乾元"是太极流行的原初形态；阳明所讲心之本体是良知，善性的发端处也是良知。只不过体是从根据、基础方面说的，源是从开端方面说的，它们完全可以是同一个对象的不同方面。这意味着，在朱子学和阳明学中，本体与本源是可以浑然一体的。从思想视域上看，此即宇宙论视域之本源与本体论视域之本源两者，或者宇宙论视域之本源、本体论视域之本源与境界论视域之本源三者在根本上的合一，本源的浑一也就意味着两种或三种思想视域在根本上的浑一性、合一性。对于宇宙论视域与本体论视域的浑一或合一问题，学界已有较多探讨，比如牟宗三称中国古代的存有论是"本体宇宙论"③，张岱年称之为"本根"论④，冯达文称之为"本源—本体"论⑤。但对于境界论视域与前两种视域的浑一问题，学界正面的论述则相对较少，但也并非没有。如陈来所说："明道提出仁者以天地万物为一体，通过仁爱而使人与物合一，原本被看作外在于自我的他人、万物在

---

① 王阳明：《王阳明全集》，第34、40、41、48页。
② 王阳明：《王阳明全集》，第16、23、68、96页。
③ 牟宗三：《圆善论》，载《牟宗三先生全集》第22册，第328页。
④ 张岱年：《中国哲学大纲》，第64页。
⑤ 冯达文：《中国哲学的本源—本体论》，第103页。

人的体验中通为一体。但这种体验不应当被仅仅看作是体验或神秘体验，而应当看作宇宙的真实、宇宙的实在本来如此。"① 个体的体验世界（注意，不是个体主观体验的对象——世界）或者说仁爱境界即是宇宙的真实，而宇宙的真实即是万物通为一体，这就是境界论视域与本体论视域的浑一，如果在此基础上考虑宇宙的流变，这就是境界论视域、本体论视域和境界论视域在根本上的浑一或合一。所以，中国哲学中存在着这样的理论，即无论从哪一个视角将问题推向极端，其终点都是同一的，这个同一的终点——本体或本源，可以被称为"天道""天理""本心"，等等，它们是一切的"根本"，这个"根本"在宇宙论上是万物创生的起点，在本体论上是事物显相、发用的终极实体，在境界论上是心灵修养的最高境界。

上述宇宙论、本体论、境界论视域在根本上的浑然一体，是中国哲学的一大特点，只不过有些理论是两种本源性视域浑然一体，而有些是三种。我们可以从很多角度分析其优点与缺点，但这里暂不去探讨这一问题，我们现在的任务是要综合"本体"与"本源"两个概念的文字语义、使用习惯及其背后指向的理论形态特征，并以此解读中国情感主义哲学发展中"情本体"与"情本源"的理论形态差异。既然本源概念和本体概念的区分，关键在于其在某理论中强调的是事物存在的绝对根据，如构成性质、属性、原理，还是事物出现和发展的开端、源头，那么，由此考察情本源论与情本体论的区分，关键要看的就是，情感在某哲学理论中的作用究竟是事物的终极构成实体、根据、原理，还是事物出现与发展的开端、源头。

二　情本体论与情本源论的理论形态区分

中国情感主义哲学的具体理论可以被大体分成两类，一类是本体论形态的，一类是本源论形态的。本体论形态的情感主义哲学，是以情感为决定其他事物的最终本体或最终根据的。这包括以情感为宇宙万物生化之本的浪漫主义类型的情感本体论，如冯梦龙、袁家骅、朱谦之的情感哲学。在他们那

---

① 陈来：《仁学本体论》，生活·读书·新知三联书店 2014 年版，第 34 页。

里，情感是宇宙中最真实的存在，情感运动变化的原理即宇宙万物生成变化
的原则。这是典型的形而上学本体论。另外，情本体论还包括赋予情感以先
天道德原理、理性形式，因而使之为伦理道德和其他社会文化建构提供决定
性根据的哲学。如泰州学派、梁漱溟的情感哲学。泰州学派中的情感主义哲
学理论认为人的自然情欲先天地蕴含圆满的天理，且能够在人的后天心灵中
现成地发露出来，因此，自然情欲可以作为人类一切活动的正当性根据。梁
漱溟的情感哲学虽引入了进化心理学的视角，承认情感中蕴含的先天原理是
历史进化的产物，但对于当下的个体来说，情感的理性形式仍然是先天的，
故其理论形态是具有较强本体论色彩的。

　　本源论形态的情感主义哲学，是以情感为人类存在、价值生成、文化建
设之源泉动力、机缘或渊源，虽有优先性和相对决定性，但并不直接提供全
部理论根据的哲学。梁启超、蒙培元、黄玉顺的情感哲学明显属于此类。梁
启超以情感为人类一切活动的原动力，情感的作用是源始性的，而不是原理、
根据性质的。在蒙培元的理论中，情感是人生价值的源泉和开端，而不是为
一切心灵活动奠基的终极实体。也就是说，并非心灵所有的功能以及心中的
观念在根本上都完全是由"情"构成的或完全是情感属性的，而是心灵的一
切运用和心中观念的形成都要以情感为最初的因素。在蒙培元、黄玉顺那里，
他们明确讲情感是"本源"，情感是一切观念包括本体观念生成的渊源。所
以，他们的哲学理论明显是本源论形态的。

　　此外，戴震哲学虽主张"心知"具有悦礼义的先天规定，这是本体论性
质的，但他认为公共性道德原则并不先天蕴含在情欲中，而是"以情絜情"
的结果。"以情絜情"理论在他的哲学中占有非常重要的分量，故他的哲学在
理论形态上既具有本体论特征，也具有情本源论的倾向。李泽厚哲学自称
"情本体"论，可他所谓的"本体"并不是传统"本体论"意义上的本体，
情对真理的发现和善的建构发挥的只是"启"和"储"的作用。他所说的情
"本体"也偶尔被称为"本源"："'人性善'作为'宗教性道德'的本源，
在中国传统中，便不能解释为不可追溯的'先验'。作为它的根源的'恻隐之
心'或'不安不忍的道德真情之觉'，描述的正是某种感性，而不是超验或先

验的理式或精神。"① 所以，李泽厚的"情本体"论尽管在表述上更多使用
"本体"一词，但从情感实际的根源性、启发性、动力性作用来看，将其表述
为情本源论似乎更为确切。在王庆节的"道德感动"说中，"道德感动"有
引人向善的先天规定，不过，在德性的来源上，他将道德感动所见证的德性
看作生活积淀的结果，而且这种积淀可以发生在个体当世的人生中。由此，
王庆节的情本哲学类似戴震哲学，即其杂有情本体论的痕迹和情本源论的
倾向。

三　未来瞩望：情本源论还是情本体论？

　　面对情本体论与情本源论的理论形态分擘，我们应当追问：中国未来情
感主义哲学的发展究竟要延续什么样的理论形态？是两者同时并行，还是选
择其中一个？回答这个问题，需要从情感实际的特性和作用出发，看它究竟
应该作为本体还是本源。

　　先来看情感应不应当作为本体。冯梦龙、袁家骅、朱谦之将情感提升到
本体的地位，认为宇宙万物不过是情感之流的不同显现，这固然是一套情本
体理论，但实际上却有极强的独断性，很难被认可。虽然诸多心灵的功能曾
被不同的哲学提升到本体的地位，如阳明心学中的"良知"、黑格尔哲学中的
"绝对理性"、胡塞尔现象学中的"先验意识"等，但这些本体性观念本身都
具有一定的先验性，而情感却带有无法摆脱的具体性和经验性，这是情感本
体化的一大困难。另外，即便情感被本体化，该"情本体"理论亦不过是一
种传统的本体论形而上学。然而在当代哲学中，本体论形而上学已经遭到深
刻的批判。哲学家们已经认识到，"'先验'或'超验'的普遍必然只是一定
历史时期的客观社会性的经验的幻想和提升"②。在此情势之下，建构一种为
万物存在奠基的情感本体论将很难产生影响并被人们接受。因此，将情感提
升为万物本体的哲学路径是不可取的。情感不能作为世界的本体，那么，它

---

① 李泽厚：《人类学历史本体论》，第 16 页。
② 李泽厚：《人类学历史本体论》，第 99—100 页。

可以作为心理的本体，或人类生存活动、文化活动的本体吗？事实上，将情感作为这种本体，认为其蕴含人类一切活动的根本原理，也存在较大的困难。到目前为止，并没有充分的证据表明，人的全部心理存在——如意志、认知、理智等——都是以情感为基础建构发展起来的。这样一来，将情感视为一切人类活动的本体也有独断的嫌疑。

既然本体论的路向不可取，那么，中国情感主义哲学的发展应该更多选择本源论的路向。对于"本源"，显然，将情感作为宇宙生化的绝对本源是不可能的，因此情感只能是人类活动、人生境界和人的观念世界的本源。以本真的情感为本源，是说一切人类活动、人生境界和观念世界的敞开皆以情感为渊源、为契机、为机缘，甚至为最初的动力和目标导向，而不是说情感是本体，即情感既不是它们生成和变化的原始基质，也不先天地蕴含全部理据。这样一种情感本源论的哲学发展方向，不是与本书第二章所诠释的先秦儒学中蕴含的情感本源论的思想视域，即情缘论的思想视域，相一致吗？由此我们看到，在经历了宇宙论、本体论长时期的思想遮蔽之后，中国情感主义哲学逐步地摆脱了宇宙论、本体论视域的束缚，又开始重新凸显情感的机缘本源意义，复归到情感本源论的理论方向上来了。当然，先秦儒学中的情缘论思想视域是我们从先秦儒家的思想中诠释出来的，而不是被先秦儒家正式提出的。我们只是由此发现了先秦儒家的思想视域对中国情感主义哲学未来开展的重要意义，但并不意味着一切都在先秦儒家思想中具备了。尽管如此，有思想传统供继承和发扬，这是令人欣慰的，足以给情感主义哲学家，特别是提倡情感本源论的哲学家以巨大的鼓舞。当然，先秦儒学中蕴含的情缘论思想视域不仅对当代中国情感本源论哲学的发展具有鼓舞作用，在天人关系、情感与理智关系等诸多方面还能提供思想框架和智慧启迪，这需要我们对先秦儒学相关思想进行深入的研究和挖掘。

总之，在继承先秦儒学情感本源论的基础上，正式提出"情缘论"的理论构想，并对其做出具体的阐释，使之成为一种发扬儒家传统、回应时代问题的当代情感本源论，是符合中国情感主义哲学的发展方向的。

下篇

情缘论：先秦儒家情感本源论的当代阐释

第十章　概论[*]

本书前两篇阐述了先秦儒学中存在的"情缘论"思想视域及其被宇宙论、本体论视域遮蔽的思想历程，同时概要介绍了中国情感主义哲学自明代中期以后的再启及其逐步摆脱宇宙论、本体论视域之束缚的"情本源论"的发展趋向。此种发展趋向与先秦儒学之情感本源论传统具有相近性，这为当代儒学以先秦儒学之情缘论的思想视域为基础构建崭新的儒家情感主义哲学提供了可能。本篇将在综合前贤研究的基础上，发扬先秦儒学的情感本源论传统，将先秦儒学中蕴含的情缘论思想视域真正诠释成一种当代的情本哲学理论，并正式定名为情缘论。

本章主要介绍情缘论的内涵、特征和应用情况。

一　"情缘"的本源意义

在哲学上，本源可以指称宇宙论视域中的太始，然而作为宇宙万物生成之初的太始，必存在于一切有感情的生物之前，故情感不足以当之；本源还可以指称形而上学或者说本体论视域中的本体，但无论中国哲学"体—用"传统中的本体，还是西方哲学"本体—现象"传统中的本体，必超越于一切具体、特殊的事物之上、之外或蕴于其中，以为一切事物的存在及其变化提供充分的根据，而情感不足以当之。那么，我们还能在何种意义上称情感为本源呢？须知，一切事物之存在的充分表现，离不开其对人显现其存在，否

---

* 本章内容曾以《情缘论：情感本源的机缘化阐释》为题发表于《当代儒学》第22辑。此处有修改。

则人不能知（本书认同梁启超的观点，以情感为认知的原动力）、不能言、不能感受任何事物的存在。一切事物之最终成为"事"与"物"，需要借由某种机缘而向人敞开其存在，而机缘，若没有情感的参与，必不成为机缘，因为人若无情，自会于一切事物视而不见、听而不闻、察而不识。所以，是情感造就了机缘，无情不成缘，也可以说，情感正是一切机缘中的第一机缘。

情感创造了事物得以成为某事、某物，或者说存在者得以成为存在者，的机缘，但机缘对于存在者的存在具有本源性的意义吗？情感及其创造的机缘是否只是本体、太始运行变化中的一个环节？从宇宙论、本体论的视域来看，的确如此。但宇宙论、本体论的视域本身是否也要依赖于情感及其创造的机缘才能对人显现呢？换句话说，才能成为宇宙论视域、本体论视域呢？在这个意义上，机缘所开创的与人相关的思想视域是优先于宇宙论视域和本体论视域的，因此，若只从本体论、宇宙论视域审视情感及其开创的机缘，恐怕会有失偏颇，因为任何视域都有其局限。绝对无限性的思想视域是各种向度的本源性视域相互综合的结果，而不是从某一种向度的思想视域分析的结果。那些将本体论、宇宙论视域塑造为绝对无限的思想视域的形而上学是独断的，因为本体只在呈现事物存在的最终根据的维度上具有无限的意义，太始只在呈现事物存在和变化之时空源头的维度上具有无限的意义。它们之间尚且不能完全相互折合、相互还原，要以此统摄其他一切思想视域，只有在损伤、扭曲其他思想视域的基础上才可能实现。

那么情感所开创的机缘化的视域又是怎样的视域呢？这个思想视域其实就是人的心灵境界的视域，也可以简称为境界论视域，因为事物作为存在者的呈现，总是在人的心灵中的呈现。但我们这里所讲的心灵境界绝不是认识论意义上的心境，因为认识对事物的呈现和构造在根本上仍属于本体论视域的事情，境界论视域的本质不是呈现事物存在的"实相"，而是呈现事物对人的"意义"①，这正是情感所揭示的事物与人的关联，情感特别是情意、情欲

---

① 冯友兰说："宇宙人生对于人所有底某种不同底意义，即构成人所有底某种境界。"参见冯友兰《新原人》，载《三松堂全集》第 4 卷，第 496 页。

总会蕴含着事物与人的某种关联，这种关联就是事物对人的意义。所以，境界论视域的本质是意义视域，或者说价值视域。① 机缘所敞开的首先是意义的关联，然后才是在意义的驱动下，在情感意志的驱动下，去认识事物的特性，去建构事物存在的一切实相。

如果境界论视域不能折合到宇宙论、本体视域中去，那么情感作为机缘，或者情感所开创的机缘，即"情缘"中所蕴含的意义或价值就对事物作为存在者的存在具有本源性意义。这样便可名正言顺地说，情感是一种本源，或者说情缘——作为机缘、开创机缘的情感——是一种本源。

二　情缘论的儒家文化渊源

这样一种"机缘"意涵的情感本源论是与先秦儒家的情感主义哲学相契合的。从概念渊源上看，"机缘"是佛家的用语，是受教者自身的根基（即"机"）与施教者的因缘（即"缘"）两重含义的结合，后泛指各种机会、缘分、际遇等。不过，"机"与"缘"这两字相应的含义，其实是汉语从来就有的。"机"字最早指箭弩的发动装置，后来也用于指称人的内在品质、素质、禀赋。如《庄子·大宗师》讲："夫耆欲深者，其天机浅。"就是说，欲望多的人，其修道的天分、根据便较为薄弱。《大学》讲："一家仁，一国兴仁；一家让，一国兴让；一人贪戾，一国作乱：其机如此。"郑玄注之曰："机，发动所由也。"这里的"机"指的是事物变化发展的内在原因。而且，"机"本来即有万物生成的本源意义。如：《庄子·至乐》讲："万物皆出于机，入于机。"成玄英疏之曰："机者，发动，所谓造化也。"这里，"机"是万物从出的本源。而且，"机"在汉语中也有时机、机会、际遇的含义。如：《三国志·魏志·荀彧传》讲："绍迟重少决，失在后机。"缘最早作为名词指物体的边缘，后来也发展出了事物发生原因的含义。如《荀子·正名》曰："然则何缘而以同异？曰：缘天官。"《盐铁论·刑德》讲："故轻之为重，浅

---

① 这里所讲的"价值"，不是狭义的好的或善的价值，也包含各种负面的价值，它与"意义"是等价的词汇。

之为深，有缘而然。"① 所以，"机"与"缘"的结合，固然是佛家的一种创造性的运用，但其文字含义，并非全部来自佛家的发明。我们今天用"机缘"这一术语反过来讲儒家的传统，不能说完全是借鉴了佛家的观念。况且我们所讲的"机缘"在根本上是一种"情缘"，对情感本源地位的肯定，自与佛家学说有根本差异。

从文化传统的视角来看，儒家本来就有"缘情"的传统。比如，在诗教方面，《尚书·尧典》中有"诗言志"的说法，《左传·襄公二十七年》讲"诗以言志"，《荀子·儒效》云"诗言其志也"。这里的"志"，有理想、志向的含义，也有感情的含义。汉代《毛诗序》说："诗者，志之所之也，在心为志，发言为诗，情动于中而形于言。"西晋陆机在《文赋》中明确讲"诗缘情而绮靡"。李善注曰："诗以言志，故曰缘情。"②这就是把"情"视为"志"的根本内涵或其根源，视为诗歌创作的根本。"诗缘情"的观点对后世儒家文艺理论有着深远影响。不仅明清时期的性灵文学，即便现当代朱光潜、李泽厚等学者，也认为中国古代审美传统是以情为本的。

不仅文艺领域，按照儒家的传统，社会礼仪规范同样是"缘情"而制定的。《全唐文》卷九十七讲："夫礼缘人情而立制，因时事而为范。"如果抛开"缘情"的字眼，则因人情而制礼，这本是儒家的常识性观念。孔子说："人而不仁，如礼何？"（《论语·八佾》）孟子说："辞让之心，礼之端也。"（《孟子·公孙丑上》）荀子说："古者圣王以人性恶，以为偏险而不正，悖乱而不治，是以为之起礼义，制法度，以矫饰人之情性而正之，以扰化人之情性而导之也，始皆出于治，合于道者也。"（《荀子·性恶》）这些主张都强调以人情为本或为了安顿人情而制定礼仪规范。

不仅礼仪规范缘情而制定，若按照中国情感主义哲学的诠释路径，特别是根据李泽厚、蒙培元、黄玉顺等学者的观点，"仁"的源初内涵即是"爱"

---

① 关于"机缘""机""缘"文字含义的解读和引证，参见陈至立主编《辞海》（第七版），上海辞书出版社 2020 年版，第 1921、1916、5432 页。

② 李善等注：《六臣注文选》卷第十七，《四部丛刊》景宋本。

的情感，则整个儒家的义理系统都是"情本体"或"情本源"的。① 如此，不仅文艺是缘情而作，礼法是缘情而作，人的一切活动、一切人生境界、一切价值观念的建构都是缘情而作的。故冯达文称孔孟儒学为"缘'情'而起的'仁学'"。②

一切缘情而作，岂不是说，儒家以"情缘"为一切人类活动的本源吗？扩而言之，圣人仰观天文、俯察地理，对世间万物之性质及其存在变化的认识和改造活动，不是也要以情缘为本吗？这里，情缘的本源意义当然不是说，情感是一切事物存在变化的宇宙论视域中的太始和本体论视域中的本体。而是说，包含事物特性及其太始、本体的一切认识，皆须以在前的情缘为本，才能对人呈现。所以，情感对事物生成的本源意义，只是为其对人呈现创造了一个机缘。没有这个机缘，则一切归于浑沌、归于沉寂。如阳明在南镇观花时所言："你未看此花时，此花与汝心同归于寂。"③ 看花所运用的心灵功能，固然有视觉和认识的参与，但认识活动要以关注、好奇、兴趣、欣赏等情感性活动为动力源泉，故没有情缘，则一切不得显现。不仅事物的特性及其太始、本体不得显现，与事物相对的主体——人——亦不得显现。借用黄玉顺"生活儒学"的理念，此情缘是前主体性的，是一切形而上、形而下观念生成的渊源。④ 故情感的本源含义，是一个优先的渊源，是个机缘。它创生事物的作用，不在于提供质料、提供形式、提供事物运动变化的动力和原理，而只是这一切得以显现的机缘。不过，情缘并不只被动地显现这一切，它也有主动性的一面，并且还会通过激发人的认识和实践活动而积极影响这一切的存在和变化。

先秦儒学中蕴含着情缘论的思想视域，或者说蕴含着机缘性的情感本源

---

① 例如，李泽厚反对宋明儒将"仁"诠释为先天德性，也反对谭嗣同、康有为诠释为"以太""电"等，认为"'仁'的特征是'爱'"。蒙培元说："仁的本来意义是爱，这是人类最本真最可贵也是最伟大的情感。"黄玉顺认为，"仁"的内涵可以分为不同的层级，但其最源初的内涵就是作为生活感悟的本源之爱。分别参见李泽厚《论语今读》，安徽文艺出版社 1998 年版，第 32 页；蒙培元《情感与理性》，第 311 页；黄玉顺：《爱与思——生活儒学的观念》（增补本），第 94 页。

② 冯达文：《宋明新儒学略论》，第 12 页。

③ 王阳明：《王阳明全集》，第 122 页。

④ 黄玉顺：《爱与思——生活儒学的观念》（增补本），第 71 页。

观念。其实，孔、孟、荀的儒学并不像《中庸》、汉学或宋学那样，将价值之源，即仁，提升为天或天道的本质内容，并不通过一种"本体宇宙论"① 来为人的活动奠基，而是将"仁"的源头放置在人心中，以仁为出发点，去知天、去敬天、去畏天、去顺天。他们谋求天、人之间的和谐，但并没有先天地预设"天人合一"——这是理想，不是现实。正因如此，人在特殊情况下可以按照仁的要求而"不受命"（《论语·先进》），可以"制天命而用之"（《荀子·天论》）。总之，他们认为价值在根本上不是以任何超越性的存在者为基础而开显出来的，相反价值在根源上是由情感开显的，情感是有原初价值导向的，以情感为基础的价值导向影响着人对一切事物性质及其太始、本体的探究。故不是存有开显价值，是价值开显存有。当然，价值之开显存有，只是说价值作为一种"机缘"影响着一切存有的存在及其变化，而不是说它以质料、原理、动力、形式的方式直接创造和改变存有。换句话说，在天人相与之际，以孔、孟、荀为代表的儒家谋求天人和谐或合一，这是他们的理想追求，但他们也知道，在现实上，天人之间有分离、有隔阂，而最大的分离与隔阂，就在于价值的源泉在人心，在"仁"的情感和价值诉求，而"仁"原本不是天道运行的本质。《中庸》和汉、宋诸儒将"仁"提升为天道，这在学理上消弭了天人之间的隔阂，也造成了后人所谓的"以理杀人"②"崇天忘人"③ 等各种流弊。这是儒家哲学的当代开展应当痛加反思的。在汉、宋儒学的形而上学中，人与天地并立为三的意义被折合为天地运行中的一环，天道、天理虽可下贯于人心，但人所具有的本源性的独立地位已被打了很大的折扣。故"情缘论"的提倡，正是为了恢复先秦儒学中曾拥有的那个彰显人的本源性地位的传统，那个"价值开显存有"的传统。

三　情缘论的理论特征

有人可能会说，这样一种情缘论，就算真的可与先秦儒学的某种传统相

---

① 牟宗三：《圆善论》，载《牟宗三先生全集》第 22 册，第 327—328 页。
② 戴震：《戴震集》，第 188 页。
③ 张岱年：《中国哲学大纲》，第 847 页。

契合，其在当今时代又有何意义呢？本书认为，面对当代人类的生存状况，此种情缘论，在安顿个体生存、处理价值与知识的关系、建立反极化思维和实践的方法论方面具有重要启示意义。为了更好地了解情缘论的这些意义，不妨从情缘论的理论特点说起。

第一，情缘论是一种具有优先性但不具有绝对决定性的本源论。情缘论思想视域的优先性表现在，任何一种关于事物存在特性及其根据的思想视域，皆须通过情感的机缘作用才能呈现，从这个视角来看，情缘是优先于本体论、宇宙论等思想视域中的本源观念的。由于情感的本源性作用只是一种"机缘"，"机缘"固然会通过人的活动对事物的存在和变化产生影响，但这种影响不具有绝对的决定性，因为机缘本身不蕴含决定事物存在和变化的"实相性"根据。机缘需要通过"人"去把握和运用相关"实相性"根据才能影响事物的存在。

第二，情缘论从理论上保证了价值对于知识的优先性。情缘论赞成情感主义价值哲学的主张，即认为情感是人的一切价值的源泉。"价值"的根本内涵在于揭示事物与人的需求之间的关系，而情意（基于情感而产生的意志或欲望）正是人的需求的直接表现。这样一来，以情缘为最优先的思想视域，便可以将一切知识视域、技术视域纳入人的意义视域中，人有理由根据自己的情感需求去敞开知识视域与技术视域，从而为价值相对知识的优先性奠定理论基础。根据"价值开显存有，而不是存有开显价值"的原理，价值源于情感需要，而不源于任何知识探求。这实际上是从本源性思想视域之关系的视角，回答了伦理学中"是"与"应当"的关系问题，即"应当"的思想视域具有优先性，它不能被还原到"是"的思想视域中去。从根本上来看，哪怕人的情感体验是虚幻的、空想的、不切实际的、无知的，但不妨碍这样的情感体验对人的生存具有意义。

从个体的实际生存来看，在知识和科技爆炸的时代，每个个体不可能穷尽所有知识，也没有必要穷尽所有知识。个体应当以情缘为本去选择有助于解决自己的生存需要和人生意义的知识，每个个体所面对的情缘是不同的，人生机缘是不同的，因此不同个体选择学习或不学习某种知识、学习到什么程度，也应当是不同的。情缘论提倡个体本着其本真的生存体验、情感体验去敞开知识世界，把握知识学习和技术应用的主动权。

值得注意的是，情缘论以情感为价值的源泉，这和很多情感主义价值哲学的主张是一致的。不过，有一种类型的情感主义价值哲学，如舍勒的情感现象学，只承认情感见证或呈现作为先天质料的价值，而不认可情感生成价值的本源意义，否定价值是以情感体验为源泉建构的关系。① 这是"情缘论"所反对的。情缘论认为，价值源于事物与经验个体之间的意义关系，而这是由人的情感、欲求所生成的。不应再将价值的源泉还原到离开经验个体的形上本体或宇宙历史中去，因为这就在根本上否定了事物对人显现和对人有意义的境界论视域的本源地位，亦即否定了"情缘"的本源地位。肯认情感的价值源泉地位，并不是说一切具体的价值观念完全是由情感直接建立和表现出来的。情感只是在本源的意义上生成了事物与人之间的原初意义关系，从而使事物对人有价值。但就现实个体来说，这种意义或价值可能是潜存而不觉的，也可能虽有自觉但模糊而难以道明，价值观念的明确以及价值体系的建构，需要理智的参与才能完成。

第三，情缘论的根本思维与实践方法是"缘情用理"。情感作为机缘本源对事物的存在和变化不具有完全的决定性，它需要通过人的活动作为中介来发挥其价值导向作用。而在人的各种中介活动中，心灵理智功能的运用非常关键，因为理智是揭示事物特性及其变化规律和技术创造的根本心灵功能。也就是说，在思维和实践方法上，情缘的源初价值导向作用要想实现，不能直接地"任情""纵情"，必须如牟宗三所言——"曲通"②。当然，"曲通"的方法不是牟先生讲的"良知坎陷"，而是要"缘情用理"③。"缘情用理"包含两个层面的主张：一个层面是要"缘情"，即以情感感受为本去运用理智，知识和技术的运用要受到价值的约束；另一个层面是要"用理"，即重情但不唯情，情感意愿的实现要接受理智的建议，要意识到，没有理智及在理智基

---

① ［德］马克斯·舍勒：《伦理学中的形式主义与质料的价值伦理学》，倪梁康译，商务印书馆 2011 年版，第 360 页。

② 牟宗三：《政道与治道》，吉林出版集团有限责任公司 2010 年版，第 56 页。

③ 李海超：《心灵的修养——一种情感本源的心灵儒学》，四川人民出版社 2020 年版，第 80 页。

础上产生的知识、技术的运用，情感意愿很多时候是不能实现的。这也就是说，情缘论在方法论上既反对"唯情主义"，也反对"唯理主义"，这实际是儒家"仁且智"（《孟子·公孙丑上》）精神传统的继承和发挥。

现代性的生活方式离不开理智——工具理性、理论理性——的充分运用，但纯粹理智地诠解人的存在、生活和整个世界，也会导致后现代主义者所批评的过度同一化、忽视具体性与差异性等问题，最终导致社会的发展走向现代性价值的反面：人成为捆绑在分工严整、体系森严的社会大机器中的一个螺丝钉，为了生存就不得不失去自由①；抽象地理解人，盲目地推崇平等和自由，使得"正义的平等发展成为平等的不正义"，使"获得自由的人最终变成了'群氓'"②。要想制约工具理性的过度运用，就需要还原和认清理智的工具性，充分意识到理智为情感服务、工具为价值服务的原则。情感有诸多类型，有本真自然的，有理性化、习俗化、信仰化的。本真、自然的情感体验，是人最现实、直接的生存状态的反馈，不丧失这样的情感体验，以此为基础去制约理智的运用，缘情而用理，才能使理智的运用不至于反过来威胁人的生存。

第四，情缘论反对任何极化的观念及其实践。"缘情"而不"唯情"，"用理"而不"唯理"，这就是儒家的"中庸"精神，而"中庸"无论表现为"执两用中""时中"还是其他的方法论形态，总之皆以反对观念和行为的极化为宗旨。故"缘情用理"作为情缘论的方法论，反对任何形式的极化观念和极化行为。

中国当前的经济发展状况和文化发展状况均比较复杂。经济发展的不均衡性不仅表现为东、中、西部的地域发展不均衡，也表现在同一地域中不同社会阶层之间的经济状况差距较大。反映在文化层面，不仅前现代观念、现代性观念和后现代观念的认同具有地域差异，而且在同一地域内部，三种观念的认同亦复杂地交错并存。这使得中国社会在文化认同上呈现出碎片化的

---

① ［美］弗洛姆：《逃避自由》，刘林海译，人民文学出版社 2018 年版，第 78 页。

② ［德］霍克海默、［德］阿道尔诺：《启蒙辩证法：哲学断片》，渠敬东、曹卫东译，上海人民出版社 2006 年版，第 9 页。

特点，越是在经济发达的地区，由于外来流动人口的比重较大，此种碎片化现象就越明显。加上严峻国际形势的压力，更会让人们在观念认同上有无所适从之感。在这种情形中，凝聚经济发展共识和文化共识是不容易的。但越是在这样的时候，我们越不能畏缩不前，越要提倡积极、稳健的开拓进取精神和勇敢的试错精神，而要特别注意的，是规避和努力消弭社会各领域中显见的极化观念和行为。不得不说，极化观念和行为渗透在我们生活的方方面面，如极端保守、极端夸大事实、极端谴责自我或他人、工作上的极端完美主义、生活态度上的极端利己主义、价值上的极端相对主义、文化建设中的极端理性主义或极端神秘主义、政治上的极端民粹主义和不理性的爱国主义、国际关系上盲目对抗的冷战思维，等等。这些极化的观念和行为对个体的日常生活、社会公序良俗、政治和文化建设具有严重的危害性。因此，在当今中国的文化建设中，批判极化观念和行为，探寻健康、非极化的思维方法，对个体规避生存风险，降低社会、政治、文化建设误区具有重要意义。

其实，如果我们不脱离情感来认识理性——中国哲学家梁漱溟、李泽厚、蒙培元等都是如此认识和运用"理性"观念的，则理性本身就是情感与理智相结合的产物。[①] 就包含情感要素的理性观念而言，"缘情用理"的思维方法就是真正理性的思维方法，儒家"中庸"精神就是真正的理性精神，而真正的理性精神应当是反极化思维的精神。故警惕极化观念和行为，不仅对当代中国的发展尤其重要，而且在人类文化的发展上也具有普遍性的意义。

第五，情缘论在价值观和思维方法上并不是纯粹相对主义或偶然主义的。情缘论是一种不具有绝对决定性的本源论，但这并不意味着其在价值观上和方法论上是纯粹相对主义或偶然主义的，机缘并不等同于偶然。以情感需求为本源而建构的价值观念的确具有主观性特征，因为情感是主体自由的源泉，情感表达了人在其际遇中的满意或不满意，而这正是人超越自然世界和客观

---

① 梁漱溟说："必须摒除感情而后其认识乃锐入者，是之谓理智；其不欺好恶而判别自然明切者，是之谓理性。"蒙培元说："（儒家）所谓理性不是西方式的理智能力，而是指人之所以为人的性理，这性理又是以情感为内容的，因此它是一种'具体理性'而非'形式理性'、'抽象理性'，是'情理'而不是纯粹的理智理性。"分别参见梁漱溟《中国文化要义》，载《梁漱溟全集》第3卷，第128页；蒙培元《情感与理性》，第21—22页。

法则的起点。但情感也不是凭空而发生的，任何一种情缘都是人的某种际遇的情感反映，而任何一种际遇，对主体来说既是"机遇"，也是"遭遇"。"遭遇"反映了主体不得不面对的境况，这也是情感需求所要反映和必须应对的内容。就此而言，价值的生成并不完全是相对的、偶然的，而是有其必然的一面。对情缘所开显的一切来说，必然和偶然、绝对和相对是辩证地交织在一起的。绝对的必然和偶然、绝对的绝对和相对都是不成立的。

前现代的神学、形而上学以及西方启蒙时代的一些理性主义哲学倾向于树立一个绝对的存在者并竭力为此存在者的"绝对性"做论证，这是一种"绝对者是绝对的"的思维方式。一些后现代主义者为了批判这一思维误区，又转而宣称"偶然性是必然的"，且"只有偶然性是必然的"①，这是"相对者是绝对的"的思维方式。这两种思维方式都偏离了情缘论所支持的中道的、辩证的、"缘情用理"的，总之是非极化的思维方式。这是当代文化建设需要深入省察的问题。

四 情缘论的理论应用

以上只是分析了情缘论的基本特点，欲进一步展示情缘论的理论意义，还必须进一步阐明其在各领域中的应用。情缘论的核心命题和根本方法是"缘情用理"，以"缘情用理"为理论基础，情缘论在传统儒家"缘情言诗"和"缘情制礼"的传统之外，从心灵哲学的视角出发，提出了"缘情育人""缘情立德""缘情归宗"的命题。

所谓"缘情育人"，是说以情感为本、辅以理智，帮助主体建立一健康的自我意识或人格结构。在儒家文化传统中，人格的挺立和实现固然意味着道德人格的建立和完成，但前提是要保证这个人是身心健康的人。这里的"育人"，就是从身心健康特别是建立健康人格的层面来说的。身体的健康需要加强保养和锻炼，这固然不必多说。从心灵层面来看，健康心灵的核心是建构

---

① ［法］甘丹·梅亚苏：《有限性之后：论偶然性的必然性》，吴燕译，河南大学出版社 2017 年版，第 129 页。

一个稳固、抗打击能力强、能够灵活应对环境的自我意识或人格结构。这要求在主体自我意识中，一方面要有清晰、坚定的自我发展和自我实现的理想、愿望，另一方面自我实现能够与外在社会、世界的存在及其变化相适应。即在时间性维度上具有完整的过去、现在、未来，并且通过较强的未来目标引领和包容过去与现在；在空间性维度上具有完整的自我、他人和宇宙万物的空间意识，并且三者间的关系具有较强的和谐性。传统儒家式人格具有完整的时空意识，在时间性维度上强化了未来（成圣成贤的理想）对过去和现在的导向作用，在空间性维度上强化了和谐关系（自我与他人、与宇宙万物的一体和谐）的维护，在时空叠合方式上凸显了空间性价值对时间性维度的引导作用（个人的成圣成贤以"万物一体"境界的实现为导向）。这保证了儒家式人格首先是一种健康人格。但需要改变的是，由于现代主体在人格结构上凸显了时间性价值——个性发展——对空间性维度的引导作用，儒家文化也需要在此方面做一定的调适和改变。

不过，无论健康自我意识的维系还是其时代性的调适和改变，在根本上要从两个方面去努力：一方面，由于个体的情感体验及情感意愿是不能完全客观化的，因而是个体自我人生理想建构的基础，是个性和人格之"未来"向度生成的根源，故自我意识的时间之维及其强化，需要凸显个体情感体验在"自我"观念建构中的优先地位；另一方面，无论在自我生存意愿和未来目标的清晰呈现上，还是在处理时间性价值与空间性价值的关系，或者说个性与共性的关系上，都需要理智运用具体的知识、考察具体的环境状况来提供合理的建议。就此而言，健康人格建构及其时代调适，在根本上要依赖"缘情用理"的方法才能实现。

所谓"缘情立德"，是说以情感为本、辅以理智，帮助主体建立起一套完备的道德评价体系，并在此基础上成为一个有德之人。儒家不仅要人们做一个健康的人，确实也特别强调人们去做有道德的人。从先秦儒家思想来看（而不是以宋明理学为标准），儒家伦理既不是纯粹的德性伦理，也不是规则伦理和纯粹的后果主义伦理，而仿佛是三者的某种杂糅。即儒家似乎既讲内在品质及其践行，又讲公共利益的考量及其对个体行为的规范，有学者将这种类型的伦理学称之为"德行伦理"。① 表面看来，德行伦理好像没有一以贯之的学理，而只是一种习俗化、风俗化规范的杂糅。但事实上，"德行伦理"是有一贯的理论基础的，这个理论基础就是"缘仁用智"，或者说"缘情用理"。"缘情用理"的方法论，要求人们在道德评价上不仅要考量内在的情感意愿，也要考量外在的现实因素和后果，但以前者为优先。这样的方法论，使得先秦儒家伦理学处于纯粹德性伦理、规则伦理和后果主义伦理的中间状态。这其实是一种中庸的、中道的伦理学理论，有一以贯之的理论基础，而不是不同理论体系的简单杂糅。它本质上是一种"情理伦理"。这种"情理伦理"视纯粹的德性伦理和后果主义伦理为带有"极化"特征的伦理学。

"缘情用理"的儒家情理伦理或"德行伦理"在道德行为之是非的评价上区分了两个层次：在根本层面，以"缘情用理"为准则，即考察一个行为是否在共同体成员本真情感意愿的基础上综合考量了现实情况、后果等因素，这是比较复杂需要商讨的事情，揭示了在根本上做道德评价的困难；在权宜层面，如果人们基本认可现行的道德规范（外在规范和良心）的正义性（即合乎"缘情用理"的理论基础），那么在日常生活中亦可以现行道德规范为标准做相对的道德判断，在外在规范与良心中，外在规范是更为清晰的。与道德行为之是非的评价相应，在品德评价上，对于一个行为是否有"德"，也可以从两个层次上来评价：在根本层面，从一个行为是否基于"缘情用理"的实践来判断，这是"德行"判断；在权宜层面，既可以从"德行"内化到主体内心中的良知、良心反应来判断，这是"德性"判断，也可以从"德行"外化成的外在原则、规范来判断，这是"德操"判断。此种分层次的道德行为之是非判断和品德判断在现代社会中是必要的，它一方面彰显了道德判断在根本上的复杂性，体现出了对轻易地、盲目地根据固化原则做出道德评判之行为的批判和反思；另一方面也能满足现代社会道德评判上日益凸显的一种需要，即随着人员流动的增强和生活方式的迅速变化，在难以追溯动机或外在规范不健全的情形下进行道德评判的需要。

所谓"缘情归宗"，是说以情感为本、辅以理智，帮助主体在观念和环境

---

① 陈来：《儒学美德论》，生活·读书·新知三联书店 2015 年版，第 373 页。

变化迅捷的时代建立稳定的心灵归属和身份认同。人的心灵不能漂泊无依，总需要找寻一个归宿。对于心灵的归宿，人们通常将目光放在对超越存在者的信仰、对某种义理系统或心灵境界的认同方面。基于这些认同，人们在现实中才能获得一种与此宗派、学派、学说相关的身份。然而，人的认识是有限的，不能不承认，随着人类生存经验的积累、认识的发展，历史上很多超越存在者的观念、人生哲学的义理学说都表现出了这样那样的局限，甚至被颠覆。这就导致建立在超越信仰和义理认同之上的身份认同总是不断地面临着冲击。我们不禁要问，能否通过一种方式，使人们的身份认同包容特定信念和义理的缺陷及其变化呢？通过考察儒家广泛身份认同的现象，可以发现，其实儒家在身份认同上并不仅局限于信仰和义理认同的方式，或者说并不局限于"因信归宗"和"循理归宗"的方式，其背后还蕴含着一种起根本作用的"缘情归宗"的方式。"缘情归宗"是说，一个人不管因为什么原因而归宗于儒家，他对儒家的归属感和热爱情感是可以脱离具体的信仰认同和义理认同的，尽管信念会变化、义理会变化，但基于情感的身份认同感和心灵归属感依然会延续。以情感为核心，我们会发现情感的维系并不总是依赖原来引发情感的条件和理由。好比，一个女孩因为一个男孩长相俊美而爱上了他，当他因为某种原因变丑时，爱的存在可能积极引导这个女孩寻找其他理由，比如性格、才华等而继续爱这个男孩。"缘情归宗"就是要把这份情感作为身份认同的基础，通过"缘情用理"的方式，积极地探寻维护这份情感的根据。也就是说，"缘情归宗"不以任何一种信念和义理作为建立身份认同的基础，而是以归属感和热爱的情感为基础。这种身份认同方式是将主体内化于一种现实的身份，从而使其心灵超越任何信念和义理，并能够积极地引导理智根据新的情境去建构、更新信念和义理。时代变了，信念和义理也都变了，但这份情，这份心灵的归属，心中的身份认同依然可以不变。这就是"缘情归宗"的优点。当然，这种身份认同理念不仅适用于儒家，在企业认同、民族认同、国家认同等诸多领域都具有适用性。

第十一章　情缘论的理论架构

情缘论以思想视域论、价值论和方法论为基本理论架构。在思想视域上，主张以境界论视域为最优先的视域；在价值论上，以情感为意义或价值之源；在方法论上，以"缘情用理"为根本方法。先来看情缘论的思想视域特征。

一　情缘论的思想视域论

本书上篇探讨了"情缘论"思想视域在中国哲学传统中的存在及其遮蔽情况。总体来看，"情缘论"思想视域在道家和佛家哲学中是被遮蔽的，只有在一些先秦儒学理论中，才得以正面地存在和展开，因为这些儒学理论能够肯定人的情感存在及其在文化建构中的本源性地位。"情缘论"是以境界论思想视域为根本的，不过它也并不否认其他本源性视域的存在及其作用。故确切地说，"情缘论"思想视域是以境界论视域为优先视域，进而统摄其他思想视域的。由于境界论思想视域在根本上是一种价值视域，是对人敞开事物存在的"显相"视域；而本体论视域、宇宙论视域等，都属于揭示事物存在之"实相"的视域。[①] 故"情缘论"思想视域也可以被看作"显相论"统摄一切"实相论"的视域。由于本体论、宇宙论思想视域的开展离不开理智的运用，故从心灵功能的视角来看，"情缘论"思想视域乃是情感统摄理智的视域。

然而，境界论视域真的具有相对其他思想视域的优先性，而不能与其他本源性视域浑然一体吗？这一问题前文虽多次讲到，但尚未对之进行专门的论证。传统中国哲学有一种发展倾向，就是将各类本源性的视域浑而为一，

---

① 李海超：《阳明心学与儒家现代性观念的开展》，第 219 页。

认为它们之间是可浑然一体、合一的，这在儒家传统中的宋明理学特别是心学中体现得尤为明显。本章将以宋明理学素材为中心，对中国哲学中的各种本源性视域之浑一现象进行分析，指出它们之间的不可合一性，并借此对"情缘论"思想视域之正当性做出说明。

（一）宇宙论、本体论、境界论视域的浑一

"本源"一词在哲学中用以表述事物所从出之终极的根源或根据。由于人们对事物之本源追问的思想方向不同，故而事物的存在及其本源往往通过不同的思想视域呈现出来。人们看待事物的视角是非常多元的，因此追溯事物存在之本源的视域亦是多元的，而且不同的思想视域之间可能会有交叉与重合。但纵观哲学史，哲学家们追问事物存在之本源的思想视域可以大体被归结为三种类型。

一种是宇宙论视域。这种视域从时空关系呈现事物的存在，探讨的是事物在时空中的因果关系。在宇宙论视域中，人们追溯事物存在的本源，最终追溯到宇宙创生万物的起点或始因，中国哲学通常称之为"太始""元"等（下文皆简称为"太始"）。严格说来，宇宙论视域中的本源并不是一种形而上的存在者，而是一种形而下的存在者。它虽然是时空中最先的存在者，但依然是一个具体的存在者。（如陆九渊所说："天地亦是器。"①）不管这个存在者被描述为创生世界的人格性的"神"，还是精神性或非精神性的"物"，或者只是一种包含动与静、翕与辟之变化的势能。无论是哪一种，它都具体地存在着，虽然与宇宙后来流行的万物相比，它没有具体的形象，不可被清晰地描述和言说，它是一个浑沌，但它依然是最开始的那一个具体的存在者，是万物在时空中变化流转的第一因，它的存在不是抽象的。

一种是本体论视域。这种视域即事物当下的存在而追溯其得以存在的根据，这种追问关心的不是事物在时空流转中的始因或前因，它关心的是，不管事物如何流转，其得以这样呈现和变化的基础是什么？也就是说，本体论视域探讨的是事物存在的体用关系，如果对"用"加以细分，也可以说是体、

---

① 陆九渊：《陆九渊集》，中华书局 1980 年版，第 476 页。

相、用之间的关系。在本体论视域中，人们追溯事物存在的本源，最终追溯到的便是事物存在的本体。但本体与太始不同，本体总支撑着事物的存在或者总蕴含在事物之中。有的哲学认为，本体离其相、用而独存于一"理"的世界；有的哲学认为，道器不二，道不离器，本体总"寓"于相、用之中。无论是哪一种，一个事物的显现背后总有本体的支撑，一旦离了本体，亦不会有任何相与用存在。由于本体是一切形象、作用的支撑者，故其本身不是形而下的存在者，而是形而上的存在者；也可以说，本体不应该是具体、特殊的存在者，而是终极的、绝对的存在者。

最后一种是境界论视域。境界，依其文义，即是一定的界域，就此而言，无论是内心的还是外在的，只要有界域的划分，即有不同的境界。不过，这不是本书所要探讨的境界。本书所要探讨的境界一定与人相关，亦即境界是人通过不同方式或不同程度的努力而实现的生存状态，这些生存样态向内包含主体内心的心理状态、观念世界，向外包含由人的心灵和行为作用、影响而成就的外境。其中，主体的生存样态始终是境界的核心。这意味着，尽管境界论视域也涉及事物、世界的存在问题，但这些存在与人的生存状态之间的关联才是境界论视域所呈现的本质内容。也可以说，在境界论视域中，事物因其对人的生存有某种意义而得以开显。[①] 而且这种意义关系在根本上并不是时空因果关系和体用关系，而是人的某种需求所赋予的关系。也可以说，在境界中，事物对人的意义是人所赋予的，是随着人的生存需求以及本着生存需求所进行的情感活动、认知活动、实践活动而被赋予的。因此，客观上可观察的同一个事物对不同的人、在同一个人的不同处境中皆可能会有不同的意义。是故，在境界论视域中，人们追溯事物存在的本源，最终追溯到的不是其本体和太始，而是事物对人的生存的意义之源。

以上简要论述了三种本源性视域的基本特征，下面将具体论述三种本源性视域在宋明理学中的浑一现象。宋明理学大体可分成三系或者说三个派别：理学派、心学派、气学派。这里不去详细地陈述各个派系的发展历程，只以其各自代表性人物的观点为例，对其理论中太始、本体、境界之源相浑一的

---

① 冯友兰：《新原人》，载《三松堂全集》第 4 卷，第 496 页。

现象加以阐述。

理学派思想的集大成者是朱熹,朱熹思想中的本源观念是"天理"。如他说:"性是形而上者,气是形而下者。形而上者全是天理,形而下者只是那查滓。至于形,又是查滓至浊者也。"① 在朱子思想中,天是宇宙论视域中的太始,而天之理则是万物存在的终极本体。讲事物存在的本体而总与天关联起来,与其最初的创生者关联起来,便总关联着时空感,凸显着理从天到事物的下贯,于是本体论与宇宙论总扭结在一起,讲事物之本体总没法从宇宙论视域中彻底剥离开来。

这里有一个问题需要探讨,即作为本体的原理虽可能完全蕴含在特殊的事物中(如"天"),但特殊事物之理未必能完全地表现它,很可能只是部分地表现它。因此讲一特殊事物之理,我们应该区分此理究竟是使此特殊事物成其特殊性的理,还是此特殊事物所蕴含的本体之理,亦即应该区分"天之理"在"天"中所发用的部分和"理"本体本身。虽物物可以各有一太极,各蕴含着理本体,但发用之部分不同(虽然这些不同无关于理,而是根源于气),物物便各有不同。在此意义上,天作为太始亦不过本体之理的一种特殊的表现而已,天之理如何能代表本体之理呢?依朱子的观点,由于天之气的清明,天之理并不受天之气的限隔,因此天之理自然能代表本体之理。在此纳入境界论视域。朱熹用"天理"来表达人之理或人之本性、价值的圆满实现。他说:"性者,即天理也。""做到私欲净尽,天理流行,便是仁。""圣人言语,皆天理自然,本坦易明白在那里。"② 可是,天与人在气质上毕竟不同,以天之理的实现为人生修养的最高境界,人便不得不变化其气质,直至气之清明同于天之气,使天理能够完全地朗现,从而天人合一。当然,这里的"天人合一"只是人的认识和行为与天理一致,是境界论视域被折合到"本体宇宙论"的视域之中,而不是境界论视域与本体论视域、宇宙论视域在根本上浑然一体。

宇宙论视域与本体论视域的浑一现象在气学派代表人物张载那里表现得

---

① 黎靖德编:《朱子语类》第1册,第97页。
② 黎靖德编:《朱子语类》第1册,第96、117、179页。

更为明显。张载哲学通常被称作气本论，在他的学说中一切存在者皆是"太虚"聚散的产物："太虚无形，气之本体，其聚其散，变化之客形尔。"① 张载虽也讲"理"，然而理与气的关系不像朱子哲学那样明显地被区分为两种存在者，张载认为理，亦即是道，不过是气化的原则而已，气并非依傍"理"而化，而是气自然会化，气化所展现的原则就是"理"或"道"。故张载说："由太虚，有天之名；由气化，有道之名……"② 天即太虚，是有具体性的气，道是阴阳变化之理，故严格说来天是太始，道或理是本体。然而张载不将理从气中区分开来，认为具体的事物不过是太虚之凝聚而成之"客形"，其散而又化为太虚，由此天与万物似乎又有体用的关系。可见，太始与本体有浑一的意味。对于境界论视域，张载认为，人生修养的最高境界，亦即尽性境界、至诚境界，就是要达到"天人合一"，消除无形之天与有形之物之间的限隔，与天地万物共感，与阴阳之气同化。如张载说："客感客形与无感无形，惟尽性者一之。""圣者，至诚得天之谓。""故天人合一，致学而可以成圣……"③ 对于人的修养境界与天道的合一，下面这段话表述得更为清晰：

> 有无一，内外合，此人心之所自来也。若圣人则不专以闻见为心，故能不专以闻见为用。无所不感者虚也，即感即合也，咸也。以万物本一，故一能合异；以其能合异，故谓之感；若非有异则无合。天性，乾坤、阴阳也，二端故有感，本一故能合。天地生万物，所受虽不同，皆无须臾之不感，所谓性即天道也。④

之所以说圣人的修养境界是与天道的合一，而不是在其主观心理中建立起一套关于天道的准确认知并在行动中遵循这些认知，是因为天道在根本上是不可以"闻见之心"窥测的。圣人与天道之合是通过他的"感"，而这个"感"本身即是天道流行中阴阳二气交感之"感"，两者是同一种感。所以，

① 张载：《张载集》，中华书局 1978 年版，第 7 页。
② 张载：《张载集》，第 9 页。
③ 张载：《张载集》，第 7、9、65 页。
④ 张载：《张载集》，第 63 页。

圣人境界实际是将自身融入天道的境界，是真能"见"天人不二的境界，是突破主观认识的超越境界。故圣人最高的境界论视域本身即是宇宙论、本体论视域。所以在气学派中，不仅境界论视域被高度宇宙论、本体论化了，而且三种思想视域之间已经有了明显的浑一倾向。

心学派不仅继承气学派将理与气浑为一体，而且又进一步将道心（天理、性）与人心浑一，如此，心、气、理的浑一或合一现象便在心学派中得到了最高的表现，宇宙论视域、本体论视域、境界论视域在根本上的浑一现象也因之得到了最高的表现。阳明心学是心学派思想的高峰，下面以阳明心学为例对此做简要的说明。

阳明心学在理气关系上继承了张载气学的观点。张载指出，太虚是万物存在之本，如上文所说，此"本"既有本体义，也有太始义。对于太虚的本源地位，阳明是认可的，也可以说是直接继承的，但他又根据心学的传统，立一与太虚地位相同的概念"良知"：

> 先生曰："……良知之虚便是天之太虚，良知之无便是太虚之无形，日、月、风、雷、山、川、民、物，凡有貌象形色，皆在太虚无形中发用流行。未尝作得天的障碍。圣人只是顺其良知之发用，天地万物，俱在我良知的发用流行中，何尝又有一物起于良知之外能作得障碍？"①

万物在良知发用流行中存在，一如张载所谓万物在太虚中发用流行。就此而言，良知有太始，即"天"的意味。阳明曾明确讲："'先天而天弗违'，天即良知也。'后天而奉天时'，良知即天也。"② 因为良知即天，天既有存在的具体性，即气性，又内涵气化的原理，即天理。因理与气浑为一体，故阳明通常直接讲"良知即天理"。因此良知亦有本体的意涵。他说："良知是天理之昭明灵觉处。故良知即是天理……"③ 在讲到人与天地万物的一体性时，

---

① 王阳明：《王阳明全集》，第 121 页。
② 王阳明：《王阳明全集》，第 125 页。
③ 王阳明：《王阳明全集》，第 81 页。

阳明则强调良知的"气"性。

尽管如此，阳明心学并非张载气学的翻版，因为良知不仅仅是天、是太虚、是理气浑然一体之万物存在的本源，它更是人的本心，是"人心一点灵明"①，而人心这一点灵明，同时又是天地万物一体之"发窍最精处"。这实际上是把人心进一步提升到了超越的层面，从而打消了道心与人心的限隔，表明两者浑然一体。心学派的开创者陆九渊有一段话清晰地表明了这一点："书曰：'人心惟危，道心惟微。'解者多指人心为人欲，道心为天理，此说非是。心一也，人安有二心？自人而言，则曰惟危；自道而言，则曰惟微。"②这表明，心学极大地缩小了性与心、天与人之间的限隔，进而增进了人的心灵境界与天道及其流行的浑一性。如果说，在理学派和气学派那里，本体与太始的浑一胜于它们与心灵境界的浑一，心灵境界更多地被折合为宇宙、本体论视域之下的环节和表现，而在心学派那里，更多地展现了境界论视域与宇宙、本体论视域之间的平等性。所以，当阳明讲天地万物与人原本一体的时候，这一体性在表现气化流行的一体性之外，更多地凸显了良知或绝对主体创生万物的一体性。

根据三种本源性视域在根本上平等地浑然一体的哲学理论，三种本源浑一的绝对本源与事物存在的关系如下图所示：

在上图中，三角形代表一个具体存在的事物，三个带箭头的虚线显示的是宇宙论、本体论、境界论视域下本源对事物之存在的创生意义。按照三种视域在根本上浑然一体的理论，三种视域下的本源最终都指向同一个存在者，即事物存在的绝对本源。当然，这个本源自身有不同的属性或方面，其不同的属性或方面可以代表不同思想视域下事物存在的本源，但在根本上，这些属性是浑然一体的，亦即它们不过是一个本源性存在者的不

---

① 王阳明：《王阳明全集》，第 125 页。
② 陆九渊：《陆九渊集》，第 395—396 页。

同方面而已。

不过，宇宙论视域、本体论视域和境界论视域及其各视域中的本源观念真的能够完全浑一或合一吗？下文将通过具体的论证对此作出否定性回答。

（二）宇宙论、本体论、境界论视域的还原

上文区分了三种类型的思想视域，这三种思想视域虽然在不同的哲学理论中可分别作为本源性的视域存在，但在一元论的哲学理论中，三者往往不能同时兼具本源性地位。它们中的某种思想视域通常被进一步还原到其他的思想视域之中。比如，本体论视域和境界论视域被还原到宇宙论视域中，或者宇宙论视域和境界论视域被还原到本体论视域中，又或者宇宙论视域和本体论视域被还原到境界论视域中。纵观哲学史，上述还原现象是普遍存在的。当一种哲学理论是以某一种思想视域为根本解释万物之存在的时候，它其实就认同了某种类型的还原。比如，若一种哲学在根本上是本体论哲学，那么它就会以其所认定的某种"本体"为基础演绎出宇宙时空的视域和人生境界的视域，亦即在此种哲学理论中，宇宙万物的存在、发展和人生境界的敞开皆根源于本体的原理及其开展。除非一种哲学理论宣称三种思想视域在根本上具有平等的浑一性，如此一来，三种思想视域皆可称为本源性的视域。如果三种视域皆是本源性的视域，而这三种视域又是可浑一的，这其实意味着三种视域间可做相互的还原。

具体来说，三种视域的浑然一体包含两种情形，一种是，三种视域中的本源观念是同一的；另一种是，三种视域中的本源观念皆是某个终极本源的某一方面，三者皆可被此终极本源所蕴含。在第一种情形中，因为本源观念的直接同一，三种本源性视域必然能够相互地还原。在第二种情形中，三种本源视域中的本源皆为终极本源所蕴含，因而它们皆可通过整全的本源观念所开出，故而可以间接地相互还原和消融为一体。这里，三种本源观念与整全的终极本源之间一定不是组合关系，亦即不是三者挂搭在一起的关系，三者之间定然具有一定程度的同一性，否则此种哲学的本源观念就是多元论而不可能是浑然一体的一元论。因此，浑一本身就意味着不同思想视域之间的同一性问题。故第二种情形在本质上可化约到第一种情形中。同一，便意味

着可以相互还原。问题是，不同的本源性思想视域之间，真的能够相互还原和消融吗？其本源观念真的能够浑一或合一吗？

视域，顾名思义，即人们看事物的视角所展开的范围。看事物的视角不同、方向不同，呈现的视域自然也就不同。如果两种视域没有重合之处，那么一种视域中呈现的事物就不可能与另一种视域中呈现的事物相同。因此，人们也不能从一种视域确定地推出另一种与之完全不重合的视域所看到的东西。在地球上，一直向东看的视域最终会与最终向西看的视域重合，这是因为地球是圆的，人们在向东看的时候视角一直在发生偏转。从理论上看，平面之上的两个相反的视角是不可能重合的。同样，不同的本源性视域，是人们从不同的思想方向探究事物存在之本源而呈现的观念世界。如果不存在思想方向上的偏转，具有根本性差异的本源性视域是不可能重合的。不能重合，即意味着不同本源性视域之间不能同一，不能同一便意味着它们所揭示的事物之存在不能相互还原，各自视域中的本源观念自然也不能相互还原。就此而言，我们无法判定不同的本源观念之间一定是浑然一体的。

宇宙论视域探究的是事物之间的时空因果关系，本体论视域探究的是事物存在之体、相、用关系，这是两种不同性质的因果关系，因此这两种思想视域是不重合的，这两种视域中的观念自然不能相互还原。本体即太始，这种可能性不是不存在，但从宇宙论的视域和本体论的视域，以及两者综合的视域不能确证它们的合一或同一，因为这两种视域揭示的是不同性质的本源。太始作为形下之第一存在者可能蕴含整全的本体，也可能只蕴含表现自身的本体部分，或者蕴含比自身更多但又不是全部的本体部分，对于这些人们是没法从宇宙论的太始观念中推论出来的。正如人的基因中蕴含着隐性基因一样，那些隐性基因也许会在下一代个体身上表现出来，也许一直都不表现，也许会在某个人们意想不到的时候表现，也许人会突然获得以前不曾有过的基因，对此我们是不能从第一个人到今天的人的时空繁衍中完全推论出来的。要想弄清楚基因的问题，人们就要从基因及其表现的视角展开研究。要想弄清楚本体的问题，我们也只能从本体论的视域展开研究。反过来，研究清楚本体问题是否就能完全地把握事物在时空中的关系呢？这也是不确定的。尽管事物遵行着物理法则运行，但事物在时空中相互激荡的偶然性、复杂性、多元性仍然是不能从物理法则本身完全推知的。故无论宇宙论的视域，还是本体论的视域，其实都只是一种有限的、独特的因果关系视域，就此而言，任何一种视域都不能给出关于事物存在的全面的解答。本源视域间是否可相互还原以及各种本源观念能否浑然一体的全面性解答，只有在超越有限性视域的全视域视角下才能确定。人作为有限性主体是不具有这样的全视域能力的。即便人可以获得这样的能力（成为神、与无限合一的圣人），但至少宇宙论视域和本体论视域本身以及它们的结合不能代表全视域，这也就意味着至少只从这两个有限的本源性视域出发是不能确定它们之间有同一性的，当然也就不能确证太始与本体的可浑一性或可合一性。所以，那些将宇宙论视域和本体论视域掺和在一起，认为两者可相互还原，将本体与太始浑一的哲学理论是存在问题的。

以上探讨了宇宙论视域与本体论视域的还原问题，尚未讨论境界论视域。与宇宙论和本体相比，人们最容易对境界论视域的本源性产生怀疑，认为境界中一切主体赋予意义的活动均可被还原到宇宙论或本体论的视域中去，因此境界以及由境界所开显的事物的存在并没有本源性的意义。很多宇宙论哲学和本体论哲学都是这么处理境界论视域的。它们认为是太始的流行或本体的发用产生了人，人根据太始或本体所赋予自己的本性敞开自己的生存境界或心灵境界，故一切境界皆为太始或本体所赋予人的本性所涵，或由太始和本体所决定，故境界论视域不具有本源性意义。

境界论视域的本质特征是人与其生存世界建立起一种意义性的关联，从而使一切事物成为有意义的存在。因此，境界论视域所敞开的一切存在者能否被彻底地还原到宇宙论或本体论视域中去，关键要看"意义"是否能够从宇宙论或本体论视域中给出，或者说太始或本体本身是否蕴含着人的生存所需要的一切意义或价值。在典型的宇宙论和本体论哲学中，这是显而易见的事情。无论董仲舒哲学中带有较强宇宙太始色彩（偏于太始色彩但也具有本体意义）和人格性的"天"，还是宋明理学中带有突出本体色彩（偏于本体色彩但也具有太始意义）的"天理""本心"，皆内在地蕴含着人生所应追求的价值，其中最高的价值是"仁"。故人生的意义追求，不同人生境界中的事物的价值性，本质上是太始、本体中所蕴含之意义或价值的呈现状态。这些状态的呈现固然与主体的选择、修养、实践相关，但归根到底并不是主体创造了这些价值和决定了这些价值的表现状态。从整个宇宙的运转以及所有事物显相、发用的状态来看，最终是太始、本体决定了人，而不是人决定了太始和本体。于是事物在人生境界中所具有的意义表面上看是主体所赋予的，但在绝对宇宙论、本体论哲学中，主体不过是一个被操控的木偶，不过是宇宙太始和本体实现其自身目的的一个环节，一切决定性作用来源于太始和本体的展开。然而，倘若太始和本体真具有这样的决定性作用，那么主体的生存意义及其通过境界所展现的意义世界也就丧失了。因为在绝对命定的世界中，在没有真正自由选择的情境中，一切都是自然的和必然的，人按照预先规定好了的意义所指引的方向和目标去生存，一切生存境界的差异又有什么意义呢？所以，在一切都可被还原到预定意义的世界中，或者在人生意义的生成完全被预先决定的世界中，谈论人的生存境界、谈论人生的意义是十分荒谬的事情。

如果预定意义或决定意义生成的本体就是作为主体的人的某种先天规定呢（本体下贯或完全预存于人心、人性之中）？这不就将意义或意义生成的根据落实于人了吗？可问题是，如果人在自己的生活中对这种先天规定及其展开不能做任何的选择或改变——哪怕只是内心中幻想的选择和改变①，在此情形下，人生依旧是彻底的命定，这与本体及其原则在主体之内与之外没有任何区别。这意味着，人生的价值和意义必须由现实生存着的个体主体生成，个体主体在这里发挥的作用不是中介性的，必须是源始性的。因此，意义的源泉在形而下的、具体、现实的生存主体，而不来源于形而上的本体；而且

———————

① 也许心灵的内在"主观性"根本就不存在，但很显然，人的心灵能在物理、生理世界的支配下做出"主观性"幻想，而且人能够本着这些"主观性"幻想去生存。我们日常使用的关于主观心灵的观念、话语的存在，以及人们自认为根据心中所想而做出的行动就是证明。"主观性"幻想是人坚守自身自主性的最后底线，也是境界论视域之不可还原的最后底线。也就是说，哪怕从真实的认知来看（假设这种认知是正确的），人生就是绝对的命定，但我们却可以在知晓这一事实的情况下，在一定范围内通过幻想拒绝这种命定。基于此，我们也可以建立有意义的人生。参见李海超《心灵的修养——一种情感本源的心灵儒学》内篇第一、二章。

就是当下的这个生存的主体，也不可以进一步追溯到此当下生存主体之前的任何事物，即不可以追溯到宇宙论视域中的太始。是故，境界论视域，这一以人的生存意义为中心和源泉的视域是不可以被还原到宇宙论视域和本体论视域之中的。

所以，宇宙论视域、本体论视域、境界论视域三者间是不可相互还原的，三种视域中的本源观念也是不可浑然一体的，因为三者在根本上是不同一的。故对具体事物的存在而言，三种视域皆属本源性的视域。那些宣称三者间可作还原的哲学，往往是因为其所认定的最本源的视域以及其中的本源观念并不纯粹是上文所楷定的三种视域，而是此三种视域及其本源观念的某种混合。比如，某些本体论哲学所谓的本体，从来不单纯是上文所谓本体，而是本体与太始的浑一，甚至是本体、太始与境界本源的浑一或合一。但三种视域既然是不可相互还原的，那么，这种浑一性的设定显然是有问题的，必然会导致某些视域之价值的遮蔽或扭曲，进而导致人们对具体事物之存在的某种遮蔽或扭曲。

（三）宇宙论、本体论、境界论视域的分离

反观宋明理学，我们发现，三种本源性视域在根本上具有不同程度的浑一性（不同的学派程度不同）。程朱理学和张载气学在宇宙论视域和本体论视域的浑一方面较为明显，与境界论视域的浑一相对较弱。在阳明心学中，三种本源性视域及其本源观念的浑一程度达到了高峰，亦即作为万物生成的太始——天、太虚之气，内在地蕴含着万物存在的本体——天理，以及人生最高境界的呈现之源——先天德性或本心、良知，三者浑然一体。

鉴于三种本源性视域之间事实上的不可还原性，当我们就着某一思想视域追溯事物的本源的时候，此本源只能在本视域中呈现，故任何一种视域中的本源观念一定是与其他视域中的本源观念分离的。多种本源观念相互的蕴含，在根本上只能是视域交汇融合的结果。但由于视域间的不可还原性，这种交汇融合的产物只能是一种推测的"信念"。宋明理学家及其继承者们当然不认可视域在相互分离背景下的交汇融合了。他们认为多本源观念的浑然一体是在"超视域"或者说"全视域"之下被证知的，即不是"以我观物"，

而是"以物观物"①的结果，不是"闻见之知"而是"德性所知"②的结果。可是这种"全视域"几乎等同于"无视域"，因为这种无限性的超越性的领会或感通一般只能在个体经验心灵冥寂中呈现，只能在超越性的大我中呈现，最终是拥有全视域的绝对本源的自我呈现。而个体经验心灵在此过程中一定是冥寂的。故对个体经验心灵而言，一切视域皆未展开，所以这是一种无视域的超绝的观照。无限观照中领会的结果，即超越心灵领会的结果，如何落实到有限性的个体经验心灵依然是一个问题。有限性的心灵就这样经过一番"忘我"或"超越"被给予了一个万物本源浑然一体的信念，而这个信念是它自身所不能确证的。既然这个信念是有限的视域的交汇融合所不能确证的，它要接受这个信念，此信念在经验心灵中必然有一个推测的、假说的性质。

如果说超越的心灵与经验的心灵就是同一个心灵，这便是说人的心灵本来就是无限的，如阳明心学讲人的本心就是天心。但人心毕竟是个体化的，是形而下特殊存在物，它在这个层面上就不可能是无限的，如果说它同时在另一个层面上又是无限的，这就产生了矛盾，此种二重性的完全贯通是困难的。杨国荣在《心学之思：王阳明哲学的阐释》一书中便指出了阳明心学心灵的普遍性与个体性的二重性问题。③ 牟宗三作为心学的继承者，宣称人具有"智的直觉"，认为"人虽有限而可无限"。④ 即他认为，人的心灵本来具有无限性，但由于"人不能一时当一切机"，故表现出有限性。尽管如此，毕竟心灵本体是无限的，故任何当机表现皆可符合无限本体的运行，即不妨碍无限本体的作用，就此而言，人的有限性便与无限本体融合为一。可是，此种解说与阳明心学本身面临一样的问题，即当一时之机的特殊个体，如何可能同时具有无限的心灵呢？有限的人如何可能具有智的直觉呢？这里涉及视域的切换问题，无限心灵或智的直觉只能在全视域下表现自己，特殊的有限视域并不能看到自己是全视域的一部分。就此而言，即便人的心灵依全视域看具

---

① 邵雍：《邵雍集》，中华书局 2010 年版，第 49 页。
② 张载：《张载集》，第 24 页。
③ 杨国荣：《心学之思：王阳明哲学的阐释》，生活·读书·新知三联书店 1997 年版，第 246 页。
④ 牟宗三：《现象与物自身》，载《牟宗三先生全集》第 21 册，第 24 页。

有智的直觉，但从有限的视域却永不能确证它的存在。这意味着，我们无法将从无限视域所看到的东西（假如这样的视域存在的话）真正告知有限视域之人。有限的人只能确证有限视域中的事情，或者通过放弃任何视域来做无视域的领会。宇宙论视域、本体论视域、境界论视域不过是有限的人追溯事物存在时敞开的不同视域而已，它们都是有限的。所以，从有限个体出发：三种本源视域的交汇融合以及三种本源观念的互相蕴含不是绝对可确证的。总之，宋明理学各派或多或少地将两种或三种本源视域最终追溯至一不可分离的浑一本源的哲学理论是有问题的，至少存在着推测或假说的可能。

　　将不可浑一之物浑一起来，肯定会扭曲或遮蔽原本分离、独立之物的某些特征、作用或价值。例如，如果纯粹地单讲太始，则太始只是一开始、一生物之母，它不必对其所生之物有绝对的主宰性。可是，一旦将太始与本体结合起来，一切事物的发展变化皆为太始之本体（天之理）所统御，这便增强了太始的主宰力，这是太始本不应具备的能力。此能力越凸显，宇宙万物间相互影响的偶然性及其意义便越容易被忽视，则各个事物蕴含本体（事物各有一太极）的意义便被削弱，事物自身的独特性和自我发展的可能性也就会被弱化。在理学派和气学派中，人生境界或人的心灵境界需要通过克制人心以恢复道心，从而实现自身与太始、本体的合一，而经验人心的意义便被贬损。事实上，现实个体的人心、人的情意、欲求才是真正的人生境界开展的源泉，压抑人心而实现与天道的合一，此正是以天的价值为人的价值，从积极的层面看，这是个体自我中心的一种突破，其缺陷是未给个体的自我中心留下充分营卫的根据。"以理杀人"① 乃此种学说之不可避免的理论后果。在阳明心学中，由于太始、本体、人心平等地浑一，因此太始、本体亦有了经由人心架构的特征，境界论视域不必完全地扭曲自己以宇宙论、本体论视域化，而是后两者也在一定程度上境界论化了，这在某种程度上缓解了天理对人心的压抑，增强了个体自我的自信心。然而，在阳明心学中，三种视域中的本源毕竟是浑一的，因此个体自我的自信心只是相比程朱理学和张载气学有所增强，但亦没有彻底独立出来的可能性，人生意义的源

---

① 戴震：《戴震集》，第 188 页。

泉也不可能完全落实到现实个体的人心之上，这对于人生意义的健康发展依然是不利的。

　　人生意义的开展并非要完全脱离外在事物及其各种原理的约束，但这些约束只有在意义中敞开、被意义所接受才能不妨碍意义的开展。也就是说，在此之前，意义有其独立性，甚至人生意义也有拒绝这一切的可能性，尽管对大多数人而言，这样的选择可能是不健康的，不利于主体长久地生存的。但就此种选择的可能性而言，依然是有的。因此境界论视域之本源，在起点上必然是独立于宇宙论和本体论视域的。不仅如此，宇宙论视域和本体论视域的本源在起点上也应该是相互独立的。尽管三者在充分开展时每一个不可能不关涉其他两个，不过，它们之间的相互关涉并不是三者的浑一。我们顺着任何一种思想视域，最终都能从三者的关涉中将某一种本源剥离出来，最终只能锁定一种本源。因为三种思想视域在根本上的浑然一体是不可确证的，因而我们只能保持三种视域中的本源观念在源头上的相互独立性。故三种思想视域及其本源与事物存在的关系应该如下图所示：

　　在此图中，我们顺着不同的思想视域追溯创生事物的本源，最终每个思想视域只能发现一个独立的本源。在此过程中，我们会发现一个交汇点，这个交汇点不代表不同思想视域的融合，而只能说明三者间具有关联性。经由此三者的关联，我们通常观念中的事物的存在才真正出现。一个事物不仅是时空中的一个事物，而且是本体的一种现象和作用，此外，一切存在者只有通过主体的心灵境界才能显现，若不经由人的心灵境界，事物在时空中的存在及其作为现象的存在便无法呈现，一切存在只能与主体同归于冥寂或浑沌之中。所以，事物的存在不能脱离意义视域。故事物的存在，除了有其太始本源和本体本源，也有其境界本源。三者交汇关联，最终成就了事物的存在。

（四）宇宙论、本体论、境界论视域的综合

现在我们可以确定，事物的存在至少有三种不可相互还原的本源——太始、本体、境界之源，它们之间虽然可以发生交汇关联，但在源头上不是浑然一体的。那么，我们在理解事物的存在时，应该如何把握三种本源观念及其相应思想视域的关联与分离呢？

先来看三种本源视域的关联。按理说，我们按照某种思想视域追溯事物存在的本源，在不介入其他思想视域的情况下，应该不存在与其他思想视域交汇的问题。不存在与其他思想视域的融合并不是说此视域的展开不受其他视域的影响和限制，不与其他视域发生关联。而是说，当我们在某一种思想视域下审视事物的存在时，其他两种思想视域会作为背景支撑事物的存在，在这样的情形下，我们看到的事物才是一个具体的事物，否则我们单纯在某一种思想视域中是不可能呈现整全的事物的。质疑者可能会说，既然在任何一种思想视域中审视的事物的存在总离不开其他思想视域的支持，这不就意味着没有单纯的某一种思想视域的存在吗？不是说明所有的思想视域在根本上必然是融合浑一的吗？这样一来，我们很可能会回到宋明理学家的理论中去。

这里的关键是要理解"背景"的作用方式。当我们说"在某种思想视域中审视事物的存在时，不可避免地要以其他思想视域为背景"，这句话中的"背景"并非要求审视者同时在多元的思想视域中审视事物。按照塞尔（John R. Searle）的意向性理论，背景只是"意向性"的先在条件，它不是潜意识中的某种意向性活动，"背景根本就没有意向性"。[1] 以滑雪为例，他说：

> 当学习者滑得越来越好时，他并没有更好地把那些规则加以内化，而是说那些规则变得逐渐不再相关。那些规则并没有被"编排"为无意识的意向内容，但是不断重复的经验却生成了身体上的能力，这种能力大概就像神经传导那样来实现，从而使规则变得完全不相关。"熟能生

---

[1] ［美］约翰·R. 塞尔：《意向性：论心灵哲学》，刘叶涛、冯立荣译，上海人民出版社 2019 年版，第 178 页。

巧"，这并不是因为实践导致我们完美地记住了规则，而是因为不断重复的实践能够使身体得到凸显，而规则则退入背景当中。①

为了更好地理解他的观点，不妨再引述他另外一段话：

> 我对"实在论"的认可是通过下述事实来展示的：我以我的生活方式来生活，我开我的汽车、喝我的啤酒、写我的论文、做我的演讲以及滑我的雪。除了所有这些活动（它们每一个都证明了我的意向性的存在），不存在关于现实世界之存在的更进一步的"假设"。只要我做到了几乎所有的事情，那么，我对现实世界之存在的认同也就得到了证明。把这种认可看成是一个假说，似乎除了滑雪、喝水、吃饭等等，我还持有一种信念——存在一个独立于我对它的表征的现实世界，这是错误的。一旦我们通过这种方式错误地解释了背景的功能，也就是说，一旦我们把前意向性的东西看成一种意向性，它立刻就会变成有问题的。②

将塞尔这一对背景的理解借用到我们现在探讨的视域关系上来，可以发现，以其他思想视域为背景的某一思想视域的运行不是多种思想视域真正地同时融合在一起。事实只是，作为背景的思想视域本身并不是真正展现开来的思想视域，它们只是作为隐没的"背景"，展开的只有当下的思想视域。因此严格说来，在正常情况下没有多重视域的融合，有的只是多种视域作为背景的某一种视域的开展。

质疑者可能会说，人们在讨论某一本源性视域的开展时，似乎不只谈论本视域内的事情，也可以在此视域中谈到事物在另一思想视域中的特性，如果没有真正的视域融合，这又是如何可能的呢？比如，在宋明理学中，人们在讲宇宙论视域中的"天"时，谈到天的展开就不得不讲到理，否则天的作用就没法谈；我们在讲到境界论视域时，不只空泛地谈论意义，还在谈论此

---

① ［美］约翰·R. 塞尔：《意向性：论心灵哲学》，第171页。
② ［美］约翰·R. 塞尔：《意向性：论心灵哲学》，第180页。

意义如何促成事物在宇宙、本体论视域中的生灭成毁。那些关于理、关于事物实在地生灭成毁的变化和特性的讨论显然都不是前提性的背景，相反是在人们的审视场域当中出现的。若没有同时交融的视域存在，上述探讨如何可能呢？这种观点的错误，在于其忽视了人们在谈论事物之间或事物不同方面特性之关系时所进行的视域的切换。① 其实，人们在谈论一个事物时，通常总是要不断地进行视域的切换，而在每一正在审视的视域中，其他视域皆是背景，视域的切换又使得此审视中的视域转化为其他视域的背景。上文讲到的背景性视域对当下审视和开展中的视域的影响正是这样发生的。也就是说，我们在每一视域中所获得的感受或认识，会成为其他视域开展的背景。其他视域的进一步开展的诉求，又会反过来要求主体切换到原来的视域中去获得新的感受和认识。这一切都不是在一个视域中完成的，也不是在某种同时开展的融合浑一的视域中完成的，而是在视域的不断切换中完成的。

三种本源视域的不可还原以及三种本源观念的分离，让我们知道，我们无法通过某一视域的研究获得关于其他视域的真正的了解，而只能为其他视域的开展提供方便的背景条件。要想对每个视域中的事物及其本源有充分的了解，都需要不断地切换视域以获得背景条件的增长。人们需要让自己对于事物的了解扩展到什么程度？是否一定要对各个视域中的本源都有明晰的把握才行？其实，这完全取决于主体的需求和选择，或者说主体的意义选择。虽然三种视域的开展具有相互的限制性，但通过主体的选择，主体可以在可调控的范围内做出自由的把控。假如一个人完全不在意世界的真实情况如何，而只愿意活在需求的虚假满足中，或者以忍受需求的不满足为快乐，越受折磨越觉得快乐，我们可以说他是一个受虐狂，一个心智不正常的人，可对于他自己，他的快乐的感受是真切的。尽管活在此境界中，他的生命可能不长久，假如这就是他最想要的，这就是他认可的生命价值之所在，他只需要敏锐地把握和体会他的感受，而不需要进入其他视域去认识事物、去把握事物的规律。他想要快乐一把，然后就死，他对此毫不在乎。这当然是可能的。

---

① 杨虎曾提出"观心切转"的概念，讲的就是不同思想视域间的切换。参见杨虎《论观心与感通——哲学感通论发微》，《北京理工大学学报》（社会科学版）2020年第2期。

若不是特别幸运，他真的快乐一把很快就死了，这也是他不可逃避的命运。这说明，人活着未必一定要把握全部视域中的本源，不同视域开展到什么程度，最终依赖于主体的意愿和意义选择。不过，像上述案例中的这个受虐狂，他这样的人生也不是大多数人想过的。这意味着，虽然主体可以自由选择，可通常情况下还是不要走极端，不要单纯地只顾境界论视域，还是要正视三种本源性视域之间相互支持和限制的关系。

因此，三种本源性视域虽然是分离的，在生活中我们却需要将它们综合起来，正确处理好它们之间的关系。当然，这种综合不是浑一，不是使之在某种程度上同一化，而是一种关系性的安排。也就是说，在它们三者间，我们需要安排一个秩序，指出哪一个应当是优先的，是目的性的，哪些是辅助的，是工具性的。我们需要对此做一个安排，这也就是三种视域的综合。

那么，在三种本源性视域中，哪一视域应当居于优先的地位呢？如果不选择一个视角和基点，我们似乎不能说哪一个视域一定是优先的视域。必须确定一个基点，然后才能对它们之间的秩序做出安排。从三种本源性视域呈现的优先性来看，本体论视域和宇宙论视域都必须通过心灵境界来呈现，就此而言，境界论视域具有优先性。另外，从人的生存需要来看，我们也应当将境界论视域放在最优先的视域，亦即将意义视域放在最优先的视域。意义的根源是人本真的情意，而这情意反映的是人最真切的生存感受和欲求。保证人的生存感受和欲求的优先性，才能保证人对事物之宇宙论和本体论特性之探求在根本上不违背人的生存感受。《阳明心学与儒家现代性观念的开展》一书在讲到"儒家心灵哲学的新开展"时，曾提出一种以"显相论"论摄"实相论"的思想视域关系。① 该书所谓"显相"，即是通过人的本真的生存情感感受敞开人们对事物之特性的关注，从而使事物之"相"得以呈现。"显相论"所探讨的正是事物得以显现的情意本源，其实也就是本书所说的境界本源、价值本源，"显相论"就是这里所谓真正意义上的境界论；所谓"实相"，即事物在宇宙论视域和本体论视域中的一切表象。故"实相论"探讨的是对事物之宇宙论视域和本体论视域中之特性及其发展变化规律的一切认识。

---

① 李海超：《阳明心学与儒家现代性观念的开展》，第220页。

因此，上文主张的视域间的综合也可以表述为以境界论视域统摄实相论视域。

境界论视域是意义视域，实相论视域（宇宙论视域、本体论视域）是广义的知识视域，以境界论视域为优先，统摄实相论视域，以意义统摄知识，这是人类在知识权威面前的主体性表现。由于意义的根源在于个体的情意，个体情感感受和诉求的优先性地位，更是在根本上保证了个体意义世界的根本性地位，保证了个体的主体性地位。坚守这一视域关系原则，个体才能不沦为任何知识的奴隶。个体越是在此方面有强大的心力，其主体性越能得到彰显。不过，以境界论视域统摄实相论视域，不是不重视实相论视域，而只是限制其优先性而已。实相论视域对境界论视域的开展亦有限制性作用，人生意义的实现同样会受到存在"实相"的限制。因此，坚持境界论视域的优先性，绝不是主张一种绝对的价值主义。由于情感或情意是境界论视域的本源，因此情缘论也不主张绝对的唯情主义。它主张的是，要在意义的观照下发展和利用知识；从思想方法上来看，也可以说在情感观照下运用理智。

以上所论，即情缘论的基本思想视域特征。概言之，情缘论不同于传统中国哲学中存在的"本体宇宙论"思想视域，不同于本体论、宇宙论、境界论相互削斫以浑一的思想视域，它主张将三种本源性思想视域及其中的本源观念分离开来，然后再对其加以新的综合。情缘论肯定以情感为本源的境界论视域之优先性，主张以境界论视域统摄宇宙论和本体论视域，强调以价值统摄知识、以本真的情感统摄认识或理智。这样的话，三种本源性视域及其中的本源与事物存在的正确关系应该进一步修正为：

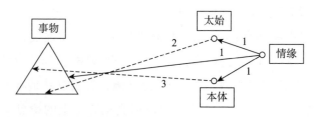

注：1. 机缘关系；2. 时空因果关系；3. 体用关系。

在上图中，事物之存在至少有三种本源，宇宙论视域中的太始、本体论视域中的本体、境界论视域中的情缘，三种本源性视域相互作为背景，通过关联创生事物的存在。在三种本源中，太始和本体亦要在情缘的作用下才能呈现，因此情缘是最为优先的本源观念。

需要澄清的是，情缘论虽然反对宋明理学家那样的将宇宙论、本体论、境界论视域浑为一体的学说，对三种视域及其本源做了剖分，但最终的理想其实并不与宋明理学家完全相悖，两者的目标无非都是要保全人和人类对于自己的生存或生活的主体性地位，保全和实现自我生存的意义。宋明理学家的理想，是人及其生存的世界、价值与知识能够最终圆融无碍。这个理想无可非议。然而，他们本着这种理想，将人生在不同程度上折合为天道流行之一环，个体的意义之源在很大程度上被还原到，也可以说被提升到本体、太始之中，与之合为一体，这使得个体最终服从于一种理想化的、预定的实相。在此情形下，经验个体最终又臣服于本体、太始的观念权威之下。这样的观念越理想化，个体朝向它们的努力越迫切、下的功夫越大，而这越有可能使其本真的情意受到压抑，甚至摧残。情缘论虽然将三种本源性视域及其本源观念剖分开来，但实际追求的目标依然是促成它们之间的综合，并尽可能地使它们的综合有助于人类生存意义的健康实现。"综合"与"浑一"之不同，在于前者没有向后者那样在根本上取消人与天之间、人的理想与现实之间、价值与知识之间的冲突性。在人生哲学上，情缘论主张人们应该尽可能地利用正确的思想方法去调和、消解各种冲突，尽可能地去追求天与人、理想与现实、价值与知识之间的和谐。但情缘论并不许诺这些冲突一定能够彻底消解，而只是鼓励人们朝这个方向去努力。在此过程中，境界论视域的优先性将个体从宋明理学家所主张的境界与实相浑一的追求中解放出来，这实际上是真正更进一步地张扬了人的主体性，真正地保全了人生的意义，真正地使一切知识的探求服务于人生。在此意义上，情缘论的目标与宋明理学家的理想方向并不相悖，只是在理论上把原本是理想的东西还原为理想，没有把理想预定为事实而已。这在思想倾向上，乃是从宋明理学向先秦儒学的一种回归。

二　情缘论的价值论

情缘论以境界论视域为价值视域或意义视域，以情感为一切价值建构的最终源泉。然而情感如何能够作为价值的根源？对这一问题的回答关系到情感的本源地位能否确立。若情感不是价值之根源，则情缘论便在根本上不能成立。因此，本章将继承和发挥已有的情感主义价值哲学，对情感的价值本源地位做出说明。

（一）境界的价值本质及其情感本源

基于前文的探讨，我们已经认识到，儒家所说的境界不是某种纯粹客观的境域或知性的心境，其在本质上是对人有意义的心灵世界，核心在于意义。正如冯友兰所言："人在生活中所遇见的各种事物的意义构成他的精神世界，或者叫世界观。这种精神世界，《新原人》称为'境界'。"① 既然境界的本质在于意义，那么境界论视域其实也就是意义视域，境界论视域之本源也就是意义之本源。意义，亦即人们广义上所谓的"价值"。所以，对意义之源的探讨即是对价值之源的探讨，这本身乃是价值哲学的根本问题。值得注意的是，我们这里所讨论的"价值"，是从最一般、最广义的层面讲的，它就是指一切"意义"，不仅包含正面的意义（正价值），也包含负面的意义（负价值）；不仅包含道德价值，也包含美学价值、经济价值；等等。

古今中西的学者关于价值之源的研究是非常繁富的，这里不可能对全部的价值哲学流派及其核心观念一一做出评析。其实，根据上一章对情缘论之思想视域的分析，我们足以将诸多价值哲学流派排除在外了。由于宇宙论视域、本体论视域和境界论视域是不可相互还原的，因此，境界论视域的本源、价值的本源不可能到宇宙论视域和本体论视域中去探求。境界的意义本质标示的是事物、世界对于人的价值关系，境界论视域的不可还原，意味着价值关系的根据不可到宇宙论视域和本体论视域中去探寻，亦即不可能到时空因果关系和体用关系中去探寻。这样的话，在人与世界或事物的关系中，我们只能把价值的起源落实到人这一端，因为世界、事物的存在本来就是指其宇宙、本体论视域中的存在。境界论视域就是在事物之宇宙论、本体论视域的存在之外进一步赋予其对于人的意义，而意义又不能追溯到事物、世界的存在及其太始、本体，那么就只能来源于人。人当然也具有宇宙论、本体论视

---

① 冯友兰：《三松堂自序》，东方出版中心2016年版，第268页。

域之存在的属性，而意义显然不能来源于这些属性，故我们在探求价值的起源时，也不能将价值的根据落实到人的时空属性、构成属性、基因属性上或者说生理、身体属性上，因为这些都是人的宇宙论、本体论视域中的属性。由此，我们就把那些宣称存在着人之外的价值性超越存在者（如上帝）或超越性价值本体（如程朱理学之天理）的价值哲学排除在外了。这些哲学对价值关系的建立做了超越于人的还原，并且这种还原具有宇宙论、本体论特征。

　　境界始终是具体的人的境界，而不是上帝的境界或天理的境界。假如在人之外原本就存在着价值视域和价值世界，那么这个视域是属于上帝的或者其他超越性存在者的，它并不属于人，人的境界只能由人自身来敞开和建构。如果说一种超越于人的存在者的意义世界同时亦可下贯于人并经由人展现出来，这也就是说存在着人之外的价值或价值性本体，这就是对境界论视域的宇宙论、本体论还原，前文已多次说明，这种还原是不被允许的。所以，价值一定是源于人的。价值之源于人，是说价值必经由人才能被建构，而不是说价值经由人被表达或呈现。因此那些主张价值作为一种先天存在而必须经由人的某种心灵功能才得以呈现和表露的价值哲学，比如马克斯·舍勒提倡的价值作为先天质料而存在的哲学依情缘论是不能成立的。

　　既然价值不是超越性存在，也不是属人的先天性存在，且不以人的生理、身体存在为基础，那么价值就是基于人的某种心灵功能而被建构的"观念"，并且这种观念标示的是具体的人与世界、事物之间的关系。而且价值关系一定不是描述人与世界之间的宇宙论、本体论视域之关系的观念，亦即它不是描述"真"或"实相"关系的观念，否则价值论就可以被还原为知识论了，而前文一再指出，这种还原是不可能的。所以，认识心不是价值的本源。故那些以理智或认知心为基础所建构的价值哲学亦不在本书赞成的范围内。

　　排除了以上各种类型的价值哲学，当然还剩下很多价值哲学类型，不过，范围已经很小了。很多价值哲学都将情感看作价值建构的本源。例如，以仁爱情感为本源的儒家哲学，以哈奇森、休谟、斯密为代表的道德情感主义哲学，以罗素、艾耶尔等为代表的经验主义的、情感主义元伦理学派的价值哲学等。上述价值哲学或道德哲学理论中皆包含着以情感为源泉建构价值的观念；它们都不主张在情感之外探寻价值的根源。虽然这些情感主义价值哲学之间也存在着很多差别，但将价值之创造的根源归于情感的理论取向是为情缘论所认同的。情缘论强调，价值本质上标示的是情感意向关系，或者说，价值是由情感需求建立的事物与人之间的关系，或者说价值就是情感需求关系。这种需求关系具有主观性，从根本上看不能被理智性的认识所把握，当然情缘论也不排斥对情感需求关系之理智性认识之相对性的意义。但从根本上来看，价值是通过主观的情感需求创建的。

从人的需求出发来定义价值，这在经济学领域中是比较常见的。如哈耶克所说：

> 支配着物质世界的规律，至少那些唯物主义和机械论模式中的规律，在价值的增加这种现象中是不起作用的。价值表示某种物品或行为满足人类需求的潜在能力，并且只能通过不同的商品或服务对不同的个人的相关（边际）替代品或等价物的交换率，在相互调整中加以确定。价值并不是物体本身所具有、不涉及到它们与人的关系的属性或物质特征，它恰恰是这些关系的一个方面，它使人们在就这些物品的用途做出决定时，能够考虑到另一些人可能为它们的用途找到的更佳机会。价值的增加看起来只和人的目标有关，并且只有在考虑到这些目标时才有意义。门格尔对此有清楚的阐述：价值"是经济人对他们为了维持自己的生活和幸福而支配的货物之重要性所做出的判断"。经济价值表示的是物品满足一些形形色色的个人目标的能力不断变化的程度。①

马克思主义传统对人的需求与价值的关系也是很重视的，这主要体现在使用价值与人类需求的关系上，即一件商品之使用价值的大小是根据该商品满足人类需求的程度而被规定的。有学者将马克思关于使用价值的论述提升到一般价值哲学的高度。比如，李德顺在《论价值——一种主体性的研究》一书中讲：

---

① ［英］哈耶克：《致命的自负》，冯克利等译，中国社会科学出版社 2000 年版，第108 页。

当马克思超出经济学范围，说"使用价值表示物和人之间的自然关系，实际上是表示物为人而存在"，以及"这种语言上的名称，只是作为概念反映出那种通过不断重复的活动变成经验的东西时，也就是反映出，一定的外界物是为了满足已经生活在一定的社会联系中的人……的需要服务的"时，他就不仅为使用价值做出了哲学上的界定，而且也为"价值"提供了一个具有普遍方法论意义的本质规定方式：一切价值，实际上都表示"对象为人而存在"，即客体为主体而存在。如果注意到这一点，就不难找到马克思学说考察价值问题的基本立场和出发点。[①]

通过这样一种疏解，李德顺就在一般价值哲学的层面肯定了马克思关于"价值"的基本立场，即"物为人而存在"的立场。而这里的"人"具体指的就是人的需求或需要。

"情缘论"赞成这些从事物满足人的需求或需要的视角来定义价值的理论，因为这些理论均否认价值是一种超越的或先天的存在，而是一种现实的、经验生活中发生的需求关系。所以，价值关系或意义关系的本质就是需求关系。当然，需求关系并不狭隘地局限在经济需求的领域，它包括人在政治、社会、信仰等各个领域的需求，只要人有需求出现，一种潜在的或显在的价值关系便因之形成。价值关系可能是潜在的。例如，有些时候主体具有某种需求，但他自身尚未意识到这种需求，或者在一些特殊情况下丧失了对此需求的意识，于是他就感受不到此事物对自身的价值，在这种情形下，价值关系就是潜在的。很多时候（但不绝对）人们可以通过客观的观察发现这种潜在价值关系的存在。

尽管这种潜在的价值关系是"真"的，但我们不能让这种"真"完全凌驾于显在的价值世界之上，即主体自觉体验到的价值世界之上。换句话说，显在价值关系对潜在价值关系而言具有优先性，主体有体验的需求对无体验的需求具有优先性。一种需求不被主体所体验到，对这个主体的当下存在而

---

① 李德顺：《论价值——一种主体性的研究》，中国人民大学出版社2013年版，第17页。

言，他就会认为自身没有这种需求，此时任何外在的观察和提醒，都可能被看作一种强迫。例如，通过观察，人们发现甲有吃饭的需求，这种需求通过甲的潜意识表现出来，他在不自觉的情况下会对食物表现出特别的兴趣，在催眠状态下他明确表述自己想要吃东西。但在清醒的状态下，他并没有感觉到自己想要吃东西，这种需求可能被其他的需求压抑了，比如想要和自己喜欢的女孩子聊天的需求。简言之，他意识到自己只想聊天，并没有意识到自己已经饿了好长时间了。于是，在他清醒的状态下，你给他拿来一些食物，他会拒绝你，他认为你拿来的食物当前对他没有价值。尽管你从对他的潜意识或身体的观察，认为他现在需要吃东西。但对他来说，此时你让他吃东西就是一种强迫，就是把一种对他无价值之物强迫地赋予价值。在这个案例中，我们能说人们客观观察到的"甲"的吃饭需求是不真的吗？不能。这显然是真的。我们只能说对价值的生成而言，客观的观察不是第一性的，主观的欲求体验才是第一性的。这意味着价值的生成不仅源于主体，而且从根本上来说具有主观性。

价值生成的主观性之所以要优先于客观性，是因为需求的客观性描述本身使得价值关系可以脱离具体的主体而被认知，以及承认境界论视域的事情可以还原到宇宙论、本体论视域（客观的时空因果、体用关系）中去被确定。这显然违背了境界论视域不可被进一步还原的原则。因此，即便对某个主体之需求的客观描述是真的，它也不是价值生成的真正源泉。但"情缘论"并不完全否定客观观测具有相对的和可借鉴的价值，尽管在根本上，我们反对价值关系可以被公共地认知。例如，在上面的例子中，如果有一个人提醒"甲"说，根据我对你身心状况的观察，你真的有吃饭的需要，此时食物对你有重要的价值，并向甲陈述了各种证据。此时，也许甲在他人的提醒之下可能会突然感受到饮食的欲求，从而肯定食物的价值。在这种情形中，食物具有价值的源泉来源于甲对吃饭欲求的体验，同时我们也看到了他者观测到的需求并非毫无意义。在经济生活中，正是本着这种客观观察的需求，生产者和商人才可能提前生产各种商品、提供各种服务，供给人们选择。同时，也正是因为主体自身需求的主观性、体验性及其对价值生成的优先性意义，市场活动中才规定不能强买强卖，一切要依主体自身的选择。

　　由此扩展到人的一般生存境遇，我们可以说，任何人的人生境界从根本上来看都是主观的，任何对人生境界的客观分析对主体而言都只具有参考的意义。每个人的意义世界都不能被他者强迫地施与，哪怕有人打着"比你自己还了解你"的旗号，并且哪怕这不仅仅是一个旗号，而是一个客观的事实。我们由此亦可以看到，意义或价值世界的确不同于知识世界，它可以不以客观的"真理"世界为基础。《心灵的修养——一种情感本源的心灵儒学》一书曾举过一个例子，如果一个客观的观察者通过对你身体和心理各种指标的检测，发现你喜欢异性 A，而你主观上感觉自己喜欢异性 B，那么在你对 B 的感觉并未消失的情况下，你会选择谁呢？你会觉得谁更适合你（对你更有价值）呢？此时，如果有人强迫地把 A 送到你面前，要你和她/他结婚、一起生活，并告诉你 A 适合你的各种指标、数据，你会反抗吗？你是否想到了传统社会中父母包办婚姻的情形？显然，从这个例子中我们更能够理解价值生成的主观性根据。

　　根据价值的主观性这一点，我们实际上剔除了心灵理智性的认知功能是价值生成之终极本源的可能性，因为理智本身是要服从客观原则的，理智化认知的结果是可以被客观化的。这样一来，建构价值的主观需求在根本上就不是通过理智性的认识实现的。于是上文关于价值是事物满足人的情感需求之关系的观点的合理性间接地得到了加强。但按照一般知、情、意的心灵功能划分，我们要想确证上述观点还必须进一步探讨意志与人的需要之间的关系。意志即是人的意愿（will），指的是人的需要的内容、意向性和持续力。所以意志并不是人的主观需要的基础，相反，它就是人的主观需要的直观意识表现。所以，意志活动及其持续力不创造需要，它就是主观需要本身。当我们追问主观需要的根源时，实际就是在追问意志、意欲从何而来。这样的话，我们在心灵功能上，只能把人的主观需要的源泉归于情感了。有人或许会说，源于身体的需要似乎与情感无关。但纯粹的身体营养的缺乏，尚不能成为主观的需要，通过情感机制，"营养的缺乏"才能转化成主观的"吃饭的意欲"。一个人想要吃饭，前提是他要自爱，这自爱也许只是潜意识地发挥作用，但绝对不自爱的人，是不会产生吃饭的主观欲望的，尽管从身体上看他确实需要补充营养了。当然，吃饭意欲的确认也许需要理智的认识功能，但纯粹认识到身体缺乏营养和吃饭能补充营养这个事实并不构成价值。只有基于自爱的"想要"吃饭，才创造了价值。这"想要"是以情感诉求或者说情意的方式表现出来的，在一般情况下，它会作为直觉性的情感感受表现出来——想要得到的冲动、着急的情绪体验。智性的认识也能确认这种欲求，但这不是最优先的方式。价值的显在表现方式，或者说价值的最优先的自觉方式，是情感感受，是欲求的直观感受。智性的认识对价值的自觉只具有相对的参考意义。

如此说来，在主观世界里，人的一切需求最终都是基于情感需求而做出的，亦即人的一切主观需求在根本上源于人的情感动机、情感欲求或者说情感意愿，因此，情感是人的一切动机、意志的终极源泉。基于上述讨论，我们明确将价值的本源落实到心灵的情感功能上来，这证实了上文提出的观点：情感是一切价值的源泉。由于价值乃是境界的本质性内容，因此我们也可得出结论：情感是一切人生境界之本源。当然，情感所建构的需求关系，并不是一种时空因果和体用关系，而是一种机缘关系、情缘关系。所以，价值或意义本身就是一种情缘关系。

（二）情感的具体属性与价值的建构

在很多学者看来，情感是一个非常模糊的、有歧义的或容易引起争议的概念。当人们谈到情感的时候，有些人指的是心理意向、情意，有些人指的是情绪感受，有些人则是在指称某种伴随情绪的心境状态。人们通常将情感意向和情绪感受看作情感的属性，但两者并非总是并存的。有些冷静的、不太经意的情意表达并不带有明显的情绪，有些情绪感受也并不与明显的情感意向相伴随。那么作为价值本源的究竟是情感的意向方面，还是情感的感受方面呢？根据前文的论述，价值关系的建立显然与情感的（也可以说由情感引起的）意向方面直接相关，因为情意表达的正是人的诉求或需要，基于人的需要，人才能够将意义或价值赋予事物。但正如上文已经讨论过的，如果在心理上只有情感意向单纯地运行，这种运行不能被人有意识地体验到，那么此时意义关系便是潜在的。倘若情感意向的运行被人有意识地察知，这种察知主要是理智的或客观认知的，此时价值对主体而言依然是潜在的，也可以说价值在根本上未被自觉建构起来，因为认知赋予对象的客观性特征是与上文所述价值在根本上的纯粹主观性相悖的。如果情感意向不是靠客观认识而是通过明显具有主观性特征的情绪感受进入显意识领域，基于情绪感受显现出来，或与情绪感受密切地伴随着，意义或价值才真正从潜存状态转为显性状态。但这是否意味着情绪感受是价值的真正根源呢？不能如此说，单纯心理中的情绪感受特别是没有明显意向伴随的情绪感受同样不能生成价值，因为它没有表现主体的需求。这意味着，尽管情感的意向方面和感受方面并不必然相伴随出现，但只有当它们相伴随出现时价值关系才能真正完整地建立。所以，我们只能说价值的本源是情感，不能再进一步剖分，说纯粹情感意向是价值的本源或纯粹情绪感受是价值的本源。故情缘论是与将价值显现之源落实到情绪感受的迈农（Alexius Meinong）[①] 和将价值的基础落实到情欲、情意等情感意向的冯·艾伦菲尔斯（Christian von Ehrenfels）的主张有所不同的。[②] 依情缘论，称价值之源为情感乃是最为准确的表述。有些情感可能不伴随明显的意向或情绪感受，所以情缘论也并不主张所有的情感状态都能够显在地建构价值。

上文为了反对纯粹认知、理智建构价值的可能性，特别强调了情感区别于认知或理智的主观性特质。不过，情感与认知、理智是可以截然分开的吗？换句话说，情感内部在构成上是否能够完全拒绝认知或思考？不可否认，无论我们从生理上、神经机制上理解情感，还是从主观心理的视角理解情感，情感的功能都是对主体生存状况的一种反馈，这种反馈必然包含着对主体自身及其生存世界的一种认知，或者以此种认知为前提。此种"认知"在情感发生的原初本能上或许有先天的成分，那时心理内部或许尚未发生一种有意识的"认知"作用，但伴随着人的成长与生存经验的增加，情感被这样那样的认知所影响、熏陶是很常见的事情，以至于没有任何认知或认知上的变化，情感亦不会发生大的变化。所以一般来说，心灵之情感功能的发生是不能完

① 需要注意的是，迈农只是认为价值由情感呈现，并不认为价值由情感创造。

② ［美］W. H. 威尔克迈斯特：《冯·艾伦菲尔斯与作为价值基础的欲望》，罗松涛、孙文昊译，《当代中国价值观研究》2018 年第 2 期。

全离开认知的，这正如认知功能的运行离不开情感动力一样。迈克尔·斯洛特将情感与认知的这种关系比拟为"阴—阳"关系。① 有人或许会说，既然情感的运行离不开认知，上文为何又要将认知及其高级形态"理智"排除在价值源泉之外呢？这是因为认知、理智固然可以描述一种需求关系，但若其描述的内容不能构成情感中的信念部分或者引发一种情感，这种需求关系就不能成立。也可以说，单纯一种认识尚不能成为动机，更不能成为有感受的动机，而没有动机和感受，赋予意义的行为便没有发生，价值也就未真正建立。所以，情感在功能上就是事实与价值的转换器。一切对事实的认知必须经由情感表达出来，然后才能成为价值。在此，笔者赞成艾耶尔（A. J. Ayer）的观点，他说价值判断语句是"情感的表达"而不是"对情感做出判定"②。一个人是否有一种情感是事实判断，但不能由此推断情感主体的价值判断，于是他主张"伦理判断没有校准"③。这也就是说，价值判断在根本上具有主观性，它不能被绝对客观地判定。

价值在根本上的主观性，并不意味着人与人之间的价值世界或者说人生境界是不可沟通的和没有共识的，人与人之间当然可以在交往的过程中通过共情、通过"以情絜情"的努力、通过理智对情感的认知、通过"缘情用理"的心灵活动来达成一定公共空间范围内的价值共识，从而形成社会各领域中的道德观念和规范。这样的道德观念当然是可客观化的，它们通常也被认作"价值"，不过并不是第一意义上的价值，而是第二意义上的，是损益了的、约定俗成了的、契约化了的价值。这样的价值具有相对性，越是可客观化的价值越具有相对性。绝对的、第一意义上的、属于个体的那个主观的意义世界，是不可公度的人生境界或心灵境界。虽然每个人来到世上都不可能重新约定其生存世界中的价值观念，但当个体遭遇到的公共价值世界与其主观价值世界严重冲突时，个体至少具有反思和提出损益公共价值世界的权利。

---

① ［美］迈克尔·斯洛特：《阴阳的哲学》，王江伟、牛纪凤译，商务印书馆2018年版，第33页。

② ［英］艾耶尔：《语言、真理与逻辑》，尹大贻译，上海译文出版社1981年版，第124页。

③ ［英］艾耶尔：《语言、真理与逻辑》，第125页。

如果我们承认个体的价值世界或心灵境界是可还原到实相世界的，是可客观观测和公度的，是可以被外在地把捉的，这就为个体被他者操控提供了理论上的借口。然而"情缘论"不仅是因为这是有风险的才拒绝价值世界的事实化还原，更主要的是因为个体的绝对主观的价值世界是不可还原的，境界论视域或价值论视域是不可还原到实相论视域之中去的。这种不可还原性在本章第一部分已经专门讨论过了。必须注意，这里的不可还原的主张并非基于心物不可还原的二元论理论，"情缘论"从不主张这种二元论，当然"情缘论"也并未明确地主张一元论。在这个根本的问题上，"情缘论"的态度是存疑。对这个根本性问题存而不论，并不影响我们在看待世界的思想视域之间的不可还原性论证。每个思想视域都有其独特的属性，将境界论视域还原到实相视域中，还原的是与实相世界相关的内容，遗失的是意义或价值。

杜威认为，在价值生成的条件中，除了情感之外，一定还要有"考虑"："我说过把价值和喜欢、偏好及兴趣联系起来的理论，实际上是关于价值事件如何在存在意义上发生的理论。我曾经为这种理论作过这样的补充，即只有包含考虑在内的喜欢、偏好及兴趣才是有价值的事物之存在的充分条件。"[①]他所谓的"考虑"何所指呢？他说："当我们说在价值作为一种性质而产生的情形中，主体的态度包含着'考虑'时，我们需要对'考虑'一词作出界定。我所理解的'考虑'至少是对意图的认知，而意图所包含的内容不仅是直接当下的状态，意图所涉及的还有将来的某种东西或作为结果的某种东西，即某种既包含在当下状态之中，又超出当下状态的东西，也许我们可以将其称为'客观的'，至少逻辑上可以这么说。"[②]按照杜威的观点，就价值的形成而言，人们不仅需要拥有主观的情感感受，同时显意识中还应该对情感意向有所认识。这里的认知与上文所讲的激发情感的认知不同，它是对情意的认知。他认为，如果只有情感上的感受和意向，如何能够区分有价值的行为和动物本能性的行为呢？除非我们认为动物本能的情绪反应和动机表现也是

---

① ［美］杜威：《价值的含义》，载冯平主编《经验主义路向》上册，北京师范大学出版社 2009 年版，第 187 页。

② ［美］杜威：《价值的含义》，载冯平主编《经验主义路向》上册，第 188—189 页。

有意义的，而且这种有意义是主观上自觉的意义。难道动物本能的情绪反应和行为动机足以使它区分有意义的生活和没意义的生活吗？除非我们承认只要有情感反应的动物都拥有价值世界，否则就必须在情感感受之外附加"考虑"作为价值生成的条件。

问题的关键在于，一种主观的情绪感受和一种未被认知的情感意向（意图）是否价值生成的充分条件？回答这个问题，我们首先需要对价值事物是否存在与主体能否做出价值是否存在的判断区别开来。价值事物是否存在，是说一个事物是否被一个主体需求、欲求。既然价值关系在根本上是情感需求关系，那么一旦其成为情感欲求的对象，此时这个事物就从实相境界进入到价值世界。在此意义上，哪怕是一般的动物，只要它有情感、有欲求，其情感欲求的对象就是价值对象。很多动物都有其价值世界，有其心灵境界，只不过其价值世界是自然的而且在很大程度上可能是潜在的。人超越于动物之处，在于人能较高程度地自知和选择意义世界，而自知和选择意义世界的基础是能够对事物是否有意义做出判断，这时候人就需要对自己的情感需求（意图）及其对象做出"考虑"，或者具有最起码的认知。我们今天很难说一些聪明的、灵长类的动物完全缺乏这种自知，只不过它们达不到人类的程度。因此，情缘论并不否认动物的心灵世界和价值世界的存在，甚至也不认为其价值世界是完全潜在的，因为动物也可以通过情感体验直觉地反映其在此世界中生存的状况。这意味着只要有情感感受或者说情绪体验，即便动物的意义世界也可以显在地呈现。但是，与人相比，动物的认知能力是明显不足的，与此相关，其细腻、复杂、理智化的情感得不到发展，故其对意义世界的体验难以得到升华。这里所谓对意义世界的体验，并不是说先做一个判断说某种情境是有意义的，然后就着这种意义去体验这个世界，或者去体验这个"意义"，而是指有情感地体验这个世界。倘若说体验就是情感体验，那么也可以简单地说，就是体验这个世界，感受这个世界。

在情感感受的基础上，如果你还能对情感意图有所知，那么你不仅能够感受这个世界，而且还能对这个世界的"价值"做出判断，但并不是通过判断，价值才生成，才被有意识地感受到，而是才被认识到。因此，价值不是认识的产物，而是感受的产物。只不过在感受中呈现的价值是模糊不清的，是难以被客观化、标准化地传递的。而附加上认知以及建立在认知基础上的价值判断，人们就可以进一步去选择、改造他们的意义世界了。其实杜威所谓"考虑"的必要性，正是从人们选择、改造、客观表达自己的意义世界的视角来说的，因此他说："正是因为被称为具有价值的东西包含着考虑，所以它才有能够在考虑、比较和综合方面发展的特征或普遍特性。"① 然而，既然价值在根本上是由情感创造的，价值具有极度主观性的特征，因此对价值的客观化、普遍化、清晰化认知，从根本上来看是对价值有所损伤的或异化的，价值固然需要借助认知才能向高级的程度发展，才可能被客观地、公度性地鉴赏，但它越高级，越可能脱离源初的情感感受，因而可能对原始的需求造成压抑。价值，或者扩而言之，文化、文明，是这样的东西，它从人的需求中发展出来，借助认知和理智渐次提升以展现它的光辉，但它也给它得以生长的地基造成越来越大的压力，直到人本真的生存感受，那个源初的情感状态，难以承受这种压力，文明的光辉就会黯淡，它就会被看作腐朽之物，它就要被淘汰了。所以，我们一定要本着中道的精神去看待和实践价值的理智化，不能让客观化、普遍化的傲慢冲掉价值源初的感受性和主观性。

我们说价值在根本上具有主观性，这并不意味着价值是相对的、偶然的。主观的事物不一定就是偶然的，客观的事物也不一定就是必然的。偶然与必然、相对与绝对，这两对范畴我们不能没有参照地运用。如果扩大参照物，原本是偶然的、相对的东西在更大的视野下审视，可能就是必然的、绝对的，反之亦然。除非我们能够找到一个绝对的参照物，然后才能说某物在绝对的层面是偶然的、相对的，或者必然的、绝对的。就价值而言，价值的源泉就是主体的情感，因此我们没必要超越于主体自身，在主体之间，在整个社会，乃至整个古今中外的范围中去谈论价值是必然还是偶然。从根本上来看，价值论视域是拒绝超越经验主体，以其他思想视域为参照点进行讨论的。这些讨论不能说毫无意义，但也只是在某些情境下有相对的意义。在这些情境下所谓的价值之偶然与必然、相对与绝对，都未必适用于主体自身。价值源于情感，那么，从根本上来看，主体情感需求的发生是偶然的还是必然的呢？

---

① ［美］杜威：《价值的含义》，载冯平主编《经验主义路向》上册，第187页。

其实，情感需求的发生，既有人不可避免的遭遇一面，也有体现主体自由的一面。因为，在"情缘论"的视域中，发挥本源作用的情感在根本上是一种情感机缘，即情缘。"情缘"代表着人的某种情感际遇，际遇经由情感的转化，便既有遭遇的一面，也有机遇、机会的一面；前者有不可避免性，后者包含着自由、开放的可能性。所以只从情感自身来说，任何一种情感需求都是偶然与必然、相对与绝对的统一体。于是，对于价值，原本不能说它是绝对的还是相对的，是偶然的还是必然的。就情感需求和感受本身来说，若没有理智的考察，情缘本身也无所谓偶然和必然、绝对和相对，这两对范畴本来是源于理智的审视才生成的。而且即便我们按照这两对范畴来考察，价值原本也是必然与偶然、相对与绝对的统一体。任何一方面的论断都是基于片面的参照点的选择，这样的判断对于价值来说，没有绝对的意义。

总之，价值的本源是情感，情感的发生有其认知的基础，情感会随着认知的变化而发展，在正常情况下，人源初本有的情感能力并不会随着认知化情感的发展而丧失，它会在人的生存受到过度压抑的时候表现出来。我们可以说这就是人的情感本能，只要我们不在价值评判上先把这种本能理解得"低级"。当然，如果人的情感能力遭受过度的异化，人的本真情感也可能在人的生存遭受过度压抑的时候不再表现出来。比如某人会固执地执守某种价值观念，无论此观念是否已经过时或者它会对自己、对别人的生存造成严重的伤害，但他已经失去了基本的自爱和同情别人的能力，已经麻木不仁。这种情况是可能出现的，也是我们应该防范的，这就要求我们在日常生活中注意情感的熏陶，在教育中为各种类型的情感提供表达和发泄的通道。尽管如此，我们还应该相信，作为本能的人的源初情感能力也是很难完全丧失的，甚至在大多数情况下是不会丧失的。正如陈亮所谓"夫心之用有不尽而无常泯"①，人的源初、本真情感功能也不会恒常地被遮蔽和异化，它总会在这样那样的情况下表现出来。对于一个人是如此，对于一个社会更是如此。我们很难设想一种扭曲人性的价值观念教育会那么成功，使得全社会的人的情感本能都完全遭受异化。只要我们相信，人天生具有的自然属性、能力对人的

---

① 陈亮：《陈亮集》，中华书局 1974 年版，第 421 页。

生存是极其重要的，那么就应该相信人与此相应的本能的情感能力是不会轻易地丧失的。"野火烧不尽，春风吹又生"，人的情感本能就是这样的事物。因此，只要我们能够抓住这些本真的情感感受，以此为基础并合宜地运用理智去损益一切价值观念，就能够保证价值世界和人生境界的健康发展。

（三）情感的种类与价值世界的建构

情感是价值建构之源泉，然而情感的种类又是多种多样的，不同种类的情感对于价值的生成和分类是否有不同的作用？在各种情感之中，是否存在着最本源性的情感，这种本源性的情感决定着其他各种情感的发生和变化？

以上问题的回答涉及我们对情感的分类。对于情感的分类，可以从不同的视角着手，比如可以根据情感引发的动机和意向对象是否明晰、情绪感受是否激烈等方面对情感做出分类。但有些重要的情感是难以据此做出分类的。比如爱，它有时候会表现得比较激烈，有时候又殊为平静，有时候爱的对象是清晰的，有时候也模糊不清。于是"爱"，人们通常所认为的"一种"情感，可以被划分到不同的类别中去。当然，情感的这些类型的表现对于价值的生成和分类是有意义的，如上文所述，它们与价值的潜在或显在的表现密切相关。我们可以由此将价值分为两类，一类是潜在的价值，一类是显在的价值。不过，正像爱可以被划分到不同的类别中去一样，某"一种"价值，也可以被划分到潜在或显在的价值分类中去。这种划分，不是我们在这一部分所要讨论的，在这里，我们希望从更大的范围，即从人们通常所说的不同"种"类的情感关系中，对情感做出区分。比如，对爱、恨、羞愧、恐惧这样不同种类的情感做出不同类别的划分，从而考量其对于价值分类的影响。但我们现在对情感的区分不是无目的的，我们的目标是考察其对价值分类的影响。因此不如反过来设想，我们考察价值的分类又是为了什么呢？或许至少有两个方面是非常重要的：一是，我们想要了解哪些价值是好的，哪些价值是不好的。这种区分有助于我们选择那些好的价值去追求。二是，我们希望了解价值之间的秩序，这样的话，在追求价值的过程中便能够抓住根本，不至于舍本逐末，劳而少功。既然这两个方面是我们考察价值分类的重要的目的，我们就至少可以从这两个视角出发去探索情感分类的标准。

关于第一个方面，我们想要知道哪些价值是好的，哪些价值是不好的。说有些价值是不好的，这可能与很多人对"价值"的日常理解不符。一般情况下，人们会说，一个事物有价值，本身就意味着这个事物是好的，是能够直接或间接地满足人们的某种需求的；而当他们说一个事物没有价值的时候，通常意味着这个事物是不好的。在这种标准下，价值概念本身就意味着好，没有不好的价值。将"价值"置换成"意义"也是一样，人们通常会说自己的人生是有意义的，还是没意义的，而不会说自己的人生有好的意义和坏的意义。但这只是人们对"价值"和"意义"概念的日常使用情况，这种用法不能用以描述关于价值或意义的更为复杂的使用情境。比如，在我们关于事物能否满足人的需求的描述中，存在着这样的情形，即一个事物不仅不能满足人的某种需求，而且还对这种需求的满足有伤害作用，对于这种有害的事物，如果我们只说它们没有价值，尚不能凸显其"有害"的特性及其有害的程度。我们不能说这些事物的有害的性质不构成一种意义或价值，不能说人生面临的这样一种处境不是一种意义处境，只不过此时的意义或价值是负面的。如果我们不将价值或意义的概念放到这样一般性语境中，那么我们就会失去一个描述一般性、普遍性需求状况的概念，就不能更好地凸显需求状况的负面情形及其程度。我们日常生活中还存在这样一种表述，比如，对于没有意义或价值的事物，人们还会说，这些事物与那些事物相比，特别没有意义，特别没有价值。学过数学的人都知道，我们怎么能在正数的范围内，对零说特别零呢？对"特别零"的情形的有效解决，就是在正数之外创造负数，承认数有正负之分。负数的概念一旦深入人心，人们就会在日常生活中接受一种负数表述，这种表述可以清晰描述事物负向发展的程度。例如，"我特别没钱"的情况就可以被具体地描述为"我拥有负××元钱"（我负债××元钱）。

对于价值，如果我们只把价值理解为"好"，那么我们就没办法在普遍的价值视域中将"不好"的种种情境清晰地描述出来。"情缘论"不采用关于价值的日常定义，即将价值等同于好的价值的观念，而是将价值本身看作意义关系的普遍性表述，进而承认有正价值和负价值存在，或者说承认有好的价值与不好的价值存在。从价值的好与不好反观相应的情感心理，可以发现，如果价值对象能够引发主体产生积极的情感，如喜爱、快乐等，这个对象就对主体的生存具有正价值；如果价值对象引发主体产生厌恶、悲伤等消极情感，那么这个对象就对主体的生存具有负价值。因此，对于主体心灵境界的发展，人们更应该追求那些有助于实现积极情感的价值。这似乎是一个常识，不需要过多的说明。不过我们要注意，对于社会生活中已经存在的很多价值观念和事物，如果我们不时常在根本上将其与相应情感心理进行对比，或者不拿情感心理来对其进行校准和损益，我们对它们的追求就可能出现问题。因此用积极的或消极的情感去校准价值观念和事物，有助于社会生活中价值观念的及时损益。当然，这种校准不完全是直接的情感校准，在很多层面都需要理智的参与。情感与理智如何互动和合作？这涉及情缘论的根本方法论问题，我们暂且将其留在下一部分进行说明。

关于第二个方面，我们要探讨的是情感在生成关系上是否有先后的顺序。一些心理学家和哲学家认为，情感的生成是存在秩序之先后的，但对于哪些情感是最优先的，目前并没有一致的结论。有的学者倾向于将爱作为人类最源初的情感，比如马克斯·舍勒认为爱和恨是最基本的情感，一切其他情感，如状态性情感、情绪与激情，都是在爱和恨的基础上生成的，而在爱和恨之间，爱又是第一位的，因为没有对一个事物的爱，就不可能产生恨。[1] 尽管弗洛伊德作为一个心理学家承认人的爱（确切地说是自恋）的情感的本能性，但也有很多心理学研究不将爱置于人的情感的源泉地位。虽然如此，这并不意味着舍勒和弗洛伊德的观点是错的，而是因为心理学家们研究的大多不是我们说的"情感"，而是作为情感感受的情绪。爱本质上并不是一种特殊的情绪性反应，它更多标示的是情感意向。爱的情绪感受是非常多元的，可以是快乐、也可以是悲伤，可以是愤怒、也可以是焦虑，因此，不能因为找不到一种特殊的"爱"的感受，就说爱不具有源初的地位；人最基本的各种情绪反应完全可以是爱的情绪表现，因为爱更多强调的是意向，而不是情绪。

有人说，爱是一种很强烈的心理意向，而婴儿在能够做出各种基本情绪反应的时候未必具有这么强的心理意向。这里必须指出，爱的意向性并不都

---

① 参见［德］舍勒《爱的秩序》，第63—70页。

是强烈的，爱的意向有时候很强，有时候也很弱，最源初的爱就是心理意向并不强烈和清晰的自爱与爱他融为一体的依恋状态。鲍尔比的经典研究早已表明，婴儿从一出生就存在这种依恋的需求，此时期依恋的对象是整个世界，随着婴儿的成长和理智能力的发展，依恋关系会慢慢地固定起来。① 鲍尔比并没有指出爱就是最本源性的情感，但他的研究表明自爱和被爱需求是人最源初的本能。此外，我们对于心理的理解不应完全局限在主观心理层面，我们更应该考虑情感发生的神经基础。从生理上看，神经科学家们通常将情感看作一种类型的神经反馈机制，这意味着在婴儿时期，即便婴儿的主观心理尚未获得充分的发展，但如果相应的神经机制已经形成，那么爱及其功能同样可以发生。所以，爱未必一定要伴随强烈的主观心理活动。结合以上论述，情缘论认可舍勒的观点，即爱是最本源的情感。当然这里所说的爱，是指一个具体的人所拥有的情感。情缘论不赞成舍勒的是，他将人的爱的源泉进一步追溯到上帝，认为爱是上帝的本质，人的爱是对上帝之爱的分有。② 这些观点根源于舍勒本人的信仰，我们在经验领域并不能找到任何根据。

　　如果爱是最本源的情感，这也就意味着一切价值在根源上是由爱创造的。当然，这里的爱并不是道德境界（道德境界作为一种特殊的价值视域是在情感与理智的相互作用下形成的，道德情感需要理智的观照和陶养）中的爱，而只是人所本来具有的自然本真的爱，它既可能是自爱，也可能是爱别人的爱，还可能是自爱与爱他人浑而不分的形态。或许我们可以说，对一个个体而言，因为爱的本源性，正价值优先于负价值。但这只是属于个体的正价值，而不是公共领域第二意义上的正价值，即不是道德意义上的正价值。所以爱的本源性不是性善论——无论是本善论还是向善论——的理论基础。回到心灵境界的问题上，我们可以说爱是一切境界的源泉，爱敞开了一切境界视域。

　　这样作为本能情感的爱，情缘论将其等价于儒家之"仁"或"仁爱"的源初形态。在很多情感主义的儒家学者中，他们固然将仁看作一种"爱"或

① ［美］约翰·鲍尔比：《依恋》，汪智艳、王婷婷译，世界图书出版有限公司北京分公司 2017 年版，第 254—318 页。

② ［德］舍勒：《爱的秩序》，第 47—49 页。

一种情感，但往往预先地将其设定为理性的爱、道德的爱，如梁漱溟认为仁是一种经由历史进化而形成的先天的理性情感或道德情感。但在情缘论中，仁就是一种爱的本能，这种本能在动机方向上原本是自爱与爱他人混在一起的依恋之情，之后可以分化为自爱与爱他人两个方面。尽管有所分化，这两个方面仍然是内在地关联着的，这表现为，任何实际的爱都是有等差的，等差源于自爱的要求。自爱而能通过爱别人来实现，爱别人而不失自爱之心，这是仁爱的内在结构。纯粹的博爱不是仁爱，宋明理学家常讲的"公爱"①也不是源初的仁爱，牟宗三所谓"客观的悲情"②也不是源初的仁爱。源初的仁爱没什么神秘的，它就是人自然的爱的本能。在情绪或感受层面，仁爱就是人本能的、不麻木的情感反应，遇到危险就感到害怕，吃饱喝足就会很开心，见到可怜之人也会产生同情之心，仅此而已。按照这样的仁爱诠释，我们当然也可以站在儒家的立场上，说仁爱是一切价值的源泉，仁爱敞开了一切境界论视域，仁爱是一切本源视域中最为优先的本源，仁爱是第一情缘，是一切情缘之本源。

三　情缘论的方法论

前文探讨了情缘论思想视域的特点及其价值属性，这一部分将着重探讨情缘论的基本方法论。方法论是情缘论非常重要的组成部分，它一方面是情缘论理论精神在思维形式上的凝练，另一方面也是情缘论在人生、社会各领域中实际应用的抓手。所以，通过方法论的探讨，人们能够更好地把握情缘论的理论价值。这一部分将要指出，情缘论的核心方法是"缘情用理"，由此衍生的对待人类一切思维和实践的根本态度是"反极化"。这种方法论在文化传统上是对儒家"中庸"精神的继承和发挥，也与真正的"理性"精神相吻合，更是对中国情感主义哲学现代发展之"情理之辨"（即情感与理智之辨）核心命题的回答、提炼与运用。

---

① 王阳明：《王阳明全集》，第 217 页。
② 牟宗三：《五十自述》，载《牟宗三先生全集》第 33 册，第 75 页。

（一）情缘论要求"缘情用理"

情缘论是这样一种情感本源论，它以情感为境界论视域和一切价值开显的源泉，主张将境界论视域看作最为优先的视域，提倡以境界论视域统摄宇宙论视域和本体论视域、以价值视域统摄一切实相视域。就此而言，在各种视域之本源观念中，情感或情缘便是最具优先性的本源性观念。这要求我们在方法论上必须保证情感的优先性地位，即一切心灵的、行为的活动都应该缘情而作。

但情缘论又是这样一种情感本源论，情感的机缘本源作用不是本体那样决定事物运行变化的充分根据，情感只是事物向人敞开其存在的机缘。犹如一扇门，打开这扇门能让人们看到屋里的各种家具，这扇门既不是家具的制造者，也不是制造家具的图纸和材料。所以，情感本源对事物的存在及其变化不具有直接决定性作用，它自身在影响事物存在方面是无力的。情感提出改变事物存在的需求和价值引导，可是情感需求本身往往具有盲目性和不清晰性，而且它也不能显示事物的性质和变化规律。在很多情况下，情感要想发挥其对事物存在及其变化的影响作用，就必须通过人，即情感主体，去认识、谋划和行动。主体的认识、谋划是必要的，是它们作为工具和中介，让情感的价值指引作用变得有力。故情缘论主张一切心灵的、行为的活动缘情而作，却并不主张"任情""纵情"，情缘论是一种情感主义，但不是唯情主义。鉴于认识和谋划的必要性，情缘论在"缘情"的基础上，还强调运用理智，即充分地发挥心灵智性的认识和谋划作用，以补充情感作用的不足，辅助情感需求的实现。反过来，情缘论固然主张"用理"，但它也不是唯理主义，因为理的运用要受到情感体验和需求的引导和制约。所以，情缘论的基本方法论是"缘情用理"，强调在情感与理智的交互作用下指导思维和实践。

在中国哲学传统中，强调"情"与"理"的交融并不是什么新鲜事。中国哲学向来反对离情而讲"理"。只不过，这里的"理"并不是我们上面所说的理智（至少不直接是理智），而主要是天理、道德理性。因为天理、道德理性一般要通过"情"表现出来，因而也被很多学者称为"情理"，蒙培元又称为"情感理性"①。"情理"当然是一种"情"与"理"的交融，但这里的"理"不是理智。不仅不是理智，这种情理交融还很有可能会轻视理智。在宋明理学那里，天理、道德理性的存在具有先天性和超越性，它可以直接发用为情，蕴于情中而与情相交融，这个过程未必需要理智的参与，理智的参与反而可能会起到相反的作用，所以，宋明理学家对"自私用智"多有批评和防范。如程颢说："人之情各有所蔽，故不能适道，大率患在于自私而用智，自私则不能以有为为应迹，用智则不能以明觉为自然。"② 这是说，用智会妨碍道德理性的明觉性。梁漱溟也曾分析过儒家生活反对计较、计算的缘由。他说：

> 最与仁相违的生活就是算账的生活。所谓不仁的人，不是别的，就是算账的人。仁只是生趣盎然，才一算账则生趣丧矣！即此生趣，是爱人敬人种种美行所油然而发者；生趣丧，情绪恶，则贪诈、暴戾种种劣行由此其兴。算计不必为恶，然算计实唯一妨害仁的，妨害仁的更无其他；不算账未必善，然仁的心理却不致妨害。③

可见，儒家警惕、防范用智的初衷，并不是因为理智不好，而是怕它伤害"仁"，伤害道德理性。这种警惕和防范一旦成为文化风气，则理智的正当、充分运用势必会受到影响。所以，牟宗三在探讨儒家文化传统的问题时就指出，传统儒学固然注重理性，但过于强调理性的作用表现，而轻视了理性的架构表现。④ 理性的作用表现，即道德理性的直觉、明觉作用，而理性的架构表现，即是指理智的认识、推理作用。所以，中国哲学传统中通常所讲的情理交融，并不是指情感与理智的交融。

相比宋明理学，先秦儒学似乎对"知"或"智"的警惕和防范没有那么强。孔子不仅经常将仁与知（或智）并提，而且还论及两者之间的关联。

①　蒙培元：《人与自然》，第 12 页。
②　程颢、程颐：《二程集》，第 460—461 页。
③　梁漱溟：《东西文化及其哲学》，载《梁漱溟全集》第 1 卷，第 461 页。
④　牟宗三：《政道与治道》，第 19 页。

如孔子说:"里仁为美。择不处仁,焉得知?""仁者安仁,知者利仁。"
(《论语·里仁》)在这里,孔子强调了"知"对"仁"之实践的积极意义。
在孟子哲学中,"仁且智"成为"圣人"的一种标准:"昔者子贡问于孔子
曰:'夫子圣矣乎?'孔子曰:'圣则吾不能。我学不厌而教不倦也。'子贡
曰:'学不厌,智也,教不倦,仁也。仁且智,夫子既圣矣。'"(《孟子·
公孙丑上》)《荀子·子道》篇也讲到仁与智相配合的重要性:"故君子知
之曰知之,不知曰不知,言之要也;能之曰能之,不能曰不能,行之至也。
言要则知,行至则仁;既仁且知,夫恶有不足矣哉!"这些论述都是从正面
来阐释仁与智的关系的。需要注意的是,孔、孟、荀思想中的"仁",其根
本内涵是一种情感,尚未被提升到形而上的道德理性(天命之性)的高度;
其所谓"智"也并不直接就是理智,而更多是一种"智慧"。所以,先秦儒
家所讲的仁与智的配合、交融,也不是指情感与理智的交融,至少不直接
是情感与理智的交融。

我们不禁要问,在儒家哲学传统中的此种"仁且智"、情与理的交融虽然
不直接是情感与理智的交融,但其中是否蕴含着情感与理智的交融呢?"智
慧"的养成难道不需要理智吗?道德理性能力的提高难道不需要理智吗?我
们从孔子所讲的"学而不思则罔,思而不学则殆"(《论语·为政》),《中庸》
所谓"博学之、审问之、慎思之、明辨之",乃至朱子理学所讲的"即物穷
理"①的功夫来看,不能说智慧的养成和天理的实现完全不需要理智的运用。
就此而言,我们可以说在仁与智、情与理相结合、相交融的传统中是间接地
蕴含着情感与理智的交互作用的。可这毕竟是间接的,而不是直接的。情缘
论所讲的"缘情用理"的方法论则是直接将情感与理智的交互作用看作根
本的。

之所以将情感与理智的相互作用看作根本,是因为在情缘论看来,很多
具有超越功能的所谓智慧、所谓道德理性,都可以被还原为情感与理智相互
作用的产物。本书第七章讲过,在梁漱溟的哲学心理学中,理性是历史进化
的产物,这个历史进化的过程,就是人的本能情欲与理智相互作用、结合的

---

① 朱熹:《四书章句集注》,中华书局 1983 年版,第 6 页。

过程。在李泽厚的"历史本体论"中，道德理性也是历史积淀的产物，表现为文化心理中的"情理结构"，其积淀过程根源于人们在实践中对"度"的考量与把握，这个过程离不开理智的作用（虽然理智的形式也是在实践中积淀的结果）。在黄玉顺的"生活儒学"中，一切形而上学观念的产生都离不开在本源生活情感基础上的认识之思的运用。尽管上述学者对道德理性的还原方式不同，但在将其还原为某种情感与理智的相互作用这一点上具有一致性。情缘论赞成上述学者的基本还原路径，认为生命哲学中很多所谓的大智慧和先天的、超越性的道德理性观念，都可以被还原为情感与理智的相互作用。不过，梁漱溟将道德理性看作所有人既成的先天存在，这是情缘论所不赞成的，事实上，并不是所有人都先天地具有道德理性，这只不过是一种形而上学预设。也就是说，并不是一个人一出生，他就先天地具有道德理性，但可以如李泽厚所说，他生活的文化环境中先天地蕴含着某种道德理性观念，尽管这种观念可能会潜移默化地渗入到他的心灵中去，但这和他一出生便具有相应的先天本性是不同的。

中国哲学特别注重与形上本体的感通，或者对形上本体的体悟。无论儒家、道家还是佛家，通常会把最终的本体体验归于一种直觉性的能力或智慧，这种直觉性的能力或智慧，在根本上与本体的明觉属性是一回事。这样明觉的、顿悟的、反观自证的直觉能力，能够直观地洞见本体，因此常被人们看作超越理智的大智慧。此种作为大智慧的直觉能力，其实与理智并非毫无关系。冯友兰将这样直接洞见本体的直觉方法称为"负的方法"，但他指出，"负的方法"的运用是要以理智的"思议"为前提的。他说："学者须经过思议，然后可至不可思议底；经过了解，然后可以至不可了解底。不可思议底，不可了解底，是思议了解的最高获得。哲学的神秘主义是思议了解的最后底成就，不是与思议了解对立底。"[①] 这实际是说，洞见本体的直觉能力或智慧本身是理智的运用积累到一定程度才可能发生作用的，但他并没有说前者是以后者为基础而生成的。此外，有关计算过程中的直觉能力的心理学研究，也指出计算中的直觉和洞察能力与长期的认知、推理过程的积累密切

---

① 冯友兰：《新原人》，载《贞元六书》，中华书局 2014 年版，第 690 页。

相关。① 以上表明，我们通常所谓的很多直觉智慧的发生需要以理智参与的某种积累过程为前提。正如很多情感主义哲学家所强调的，情感是推动理智运行的重要动力，因此理智的运用总是伴随着情感功能的发挥，特别是在人生和社会领域内，理智原则所要处理的内容通常就是情感，就此而言，很多所谓智慧作用的发生，很可能就是情感与理智的相互作用经过长期的心理积淀而直觉化的结果。即便有些智慧和神秘体验不是由情感与理智的相互作用构造而成的，而是由心灵的某种活动引出的，比如，像威廉·詹姆士在《宗教经验之种种：人性之研究》一书中设想的那样，宗教神秘体验的内容由人的潜意识门径引入，② 至少认识和正当地对待这种引入智慧之功夫的过程仍然需要理智的参与。也正因如此，情缘论在方法论上，以情感与理智的相互作用，即"缘情用理"，为根本。

此外，人的心理中确实具有很多先天的成分，它们是人的心理在历史发展中积淀的产物，但我们是去注意它们还是无视它们，是去顺从它们还是努力克服它们，这都需要根据后天的生活需要和意义需要来安排。而且我们还需要以后天经验为基础，在心灵中建构一系列新的观念，并根据生活的需要不断地解构、损益它们。"缘情用理"就是情缘论为一切观念之发现、关注、建构、顺从、损益、解构等心灵活动建立的一个根本原则。我们心中原来有什么、我们文化中原本有什么，这些虽然都是重要的，但都不是最根本的。最根本的是，我们希望它们的存在和变化是对我们的生活有积极意义的，而意义的源泉在于经验主体的情感。所以，即便很多先天观念不是在情感与理智交互作用下历史地积淀而成的，我们也有理由在"缘情用理"的方法论下审视它们、理解它们、改变它们。

情缘论从情感与理智之基础心灵功能出发，注重主体后天心灵观念和境界的建构，肯定主体经验性的情感体验的意义源泉地位，这与宋明理学、心学那种"超绝的心灵学"有着重大的差异。从心灵哲学的视角来看，情缘论

<hr />

① Nicholas A. Christakis, "The Neurobiology of Conscience", *Nature*, No. 569, 2019, pp. 627 – 628.

② ［美］威廉·詹姆士：《宗教经验之种种：人性之研究》，唐钺译，商务印书馆2002 年版，第 499 页。

支持的是一种偏重经验心灵的儒家心灵哲学，这种心灵哲学以"缘情用理"为根本方法论。

（二）"缘情用理"的具体原则

如果我们把"缘情用理"的方法论简单地诠释为情感与理智的交互作用，这固然不错，却有些笼统，人们仍旧不知道应该怎样去"缘情用理"。因此，我们必须进一步细化"缘情用理"的方法，楷定几条具体的原则。

《心灵的修养——一种情感本源的心灵儒学》一书曾指出，"缘情用理"必须遵循情感运行的三个重要的心理机制，即情感感应与情感感受的可分离机制、情感对理智有导向的引擎机制和共在关系中爱之情感的受挫扩展机制。情感感应与情感感受的可分离机制，是说当情感发生时，有时候只在潜意识中运行，此时我们不能获得有意识的情感感受。但我们自觉的意义世界必须以有意识的情感感受和体验为起点，这是我们"缘情"的起点。情感对理智的有导向的引擎机制，是说情感能够为理智的运行提供动力和初始运行的方向，经常观照这个源初的方向，才能保证理智的运行不违背价值的导向，这是"用理"需要"缘情"的原因。共在关系中爱之情感的受挫扩展机制，是说在一种共在关系中，自利之爱与利他之爱是关联在一起的、相互制约的，利他之爱、平等的博爱之扩展，需以自利之爱的受挫为前提；这个自利之爱受挫、利他之爱扩展，两者达成新的平衡的过程，需要认识心或者说理智的参与。这是"缘情"需要"用理"的一个重要原因。

从以上三种心理机制，我们可以进一步总结"缘情用理"之方法论的具体原则。

第一，所缘之情必须带有有意识的或主观自觉的情感感受。我们的意义世界是以后天经验的情感体验为本源的，一切境界视域的源泉是人们经验的情感体验，这个本源拒绝被还原到任何超越经验主体之外的思想视域中去。今天的科学研究领域有一种倾向，就是将情感还原到生理、物理的领域中去，从生物医学、神经科学乃至人工智能等学科视角出发去还原情感的功能。的确，从"实相"的视角来看，很多情感功能确实是可还原的，我们没办法拒绝情感或者意识、精神在本体论的层面被还原为一种基础的存在或属性，不能无视相关的科学研究。但这些研究终归都是本体论的事情。这些研究的结果，是将情感还原为客观的生理、物理存在。不能说我们不需要这些知识，但它们不是意义，或者说价值的源泉。价值是一种源于情感的具有主观性的需求关系，只有这种情感被主体体验到，这种价值关系才是自觉的，才是真正意义上的、根源性的价值关系。情缘论要想保证境界论视域、价值视域的优先性，就必须拒绝情感体验的还原，在根本上拒绝情感需求为认识的中介所给出。

有人或许会说，我们有意识的情感体验及其相关需求很多时候并不真实。根据一些催眠实验，如果被催眠的人在催眠状态中被灌输一个任务，他醒来之后，到了相应的时间，会不自觉地去完成那个任务，甚至还会为自己的行为寻找一个看似说得过去的理由。① 我们当然知道他做这件事的需求是被灌输的，不是他解释的那个样子，但如果我们妨碍他实现这个需求，他可能会着急或生气。所以，情感需求的确可能不是基于某种事实而发生的，不过，这并不妨碍情感引发的意志、欲求使得主体与某种事物建立起价值关系，使主体的生存产生某种意义。当然，质疑者又会说，你觉着有意义这回事，以及你觉着意义在你主观心灵中发生这回事其实都是不可靠的，按照心灵取消主义的观点，主观心灵以及主观心灵的功能和心灵中的观念并不能准确地还原为生理或物理现象，因此主观心灵及建立在主观心灵中的各种观念根本就不存在。按照行为主义的观点，主观心灵及其附属的观念体系不过是为了解释行为而设想出来的一套"民间心理学"观念，其实并没有什么现实存在的依据。这里姑且不必对这两种观点在事实上的对错做出评论，哪怕这两种观点百分之百地正确，也不会妨碍我们以有意识的情感感受、体验为"缘情"的起点这一原则。这是因为意义根本不需要建立在任何事实之上，意义起源于情感需求，哪怕情感需求在事实上完全不成立，但并不妨碍我们主观上建立的意义关系的存在。哪怕主观心灵、情感、意义或价值关系，这一切在客观上都不存在，它们的存在完全是我们设想的、虚构的，也并不会妨碍我们乐意生活在这样幻想的世界里。在这个拥有主观心灵的世界中，在这样的心灵

---

① ［美］威廉·詹姆士：《宗教经验之种种：人性之研究》，第235页。

境界中，主体拥有自由的意志，有快乐与不快乐、爱与被爱的体验，有为了某种意义而奋斗的热情，这不是很好吗？主观的心灵世界可能并不真的存在，但它至少可以假的存在。主观心灵世界的"假有"，至少这是可以被接受的。我们不愿意主观的心灵世界被彻底地还原到经验世界之外的任何本源之中，这是为了确保这份心灵体验、心灵自由、人生价值在根本上的不可公度性。我们应该以这份"假有"为优先的视域，为了它朝着使主体感觉更为自由、快乐、幸福的方向不断延续、发展而努力奋斗，去有限度地接受真实的世界、接受知识和技术，但绝不允许任何"真实"的视域毁掉这一切。这就是为什么情缘论一定要肯定以情感为本源的主观境界论视域之优先性的根本原因。情感有其生理的存在，有其潜意识的存在，也有其主观感受的存在（至少"假有"），只有最后一种存在方式才直接彰显了主观心灵的存在、直接开显了境界论视域的存在，故"缘情用理"，一定要以有意识的情感感受、体验为源泉，为真正的"情缘"。

第二，充分肯定理智运用的必要性。主体基于自身的情感感受通常会产生这样那样的欲求、需要，这些欲求、需要本身就是心灵中的动机、意志之内容，它们可以直接引发主体的行动去实现自己。不过，情感需求或情意本身往往带有主观的狭隘性，同时情感也不能反映现实世界的复杂性和事物的具体特性，因此情感需求并非都是切合实际的。不切合实际也就意味着它不能直接实现，对于情意不能直接实现的情况，主体不应就此灰心丧气，而应充分运用理智去冷静、客观地认识现实状况、事物的特性和规律，并将相关知识转化为技术和方法，从而辅助情感需求的实现，或者去修正情感需求中不切合实际的内容。

不惟个人欲求的实现，公共准则的达成同样需要理智。个人的情感需求带有鲜明的主观性，在源初情况下一般会偏重考量私人的利益。如荀子所说，在一个社会中，如果顺从人们源初的情欲，则整个社会必将陷入争夺和混乱，最终个人应得的利益也难以保障。于是，在社会中，人们需要制定公共性规范以限制个人的情欲。使个人的情欲与公共的情欲相协调，甚至相一致。这个过程，按照儒家的传统，即是践行孔子"忠恕"之道、孟子"推恩"之道、《大学》"絜矩"之道、戴震"以情絜情"之道、蒙培元所谓"情感的理性化"之道的过程。还原到心灵功能层面，从"共在关系中，自利之爱受挫，利他之爱扩展"的原则来看，公共规范制定和实践的过程，一方面是自爱情感受到制约的过程，另一方面则是利他之爱在情感浓度和对象范围上的扩展过程。这个过程不是爱的情感自身能够实现的，自爱必须遭受外来的打击才能被限制，而这个外来的打击，要么来自现实经验，要么来自理智的劝慰。理智的劝慰，是通过理智的计虑来预见风险、危害，从而使自爱之情在未遭受现实挫折之前，遭受一种心理模拟的打击。对个体来说，接受理智的劝慰当然是一种比较好的选择。况且理智不仅能预告风险，而且还能给出优化选择，从而使自爱之情调整动机和需求的方向与内容。故"以情絜情"的过程、情感理性化的过程，是需要理智参与的。这是传统情感主义儒家哲学未能阐释清楚，而今天必须要明确指出的。

第三，训练情感与理智相互观照和自如切换的心灵能力。情感接受理智的劝慰和谏议不可能是一个自然的过程。在复杂、急切的情况下，情感更容易抛弃理智、扼制理智。理智的运行需要情感，但它也需要相对平和、冷静的心境，激烈的情绪会干扰理智的运行。情感和理智（认知）在心灵中的运行关系犹如一个舞台上的前台和幕后关系①，它们各占一半舞台并相互支持，当情感走上前台，理智会转入幕后，当理智走上前台，情感也应转入幕后。情感若一直占据前台位置，则理智便难以走上前台来运行。根据人的懒惰的习性和心灵功能使用的一般习惯，谁都想长久地霸占前台，谁都不愿自动地退到幕后去。因此，要想充分地运用理智，就需要人们在平时培养良好的习惯，学会克制激烈的情绪，克制冲动的行为，要善于"思而后行"。

然而，就像情感不愿主动地让出前台一样，理智同样不愿主动地让出前台。理智不能正常地退居幕后，也会导致不良的后果。"季文子三思而后行。子闻之，曰：'再，斯可矣。'"（《论语·公冶长》）孔子之言意味着，思固然重要，但思得过多也会出问题。理智的自大，表现在其通过抽象化、同一化、客观化的规则来压抑人的情感，从而使个体存在的具体性、差异性、主观性受到伤害。这也是后现代主义者批评西方启蒙理性主义的核心内容。依照情

① 李海超：《阳明心学与儒家现代性观念的开展》，第 231 页。

缘论，情感是意义的源泉，情感过度地服从理智的规范，个体生存的意义就会被异化，甚至丧失。因此，我们在提防情感妨碍理智运行的同时，也要警惕理智遗忘自身运行的动力源泉和价值导向，反过来压抑个体本真的情感体验。故我们也要在平时运用理智的时候养成另一种习惯，就是不断地反过来观照情感体验的习惯，使情感感受、需求不因长期退居幕后而被遗忘或被异化。理智遗忘情感固然会一时独大，但这种傲慢不会长久持续，因为情感是理智运行的动力源泉，一旦动力支持丧失，理智正常的运行及其傲慢的形象也会崩解、枯萎。

情感与理智在心灵舞台之前台、幕后自如切换和相互观照之能力的养成需要一个经验积累的过程，人们在日常生活中有意识地培养这种能力是十分必要的。至于培养此习惯和能力的具体方法，需要进行专门的研究，这里只能在理论上就其必要性加以说明。就中国文化传统而言，我们以往更多地强调情感的直觉，曾一度贬低、忽视了充分运用理智的必要性，因此熟悉中国传统文化的学者应更多地关注理智的运用；同样，就受西方理性主义文化影响的学者而言，在重视理智的同时，也应更多地观照个体生存的情感感受。如果排除文化差异，从普遍的意义上来看，情感与理智在运用中的相互观照应成为一般性的方法论。

总之，"缘情用理"的方法，所要求的不过是缘情感（有意识的情感感受）、用理智、培养情理互照与自如切换的经验而已。如果说前两条只是前提性的原则，那么"缘情用理"的方法可简言之为"培育情理互照与自如切换的经验"这一条原则。当然，这一条原则也可以被剖分为两个方面，一方面是"情用理"，指情感推动理智运行以实现自己的需求；另一方面是"理缘情"，指理智的运用不能脱离情感源泉。从这两个方面可以看出，"缘情用理"的方法论蕴含着情感与理智在运用上的相互限定，这保证了情感与理智的运用不会从各自的方向走向极化。如果情感与理智的运用不走向极化，而一切文化观念又都建立在"缘情用理"的方法之上，或者在此方法审视、批判之下被修正、被实践，那么我们就可以防范生活中各种极化观念的出现和实践了。由此，如果人们不能清晰地把握"缘情用理"方法论的具体原则，不妨将其概括为一种最简要的态度，即反对一切极化的思维与行为。

（三）"缘情用理"的"反极化"态度

"极化"是一个需要被界定的概念，什么样的思维方式、行为方式算是极化的呢？从语词含义上讲，"极"通常用来指称事物的极点、端点、尽头、最高处，等等；"化"通常用来指称事物性质或形态的变化。那么，"极化"强调的就是事物朝着某个极端的变化，用在思维或行为的领域，"极化"就是在思维和行为倾向上极端地关注和追求某种事物或状态。需要注意的是，极化思维与行为所关注和追求的对象并不一定都是事物的极点和端点。一个事物有其中间，亦有其两端，甚至不只两端，这是事物自身的特性。无论事物的哪一部分，只要其对人有意义或可能有意义，我们就可以去关注和追求它，这无所谓极化与不极化。思维和行为的极化，表现在我们对待事物的态度和方式是极端的。比如在认识上，我们发现一个事物有硬的属性，便说它是世界上最"硬"的东西，或者我们只看到它的"硬"的属性而忽视了它具有的颜色、可食用等其他属性。这并不是说极化思维是一种认识上的错误，而是说，由于我们偏于依赖某种或某几种认识事物的视角、态度和方式，因而不能恰当地认识和对待事物。而且"极化"之为"极化"，表现为此种"不恰当"在程度上不是轻微地不恰当，而是严重地、极度地不恰当。

这里有一个关键词就是"恰当"，思维与行为的极化与否，关键就在于它们的运用是否"恰当"。可见，一种思维或行为方式原本是无所谓极化与不极化的，只有当它们的运用被按照某种标准进行衡量，并作出"恰当"与"不恰当"的判断时才会产生极化与不极化的特性。比如，某个人喜欢做全称判断，他偏爱用全称判断的方式去描述事物。当他遇到一个坏人，他就会说"我身边全是坏人"；当他做错了一件小事，他就会说"我什么事都做不成"。我们对他遇到的很多人和他做过的很多事进行客观的评价，会发现他夸大了事实，事实上，他的身边不仅有好人，而且他对很多事的处理也很成功。我们用客观的事实对他的言论进行衡量，就会发现他的观点是"不恰当"的，因而是极化的。但客观的事实或认识上的正确只是我们评判的一个标准，它既不是唯一的标准，也不是终极的标准。就不是终极的标准而言，极化思维与行为的评判在根本上不是认识问题。就比如这个喜欢用全称判断来评价事物的人，假如他只是把判断的结果放在自己心中，他有点虚伪，从不以真实的想法去待人处事，而且善于安慰自己，那么他对事物的判断就没有给他人和他自己的生活造成什么坏的影响，也许他的生活感受还不错。这个时候，我们有必要执着于从客观事实的视角评判他思维方式的极化与否吗？似乎没有必要。如果让他改变这种思维方式，会导致他强大的自我安慰能力完全派不上用场，于是他会感到失落，感到生活没有意义，从而降低他美好的生存体验。那么这种从客观事实的视角进行极化思维的评判就完全不应该了。所以，对于极化思维和行为的评判，首先不应该是事实评判，而应该是意义评判，事实评判要服务于意义评判。

情缘论一再强调，一个人生存的意义源于他本真的生存体验或情感感受，因此，意义评判，归根到底应落实为情感评判，如此一来，极化思维与行为的评判在根本上也应落实于情感评判。也就是说，一个人的思维和行为是否是极化的，终究要看此种思维和行为是否导致了主体极为负面的生存体验或情感感受。由于生存体验具有主观性，因此极化思维和行为的评判在根本上应由思维和行为主体自身做出判断，而不是由他者做出判断。由他者做出判断，就意味着极化思维与行为的评判标准是可公度的，从根本上来看，这是与生存体验和情感感受的主观性相违背的。从心理机制上来看，即便是建立在"共情"机制上的同感，其在感受程度上也是与被共情者有差异的。从认知手段来看，目前的科技水平还很难完全地"读心"。就算一个人的情感感受及其引起的需求、意志可以被还原为生理指标并被客观地检测，被还原了的关于主体情感的知识也不是主体自觉的意义源泉。意义源于主观的、有意识的感受，它反对自身被彻底地客观化。所以，我们在日常生活中很难找到一个完全了解自己情感感受的他者，来代替自己做出极化思维和行为的评判，即便能够找到，我们在根本上也不允许他者替代主体自己做出这一判断。

人们经常开玩笑，说有一种冷是妈妈觉得你冷。这就说明，即便是自己的母亲，也不能在任何时候都恰如其分地感受子女的感受。但有时候，在某些方面，确实别人比你更懂你，更明白你的需求，他们对你当下的或即将发生的生存体验和情感感受的猜测、推测是准确的，比你自己推测得还准确。比如在你未成年或严重缺乏某种社会经验和知识的时候，有丰富人生和社会经验的父母、亲戚、朋友在某些方面确实比你自己更了解你，此时你确实要将自己的某些权利托付给自己信任的亲人、朋友乃至他人。不过，这种托付在理论上、文化上、制度上不是根本的，而是次一级的，也就是说，是暂时的、有限制的。当你长大了，父母应该将此权利交还给你，伴随着你的成长，父母应该越来越多地咨询和尊重你的意见，优秀的父母应着力培养你自己做主的能力。当你成为一个正常的成年人，此时你不同意了，被委托的他者的权利就应当失效。我们不能在根本上允许任何一个他者，无论是亲人，还是某些权威的机构，对你的意义世界的建构、对你的生存体验的状况做彻底的还原性解读和替代性干涉。在根本上，没有谁能以权威的、客观的名义毫不谦逊地指责你的思维和行为是极化的，是有问题的。这一切皆因为意义的源泉是主观的，是不能被还原到主体有意识的生存体验之外的。所以，我们的文化、法律应该为相关托付的暂时性和有限性提供保障，并对其做出严格、细致的规定。与此直接相关的权利是隐私权，在根本上涉及的是精神和行为的自由权。

然而，我们在极化思维和行为的评判上就不存在共识了吗？就不能对某些引起恶劣后果的思维和行为方式进行公共的批判了吗？当然不是。社会文化中蕴含的思维定式及其极化的应用现象，如极端保守、极端固执、极端夸大、极端利己主义、极端理性主义、零和博弈式的冷战思维等，它们对个人生存、国家的内政外交、民族的前途命运有着直接、间接的负面影响，而这最终关系到每个社会成员的切身利益，我们有权利对社会文化中的极化思维与行为方式、习惯进行反思和批判。对于与公众利益有直接、间接影响的个体、机构的极化思维和行为，我们也有资格进行评判。但要谨慎，要有限制，我们只能从该主体带给社会和他人的负面影响层面进行评判，不应跨过这条界限去干涉该主体的思想和行为。如果跨过了这条界限，你只能出于好心地、在尊重该主体的前提下，提出一些建议性质的评判，并且这些好心的建议不能肆无忌惮地、不合规约地暴露该主体的隐私或影响其正常的生活或活动。

在了解了评判的限定之后，我们还是回到极化思维和行为的评判标准问题上来。以上论述已经表明，判断一种思维和行为方式之"极化"性的根本标准是主体自身的生存体验或者说情感感受。但只依此情感感受是不够的，要想进一步准确地判断此极化思维和行为"极化"的程度、导致的后果和修正的方向，必须运用理智对相关问题进行深入研究才能实现。这也就是说，极化思维和行为的评判，归根到底要以"缘情用理"的方法为基础。此外，避免极化思维和行为本身也是"缘情用理"之方法的内在要求，因为真正"缘情用理"地去考虑问题，便会在根本上避免无视主体本真的情感感受及其具体的需求。正因如此，我们才说"缘情用理"最简单、最直接的表现，就是"反极化"。

"反极化"的态度与儒家的"中庸"精神密切相关。儒家经典《中庸》讲到，"中庸"是一种极高的品德、最高的准则，是不可须臾离失的"道"（"中庸其至矣乎！民鲜能久矣！""道也者，不可须臾离也，可离非道也"）。中庸之道是一种发乎情、止乎礼的"中和"精神（"喜怒哀乐之未发，谓之中；发而皆中节，谓之和"）；是一种因时损益、通权达变的"时中"精神（"君子之中庸也，君子而时中"），是一种无过、无不及的"折中"精神（"知者过之，愚者不及也"），是一种择善而能坚定执守的"守中精神"（"人皆曰予知，择乎中庸，而不能期月守也。""回之为人也，择乎中庸，得一善，则拳拳服膺弗失之矣。"），还是一种切问近思、遍察全局而施之有度的"用中"精神（"舜其大知也与！舜好问而好察迩言，隐恶而扬善，执其两端，用其中于民，其斯以为舜乎！"）。所以，"中庸"是准则、原则（中道），是状态、境界（中和），更是智慧、方法（时中、折中、守中、用中）。"中"是一个与"极"相对的概念，"中庸"之道作为最高的准则，之所以能够保证自己不是极化的，就是因为它是准则与方法的统一体，这个准则本身就是方法。《中庸》讲"天命之谓性，率性之谓道"，"性"本身不即是"道"，"率性"才是"道"。将"性""天理"直接等同于"道"，便忽视了"道"的方法属性。

所以，至少从方法论的层面，我们能看到"中庸"反极化的特质。在这一点上，情缘论"缘情用理"的方法论和《中庸》中的"中庸"精神是一致的。假如我们跳出《中庸》这一文本，回归对孔子哲学的"情感主义"的诠释路径，我们更会认可"缘情用理"的精神与孔子所讲的"中庸"精神的相契性。此种精神的相契不等于完全的一致，而是一种创造性的继承和弘扬。

此外，还需要对"缘情用理"的方法论、中庸精神与理性的关系做简要的说明。从本书关于梁漱溟、李泽厚、蒙培元哲学的介绍可以看到，中国哲学传统所理解的"理性"不是纯粹智性的心灵能力和原则，而是一种"情理"。"情理"一般是从人伦、社会之理的层面言说的，意味着原理、准则源于人情、蕴于人情。反对以普遍的、同一化的原则来片面地理解人性、压抑个体的特殊性、限制个体的自由。当然，情不仅有情感的含义，也有情实的含义。这表明理性之抽象的层面永不能脱离具体的层面而存在。所以，从中国文化传统出发，理性这一观念即便被引申到纯粹的知识领域去使用，它也不只代表抽象性，它要求知识必须是抽象与具体的统一，要求缘真情而用推理，反对人们对形式逻辑和抽象推理的极化崇拜。综合人道与知识两个层面，我们会发现真正的理性精神和理性方法就是缘情用理的精神和方法，就是儒家一贯的中庸的精神和方法。由此，便可以通过"缘情用理"的方法论把儒家传统的"中庸"之道与现代的"理性"精神贯通起来了。我们甚至可以说，真正的中庸精神即理性精神，其方法论是"缘情用理"。

第十二章　情缘论的理论应用

上一章介绍了情缘论的理论架构，欲明晰地展现情缘论的价值，有必要进一步探讨情缘论在重要问题上的应用。情缘论的理论应用是非常广泛的，本章仅从健康人格和现代主体的培育、道德评价体系的建立、超越心灵的安顿三个方面对其加以说明，虽不能面面俱到，但也基本涉及了传统儒家所关注的核心议题。情缘论在上述三个方面的核心观念可以凝练地表达为：缘情育人、缘情立德、缘情归宗。先来讲"缘情育人"。

一　缘情育人①

传统儒家较多关注道德人格的建立，其实道德人格只有建立在健康人格的基础上，才能正常发挥发用。所谓健康人格，是指一个人在生活中表现出来的心灵或心理特征在"健康的"或"正常的"范围之内。何谓"健康的"或"正常的"？判断它们的标准是什么？这是很难回答的。我们只能泛泛地说，具有健康人格的人，他们一般会热爱生活、热爱生命，能够与他人进行最起码的沟通和交往，内心有韧性，能够承受适量的打击，等等。或者至少可以说，具有健康人格的人，不是厌弃生活、郁郁寡欢、难以与他人进行正常交往、内心脆弱得不能承受任何打击的人。一个人在生活态度上难免会遇到低谷期，这是再正常不过的，但如果低谷期的种种表现已经转化成为长期、稳定的人格特征，这就有问题了。可见，"缘情育人"主要涉及的是一个人的

---

① 此部分内容曾以《儒家式人格的时空结构及其意义》为题发表于《哲学与文化》2022 年第 7 期。此处有修改。

生活观、生命观问题。

生活观、生命观表现在人格上，就是这个人对自我生存之一切，如过去、现在、未来及其相互关系，持有某种稳定的态度；对自我、他人乃至整个世界及其相互关系，持有某种稳定的态度。这两个方面构成了人格的时空结构。通过考察人格的时间性特征、空间性特征及其结合的方式，并借鉴哲学和心理学的相关研究成果，我们能够大体上判断一种文化所塑造之人格的基本健康状况及其时代适应性。这一部分先尝试从"文化心理结构"[①] 研究的视角，通过对儒家式人格之时空结构的分析，探讨其对健康人格培育和现代主体建构的积极意义以及所需损益之处，然后再申明情缘论于其中发挥的支持和促进作用。

（一）儒家式人格的时间性特征

儒家式人格是指儒家文化中各种类型的理想人格，如士人、君子、贤人、圣人、仁人、大人等，或者深受儒家文化熏陶的人们所具有的共性人格特征。尽管不同类型的儒家理想人格在人格特点上有很多不同，并且在不同历史时期的儒学理论中这些人格的特点又会有很大的差异，进而使那些以此种种理想人格为榜样而进行身心修养的人们在人格特点上表现出多元的特征，但这些差异并不妨碍上述种种人格在本质上是"儒家式"的。因此，通过文本的梳理和分析，对这些儒家式人格特征做简要的总结并非不可能。况且这里所要考察的，只是人格的时间性与空间性两个维度。这一部分将着重探讨儒家式人格的时间性特征。

孔子的很多教导和相关人生经验对人们在成长的过程中不断观照自己未来的成就具有鼓励和示范作用。比如他说："君子疾没世而名不称焉。"（《论语·卫灵公》）"幼而不孙弟，长而无述焉，老而不死，是为贼。"（《论语·宪问》）"吾十有五而志于学，三十而立，四十而不惑，五十而知天命，六十而耳顺，七十而从心所欲，不逾矩。"（《论语·为政》）通过这些关于人的生死、长幼、老少情境的评述，人们知道自己应该根据一种美好未来的样态去

---

① 李泽厚：《人类学历史本体论》，第152页。

规划自己的人生、去安排自己当下的行为。在此意义上，受孔子学说影响的人们，其每一个生存的当下或现在都是有未来观照的，而不是纯粹的当下或现在。孔子当然也注重君子对过往人生的反省。如孔子说："内省不疚，夫何忧何惧？"（《论语·颜渊》）"过，则勿惮改。"（《论语·学而》）"过而不改，是谓过矣！"（《论语·卫灵公》）可见，孔子注重在当下反省过去不单单是为了加深对过去的记忆，而是为了从此以后能够改正错误、表现得更好。在此意义上，对过去的反省也是服务于人生美好未来之实现的。综合以上两个方面，我们可以说：第一，孔子理想的人格是存在着完整的过去、现在和未来之时相的，而且三个时相之间是密切关联的；第二，在完整时相的基础上，孔子强化了"未来"时相的导向作用，即主张人们为了美好未来的实现，而去珍惜现在、反省过去。自孔子以后，尽管儒学流派纷呈，但皆主张人生应不断修身反省、笃行向善，以成君子、圣贤为志业，这是了解儒学的人们都熟知的常识，于此不必多加引证。是故，我们可以论断，在拥有完整时相的基础上强化"未来"的导向作用，这是儒家式人格普遍性的时间性特征。

对于孔子乃至整个儒家哲学之"时间"问题，张祥龙曾借助海德格尔哲学做过细致的分析，按照他的观点，原始儒家的"时间"观是"时机化"的，"不是以现在为显示中点的单向流，而是在三个时相的相互转化（出让）和依存中所成就的境遇，具有活生生的立体深度和回旋张力"①。这种"时机化"的时间性强调了过去、现在、未来之间的相互转化和依存，但并未凸显"未来"时相的导向作用，这主要是因为他讨论的是普遍意义上的"时间"，而不是落实到人格特征上的时间性维度。如果将三个时相相互依存和转化的时间观落实到追求君子、圣贤之人生理想的人格中去，那么在儒家式人格的特征上，"未来"时相之导向作用的凸显也就顺理成章了，这与张祥龙所诠释的普遍意义上的原始儒家的时间观并不矛盾。

既然儒家式人格在时间性上是以"未来"为导向的，那么这个"未来"究竟是到什么时候？是否如海德格尔所言，这个"未来"应明确地以个体自

---

① 张祥龙：《海德格尔与中国天道：终极视域的开启与交融》，生活·读书·新知三联书店 1996 年版，第 373 页。

我之"死"为终点？[①] 并不是。孔子固然主张"君子疾没世而名不称焉"，但他还说"未知生，焉知死"，显然孔子所观照的人生的"未来"必有超越于死的层面。此超越于死的层面是什么？即是儒家之"道"或者说"仁""义""德操"的获得与实现。如孔子说："朝闻道，夕死可矣。"（《论语·里仁》）"志士仁人，无求生以害仁，有杀身以成仁。"（《论语·卫灵公》）孟子言："生，亦我所欲也，义，亦我所欲也。二者不可得兼，舍生而取义者也。"（《孟子·告子上》）荀子谓："君子知夫不全不粹之不足以为美也……生乎由是，死乎由是，夫是之谓德操。"（《荀子·劝学》）所以，儒家式人格在时间性维度上的"未来"时相，又是由儒家所追求之价值的获得与实现敞开的。此价值一日未得实现，则人生便应当朝向其实现而努力，由此展开人生朝向未来的方向与终点，并反过来规约个体的现在与过去。因此，对于儒家式人格的时间性特征，我们还必须再加上一点内容，即对于过去和现在具有导向作用的未来，不只是现实生存层面的未来，从更根本上来说，是一种价值性、理想性的未来。

概而言之，儒家式人格的时间性特征表现为：注重个体人格过去、现在、未来三个时相的完整性和互联性，强化价值性未来对个体之过去与现在的导引性作用。

（二）儒家式人格的空间性特征

儒家文化非常注重通过社会关系来塑造个体的人格特征，或者如安乐哲提倡的"儒家角色伦理学"所揭示的那样，儒家文化中的"人"从不是与他人互不相关的独立个人，而是"各种角色的总和"。[②] 亦即一个人总是具体地作为父母的儿女、哥姊的弟妹、某人的邻居或朋友等角色关系综合体而存在，这些角色关系是此人人格"自我"的内在构成要素。由此可见，儒家式人格内在地蕴含着社会性的维度，而这个社会性的维度，其实也就是人格的空间

---

① ［德］海德格尔：《存在与时间》，陈嘉映、王庆节译，生活·读书·新知三联书店 2012 年版，第 214—215 页。

② ［美］安乐哲：《儒家角色伦理学——一套特色伦理学词汇》，孟巍隆译，山东人民出版社 2017 年版，第 109 页。

性维度。当然，由于儒家特别重视人伦道德的修养和实践，因此儒家式人格特别凸显了"父慈、子孝、兄良、弟悌、夫义、妇听、长惠、幼顺、君仁、臣忠"（《礼记·礼运》）或者"齐家、治国、平天下"（《大学》）的"社会性"维度。但仅仅通过"社会性"，尚不足以把握儒家式人格之空间性的范围。从最广泛和最普遍的视角来看，儒家式人格在空间性的维度上，是可以超越人伦世界而进入人与万物乃至人与整个宇宙的关系中的。如孟子讲："亲亲而仁民，仁民而爱物。"（《孟子·尽心上》）荀子托孔子之言曰："大圣者，知通乎大道，应变而不穷，辨乎万物之情性者也。"（《荀子·哀公》）《周易·乾·文言》曰："夫大人者，与天地合其德，与日月合其明，与四时合其序，与鬼神合其吉凶。先天而天弗违，后天而奉天时。"及至宋明时期又有张载"民吾同胞，物吾与也"[①]、大程子"仁者，浑然与物同体"[②]、阳明"一体之仁"[③] 等著名表述。所以，儒家式人格的空间性在根本上蕴含着人与整个世界或宇宙的一体性。此"一体性"小到家人、朋友、邻里，大到整个宇宙。故儒家式人格之空间性是整全的，受儒家文化影响的人，不会感到其立足于世界之上而于某种关系无所安顿，因而不会有无所措其手足之感。

人与天地万物之"一体性"，体现了人与宇宙万物的互联和相互规定的状态。故一个人的人格并不纯然是"自我"这个看似独立的生命体的事情，而是人与世界相互影响的结果。因此，儒家式个体不仅仅具有人们通常所谓之"社会性"，从根本上来看，它更具有"世界性"或"宇宙性"。此义正合陆九渊之名言："宇宙便是吾心，吾心即是宇宙。"[④] 此种空间观念本质上是孟子"仁民爱物"的"推恩"之道和《中庸》所谓仁人之"成己成物"之道的具体表现和发展。正是此种人与世间万物互联互系的空间性人格的培育，使得儒家人士不仅拥有"老者安之，朋友信之，少者怀之"（《论语·公冶长》）、"四海之内，皆兄弟也"（《论语·颜渊》）、"以天下为一家，以中国为一人"

① 张载：《张载集》，第 62 页。
② 程颢、程颐：《二程集》，第 16 页。
③ 王阳明：《王阳明全集》，第 1066 页。
④ 陆九渊：《陆九渊集》，第 483 页。

（《礼记·礼运》）、"保天下者，匹夫之贱与有责焉耳"① 之社会性的人类情怀，更拥有"万物皆备于我"（《孟子·尽心上》）、"对于万物，即有一种痛痒相关"② 的宇宙情怀。

从上述情怀可以看到，在儒家理想的空间关系中，人类社会内部以及宇宙万物之间能够在各遂其性、各得其所安的同时，又相互依存、和谐共生。此即《易传》所谓"各正性命，保合太和"的状态。简言之，儒家式的空间关系特别强调万物之间的"和谐"关系。由于万物之间的相互联系与相互规定，此和谐关系又会反过来渗透到万物自身的德性之中。正如唐君毅所言："此和谐关系，又实依于——事物之求中和之性而成就……此德性，乃属于一事物之主观存在之内部，而为其主观存在之本质者。"③ 就人而言，即人应以"中和"之德为本质规定性。不可否认，在儒学传统中，先秦儒学关于天人关系的论述没有达到宋明理学或很多现代新儒家所讲的那种绝对的"一体性"和"中和"性，天道与人道之间仍然存在着一定的冲突，且情缘论认同此种冲突存在的必然性及其意义，但在追求天人关系之和谐的理想层面，先秦儒学与后世儒学始终是一致的。

从自我规约的方面看，天人关系上的"中和"之德表现为举止得当、有较强分寸感④的道德品质。此即《中庸》"喜怒哀乐之未发谓之中，发而皆中节谓之和"的中庸精神。从改善世界的方面看，"中和"之德表现为扩展和谐空间关系的担当精神。儒家希望人们能够由近及远地扩展和谐空间关系的界域。孟子所谓"亲亲而仁民，仁民而爱物"（《孟子·尽心上》），《大学》所谓"身修而后家齐，家齐而后国治，国治而后天下平"，讲的就是儒家理想之和谐空间秩序的扩展。在现实生活中，和谐空间秩序之扩展和实现的程度要依个人的能力及其所处时空机缘而定，因而不必完满地实现它。但作为儒家人士，他应该将此和谐空间关系扩展与实现的诉求内化到自己的品格之中。

---

① 顾炎武著，黄汝成集释：《日知录集释》，第471页。
② 冯友兰：《新原人》，载《三松堂全集》第4卷，第570页。
③ 唐君毅：《哲学概论》下册，中国社会科学出版社2005年版，第733页。
④ 参见刘笑敢《两极化与分寸感——近代中国精英思潮的病态心理分析》，台北：东大图书股份有限公司1994年版，第243页。

总结以上论述，儒家式人格之空间性特征是：具有从自身到家庭、社会、国家、天下乃至宇宙万物的完整空间意识，此意识中的具体空间关系以"和谐"为目标导向。

（三）儒家式人格的时空叠合方式

上文已对儒家式人格之时间性特征与空间性特征做了简要剖析与总结，这里将进一步探讨儒家式人格之时间性维度与空间性维度的叠合方式，从而清晰呈现儒家式人格完整的时空结构。

儒家式人格的时间性维度与空间性维度是如何叠合在一起的呢？有人或许会说，这个问题是个假问题，因为它预设了人格之时间性维度与空间性维度源初的分离，但两者是不可能完全分离的。比如，一个人内心中关于过去、现在、未来的所有信念不可能是完全抽象的，而总是充满画面感的，是伴随着关于他人、世界之信念的；同样，任何一种空间性信念在主体的内心中也总是有时相定位的，而不是超时间地在心灵中悬浮飘荡的。的确，一般情况下，人格的时间性维度与空间性维度是不可截然分离的。但在不同的文化心理中，人格的时间性与空间性类型是多元的，不同类型的时间性与空间性的选择及其叠合则不是天然的，而是需要文化安排的。儒家式人格的时间性与空间性，正是儒家从人格之时空特征的多元形态中择取的，因此两者能否有效地叠合，是需要文化上专门的安排以及实践上不断地磨炼、培养的。所以，儒家式人格之时间性维度与空间性维度的叠合问题并不是一个假问题。

那么，两者究竟是如何叠合在一起的呢？这里的关键，就在儒家式人格开展的未来导向上。上文已经指出，儒家式人格在时间性上强化了未来的导向作用，并且这个未来确切地说是由儒家所追求的价值所敞开的。那么，儒家追求的价值来源于何处呢？不得不说，传统儒家文化中的价值观念在很大程度上具有空间性特征。例如，某个儒家人士希望做一个真正的孝子，于是"孝"的价值就敞开了此人时间意识中的未来向度，并由此引导着他现在的努力和对过去的反省。"孝"本身要求此人对其父母的敬爱与照拂，而这最终成就的是此人与其父母之间的一种和睦融洽的关系，就此而言，"孝"之价值具有很强的空间性意味。类似地，慈、悌、忠、信、恭、惠等儒家价值，无不服务于不同人际和社会关系的和谐，因此它们无不带有鲜明的空间性特征。即便是儒家最具基础性和普遍性的价值——"仁"，学界历来倾向于从带有空间关系特征的视角做出诠释，如释之为"爱人""惠""兼爱""相人偶""从人从二""以人意相存问"等。①

如此说来，儒家文化中的价值追求在很大程度上来源于某种理想的空间关系。安乐哲的儒家角色伦理学便持此观点："当我们意识到，价值其实是从对每天做得不错的行动方式的简单特征概括中而来，而不是植根于或从先决原理起源而来。儒家的（道）德人生观念，它的域境性、情势性及可能的'价值'本身，就会显而易见。人，作为关系的构成，其人格的持续不断改善与'价值'提高，只能在人们的分享性活动与共同经验环境内发生。而且这种行为，在以关系发展为最大考虑鼓励之下，所求则是获得最大意义。"② 安乐哲的论述较符合先秦儒家的学说，到了宋明理学，价值之源就被上溯到"先决原理"中去了。此时，儒家价值就不仅仅是来源于一种类型的理想空间关系，而且这种理想空间关系本身就蕴含在存有之实相之中，蕴含在每一事物的本性之中。正如朱熹所言："太极只是个极好至善底道理。人人有一太极，物物有一太极。""太极非是别为一物，即阴阳而在阴阳，即五行而在五行，即万物而在万物。"③ 现代新儒家唐君毅讲得更明确："由中国先哲之致中和之教，乃不只以和谐为一关系……故此致中和之教，乃通于吾人前所谓太极阴阳之论者。而在此太极阴阳之论下，言价值之存在地位，又必言价值与存在之根柢上合一，与一切存在事物，无不直接间接实现价值，表现价值之义。"④ 但不管在先秦儒学中，还是在宋明理学中，或者继承宋明理学的现代新儒家中，价值具有源于和服务于世界不同层次之和谐关系之实现的方面则是一致的。前文已指出，儒家式人格之空间性特征正是这样的和谐空间关系的内化。于是我们可以说，儒家之价值追求在很大程度上是服务于人格之空间性维度的开展和完成的。

---

① 向世陵：《仁爱与博爱》，《哲学动态》2013 年第 9 期。
② ［美］安乐哲：《儒家角色伦理学——一套特色伦理学词汇》，第 177 页。
③ 黎靖德编：《朱子语类》第 6 册，第 2371 页。
④ 唐君毅：《哲学概论》下册，第 735 页。

儒家人格之时间性维度是因儒家价值追求而敞开的，而儒家之价值又在较大程度上源于儒家之空间理想或服务于人格之空间性维度的实现。这样一来，儒家式人格的时间性维度也就与空间性维度叠合在了一起。此种叠合在很大程度上倾向于以人格之时间性特征的开展服务于人格之空间性特征的实现。

以上论述表明，传统儒家学说中确实存在着"以人格之时间性特征的开展服务于人格之空间性特征的实现"的倾向。然而，此种倾向并不是绝对的，儒家式人格之价值性追求亦有其非空间性的来源。儒家确实注重关系之和谐，但儒家并不盲目地追求和谐。正如孔子所说："知和而和，不以礼节之，亦不可行也。"（《论语·里仁》）儒家的价值追求的确强调"保合太和"，但"保合太和"之理想还有一个附加的条件，即"各正性命"。对人而言，"各正性命"蕴含着每个人实现自我的一面。此自我固然包含着社会规定性，但并非全然是社会性的。近年来，有一些学者通过对儒家经典的再诠释，指出先秦儒家所讲的"仁"并不完全是利他的道德情感或德性，其中也蕴含着"自爱"的成分，而且利他之爱具有辅助成就自爱的意义。① 这更表明，儒家追求的价值并非全部来自空间性关系理想，儒家的空间性关系安排亦有服务于纯粹源自个体自身之价值的内容。纯粹源自个体自身之价值内容，亦即个体生命发展过程中在根本上不属于空间之维之内容，因其必然表现于个体生命自身发展的历程中，从而在本质上属于人格之时间之维。是故，在儒家式人格中，价值亦有来源于人格之时间之维的内容，此即个体生命自身的生存、延续、发展与成就。儒家并未否定个体为了实现生命自身之生存、延续、发展与成就——为了"成己"——而引领个体生存之空间关系的安排，这意味着儒家式人格的培育亦包含时间性特征引领空间性特征开展的方面。

所以，确切地讲，儒家式人格之时间性维度和空间性维度是通过价值这一中间环节而关联起来的。价值既有源于人格之空间性的内容，亦有源

---

① 参见黄玉顺《荀子的社会正义理论》，《社会科学研究》2012 年第 3 期；向世陵《爱人与自爱——仁爱内涵的不同侧面》，《儒学评论》2019 年第 13 辑。

于人格之时间性的内容。以价值追求为媒介，人格之时间之维与空间之维得以相互引导、相互沟通和相互实现。就此而言，儒家式人格具有时空维度双向互动的基础。不过，在传统儒家文化中，价值虽具有源于人格之时间之维的一面，但这一方面并未得到足够的彰显；传统儒家文化最为强化的，乃是价值之源于人格之空间之维的一面，或者说人格之时间性特征服务于空间性特征开展的一面。这是传统儒家式人格之时空结构的一个重要特点。

（四）儒家式人格的时空结构与健康人格培育

综上，儒家式人格之时空结构主要具有四个特点：第一，儒家式人格具有完整的时空维度。主体无论对于自我生存之过去、现在、未来，还是对于个人与家庭、社会、国家、天下以及整个宇宙之关系，皆有一完整无缺的意识。第二，儒家式人格强化了未来时相的引领作用。是故，儒家式人格皆积极地怀抱着对未来的理想。第三，儒家式人格注重中和之德的培育。这有助于个体与其所处社会和世界之和谐关系的建构。第四，儒家式人格具有以时间性特征服务空间性特征之实现的倾向，这意味着，儒家式人格较多地将人生意义安顿于社会生活或道德生活之中。下文将指出，儒家式人格之前三个特点乃是健康人格之普遍性的、基本的特征；而最后一个特点，则是儒家现代主体建构需要重视和处理的问题。这一部分将重点阐述儒家式人格对健康人格培育的意义。

什么样的人格属于健康人格？我们虽难以给"健康人格"下一个精准的定义，但可以借鉴一些心理学的研究成果，在人格时空之维的范围内，大体勾勒出健康人格的基本特征。在心理疗愈领域，心理咨询师为心理疾病患者做心理咨询和治疗的目标，就是使其走出病态心理，获得稳定的健康心理，从而使之回归正常生活。健康心理状态与健康人格并非一回事，有研究表明，很多心理疾病患者在患病期间虽然拥有不健康的心理状态，但当患者一康复，其原来的人格特征又会表现出来。所以，心理咨询师一般认为，不健康的心理状态，只是意味着"生病"影响了人格的表现，而不是人格发生了改变。不过，这些研究同时也强调，虽然人格与具体心理状态不是一回事，但那些治疗心理疾病的方法对于患者人格的改善具有积极作用。① 这表明，健康人格与健康心理的培育在目标上具有一致性。之所以如此，是因为一个人的人格特征通常会经由此人长期稳定的心理状态表现出来。也就是说，我们固然不能因为一个人暂时拥有健康或不健康的心理状态就判定他的人格健康或不健康，但如果一个人的人格本身就是不健康的，那么这个人所拥有的长期稳定的心理状态也一定会有问题。由此可见，健康人格是一个人保持健康稳定心理状态的重要基础。

如果我们参阅心理学家和心理咨询师关于健康心理培育的论述，就会发现他们不仅重视人格研究，而且通常会将最终所要达成的目标落实到人格的层面，即注重某种类型的人格"自我"的养成。更为关键的是，他们所描述的健康人格或健康"自我"通常在具有完整时空意识的基础上拥有较强的人生目标和相对良好的人际关系，亦即在时间性维度上强化未来的导向性，在空间维度上强化自身与世界关系的和谐性。例如，阿德勒提倡的个体心理学之理论核心就是培养一种健康的个体自我："一种将个人作为一个不可分割的整体、一个统一体、目标导向的自我，在正常健康状态下是社会的完整一员和人类关系的参与者。"② 个体的"不可分割性"和"统一性"意味着个体人格之时间维度的完整性，"目标导向的自我"指的就是未来时相的引导作用，"社会的完整一员和人类关系的参与者"蕴含着完整和谐空间关系的构建。再如，根据人本主义心理学家罗杰斯的心理疗愈经验，健康人格通常具有的特点是："对他的有机体的经验更加开放……在生活中不断学习，主动参与到一个流动的、前进的过程中去，并从中不断发现自己的经验之流中心的自我的生成与变化。"③ 经验的开放性，意味着个人与其生存世界之间能够做出有效的沟通，这是空间性和谐关系的表现；不断向前流动和变化的生命体验，凸显了未来时相的重要性。这两个方面本身也蕴含着主体时空意识的完整性：

---

① ［美］米娜·M. 魏斯曼、［美］约翰·C. 马科维茨、［美］杰拉尔德·L. 克勒曼：《人际心理治疗指南》，郑万宏等译，浙江工商大学出版社2018年版，第109—111页。

② ［奥］阿德勒：《自卑与超越》，杨蔚译，天津人民出版社2017年版，第242页。

③ ［美］罗杰斯：《个人形成论——我的心理治疗观》，杨广学、尤娜、潘福勤译，中国人民大学出版社2004年版，第114页。

没有空间意识的完整性，个体与世界之间的沟通就会有缺陷；没有时间意识的完整性，个体就不会体验到从过去经由现在而面向未来的生命之流。

除了以上所举的两个案例，我们还可以从其他诸多心理学理论和经验研究中直接、间接地发现上述人格特征对人们健康心理和正常生活的基础性意义。比如，我们可以在有关"分离性身份障碍"的研究中发现，对过去某种类型之时间片段的"解离"会导致主体身份统一性认同的障碍①；可以发现，对自我、他人、生活之极端负面评价会使主体丧失对未来生存的信心，因而会增强主体的自杀意念②；可以发现，某种人际角色的僭越或缺失，可能导致主体产生严重的心理疾病③；等等。相关理论和经验研究成果不胜枚举，这里就不再赘述了。总之，通过借鉴心理学领域的研究成果，我们可以发现，儒家式人格之基本的时间性和空间性特征乃是健康人格应具备的基本意识、观念和品质。由此可见，儒家式人格理想对于普通大众健康心理和正常生活的维系是具有积极意义的，这为儒家文化融入和参与大众心理健康教育和日常生活引导提供了理论支持。

（五）儒家式人格的时空结构与现代主体建构

儒家式人格与心理学家提倡的健康人格在时间性与空间性特征上具有基本的一致性，这只是说明儒家文化有助于人们健康人格和健康心理状态的维系与培养。按最低的标准，"健康"通常意味着"非病态"。假如我们将一个人格和心理健康的古代人传送到当下，他可能无法适应现代生活方式，他或许会在心理层面感到难过或者轻微的焦虑，难以接受现代人所习以为常的那些观念，然而他的人格和心理依然可能保持在健康的范围内。换句话说，他不是一个患上了心理疾病的人，既没患抑郁症，也没患焦虑症，或者任何其他的心理疾病，他只是不适应现代生活，不是一个"现代性"的主体。是故，

---

① ［美］蒂莫西·A. 布朗、［美］戴维·H. 巴洛：《变态心理学案例集（第五版）》，高隽译，中国轻工业出版社2018年版，第163页。

② 参见李海超《心灵的修养——一种情感本源的心灵儒学》，第92页。

③ 参见海灵格《爱的序位：家庭系统排列个案集》，霍宝连译，世界图书出版公司2005年版，第35页。

我们欲从人格之时空维度出发探究儒家式人格在当今社会中的意义与效用，还必须在健康人格培育的基础上进一步追问：儒家式人格是否有益于，或者在什么样的层面上有益于现代主体的建构？

　　回答此问题，必须先澄清何谓现代主体并具体勾画其人格之时空结构。参照西方哲学关于现代主体的论述，我们可以发现，西方学者大都将现代主体最鲜明的特征归结为个人主义。例如，黑格尔是较早对现代主体的特征进行总结反思的哲学家，他明确指出个人主义是现代主体的基本特征之一。① 他的哲学也明确将个体作为主体："个体在它那里都是有校准的，都按它们的自为存在各算是一个（有自我的）主体和实体。"② 尽管在关于个体的本质规定上，理性主义、情感主义、意志主义、浪漫主义、功利主义等不同的近现代思想流派各有不同的见解，但正如埃利·阿莱维（Elie Halévy）所言："正是个人主义，使得在其他方面大相径庭的卢梭、康德、边沁的哲学之间具有了相似性。"③ 所以，将个体性或个人主义作为西方文化中现代主体的基础特征应该是没有问题的。不过，不能忽视的是，对于原子化的个人主义，西方文化近来亦做了深刻的反思和改进，注重主体间相互关系之优先性的哲学相继登场，如胡塞尔、哈贝马斯等对"交互主体性"概念的提倡，社群主义哲学关于社群之为个人构成性要素的论述，关怀伦理学对关怀关系之基础伦理学地位的强调，等等。这些具有后现代特质的哲学似乎都对个人主义的主体观念构成了挑战。

　　不过，我们不能过分夸大西方现代性哲学和后现代哲学之间的分歧，正像后现代主义哲学家利奥塔所言："现代性本质上是不断地充满它的后现代性的。和现代性相反的不是后现代，而是古典时代。"④ 所以，后现代哲学在本

―――――――――

　　① 参见［德］哈贝马斯《现代性的哲学话语》，曹卫东等译，译林出版社2004年版，第20页。

　　② ［德］黑格尔：《精神现象学》下卷，贺麟、王玖兴译，商务印书馆1979年版，第33页。

　　③ ［法］埃利·阿莱维：《哲学激进主义的发展》，转引自卢克斯《个人主义》，阎克文译，江苏人民出版社2001年版，第1页。

　　④ ［法］利奥塔：《后现代与公正游戏》，谈瀛洲译，上海人民出版社1997年版，第154页。

质上只是现代性哲学的一种纠偏性的发展，或者说，后现代也是一种现代，而绝不是回归前现代。在主体问题上，后现代主义哲学对现代主体观念的纠偏主要表现在对原子化个体观念的反思，强调主体之间的关联，这并不意味着要回归和拥抱前现代社会中的那种具有等级性和高度束缚的主体观念。关系性的优先存在并不绝对意味着现代个体之平等性和自由性的丧失。"平等"本身就是一种关系性表述，"自由"观念的"消极"方面，指的就是一定关系中个人意志和行为不被他者干涉的限度。① 所以，关系性主体观念的提倡，是与原子化个人主义相冲突的，但并非与任何形态的个人主义均相冲突。事实上，原子化个人主义只是现代主体观念的一种极端形态，经过后现代主义哲学的损益，一种中和的个体主体观念逐步显现了出来。

中国近代以来的诸多儒者们所致力于建构的，其实就是此种较为中和的个体主体观念，即一方面具有独立自主的品格，另一方面此独立自主的品格又与合群的精神相得益彰。比如，梁启超在其《新民说》中所欲塑造的"新民"文化："上自道德法律，下至风俗习惯、文学美术，皆有一种独立之精神，祖父传之，子孙继之，然后群乃结，国乃成。"② 再如，唐君毅、牟宗三、张君劢、徐复观在《为中国文化敬告世界人士宣言》一文中所提出的中国文化发展的目标，其中就包括"希腊之自由观念，罗马法中之平等观念"与"东方文化中之天人合德之宗教道德智慧""天下一家之情怀"之会通③。此两种文化所塑造之现代主体，显然就是上文所述较为中和的个体主体观念。

这种较为中和的个体主体之人格的时空结构如何？从上文的论述可知，在此种主体之自我规定或价值追求（如独立、自由、个性、平等）中，既包含谋求自身属性之发展的一面，也包含与世界关系的调节一面，这两个方面是不能截然分开的，它们相互规定亦相互成就。前者属人格之时间性维度的展开，后者属人格之空间性维度的展开。因此，我们可以说，现代主体之人

---

① 参见［英］以赛亚·柏林《自由四论》，陈晓林译，台北：联经出版事业公司1986年版，第229页。

② 梁启超：《新民说》，第9页。

③ 黄克剑、钟晓霖编：《当代新儒家八大家集·唐君毅集》，群言出版社1993年版，第324页。

格，在时间性与空间性上，具有相互规定、引导、助成的结构内容。不过，此种结构内容尚不能凸显现代主体之特性，特别是与前现代主体相对比之特性。现代主体之所以被称作个体主体，就是因为与前现代主体相比，其独立性、个性得到了彰显。就此而言，现代主体之人格固然没有完全抛弃空间性维度的引导作用，但不得不说，其时间性维度的引导作用得到了更为明显的张扬。如上文所述，那些提倡主体之关系性内容的后现代主义文化并未能也不愿改变这一特点。

　　或许存在一种质疑，即与前现代主体相比，现代主体之人格的时空结构是否只是改变了一种理想空间关系类型（比如：由等级到平等，由束缚到划定自由的权界），而不是强化了时间之维对空间之维的引导作用？这样一种质疑显然只关注到了现代主体时间维度之价值作用的结果而忽视了引发此结果的动力源泉。而导致这一问题的关键，在于对现代主体追求之核心价值的时间性和空间性归属出了偏差。上文虽然讲到，现代主体所追求之自由价值内含着关系限定的方面，但此限定的方面只是一个底线，现代主体生存的目的不是为此底线的实现而奋斗，而是为此底线内之种种源于自我的意志和行为的实现而奋斗。所以，个体的自由价值有其空间性维度，亦有其时间性维度，而时间性维度的方面才是目的。平等本身即是一种空间性价值，但平等的追求在根本上也是为了时间性维度之自由的实现。所以，从总体上来看，与前现代主体人格相比，现代主体之人格较大地强化了时间性维度对空间性维度的引导作用。在此意义上，海德格尔从时间性视角探讨人的生存可谓抓住了现代主体的本质特征。不过，海德格尔早期有极化时间性价值引领作用的倾向，即将个体生存的根本完全系于对"死"的领会——向死而在，而忽视了个体生存之空间性维度的安排，故其哲学所塑造的主体，是那种因太过个性而总要打破日常生活，无法在日常生活中安居的个体。正因如此，李泽厚称海德格尔哲学为"士兵的哲学"。[①] 不过，海德格尔在其思想晚期所提倡的"诗意的栖居"[②]，则可以看作对此问题的修正。

---

① 李泽厚：《实用理性与乐感文化》，第80页。
② 孙周兴选编：《海德格尔选集》，上海三联书店1996年版，第463页。

　　无论如何，时间性维度对空间性维度之引导作用的凸显，乃是现代主体人格之时空结构的最大特点。与此相比，传统儒家文化则过多地彰显了人格之空间性维度对时间性维度的引领作用，这是与现代主体建构不相契合之处。不过，儒家式人格中存在的时空互动、相互引导的方面，又是中和的个人主义人格培育不可或缺的要素。因此，传统儒家式人格与现代主体人格并不是根本相悖的，两者之间有着共同的基础，儒家式人格所需要做的损益，只是在原有时空结构的基础上，适当弱化空间性维度的引领作用并强化时间性维度的引领作用而已。

（六）情缘论与健康人格的培育

　　以上论述表明，当代儒家在文化建设上应更多地提倡与个人之成长、发展、自我实现相应的价值，在修养论上更多关注人格之时间性价值与空间性价值相调适和转换的工夫、方法。自我实现即个体人生理想的实现，这首先要求个体能够拥有明确的理想。在情缘论看来，人生理想的建立应当是缘情用理的结果。人生理想本质上是一种价值追求，即它意味着人生意义的实现，而意义的本源即是情感。故理想在根本上是一种情感需求，不过，理想的内容，特别是明晰的理想的内容不是情感本身能够提供的，它需要理智参与实现其明晰性和确定其可行性。然而无论如何，人生理想在根本上是价值属性或者说是情感、情欲属性的。所以，人生理想的确立要以情缘为基础，要学会把握人生中的情感体验、情感需求，并在此基础上运用理智，以明晰自己的情感需求、增强情感需求的可行性。健康人格之时间性结构的确立与明晰的人生理想密切相关，人生理想明晰、坚定、可行性强，人格之未来指向的引导作用就越有力，个体对自身之过去和现在之缺憾的包容心就越强，亦即人格之时间性结构就越健康。

　　此外，人格之时间性特征的强化通常伴随着人们个性的增强。因为当人格的时间性特征越是脱离空间性特征而获得相对更大的自主性，也就意味着个体的自我实现越来越不必太多地考虑公共意义。个性之为个性，表现为其与公共性的差异，个性若能够被彻底地还原为公共性，那么个性也就消失了。而情缘论正是支持个性不被彻底还原为公共性的理论，它之所以主张"缘情"，就是要人们以本真的情感感受为价值的本源、行动的本源，拒绝以任何可被客观化的知识为本源，只有这样才能保证人的主观性的优先地位，保证个性的优先地位。当然，从社会学的客观视角来看，社会中的个体自以为的"个性"其实离不开整体环境的塑造，也就是说，它其实也是某种共性的表现，甚至在某个群体范围内并没有什么特异之处。有些喜欢张扬个性的人，他们所张扬的个性是那么趋同，发型都是同一类型，服饰的样式也没什么两样。情缘论在根本上反对将个性还原到共性中去，经由这样的还原，主观的本源性地位丧失了，个性丧失了。个性的根源并不来源于与他者的对比，而是来源于主观的"自以为是""自感为好"，来源于主观性的不可被彻底还原，来源于本真生存感受的拒绝被还原。哪怕一个人在现实上毫无特异之处，他仍可自以为处处不凡。故情缘论是真正支持个性和自我实现的理论。当然，情缘论也不是个性至上的理论，不是唯情主义和支持肆无忌惮地放纵的理论。情缘论主张在"缘情"的基础上"用理"，主张个体在生活中接受适度的异化，接受思想观念必要的公共化，对此前文已多有论述，这里不必赘言了。

因为要接受适度的异化和必要的公共化，而又不能彻底地坠入其中，所以个体必须具有在主客境界之间、价值世界与知识世界之间自如切换的能力。这个能力，表现在人格培育上，就是在人格之时间性价值与空间性价值之间进行切换的能力。对很多人来说，自我实现需要适当地关照社会或群体的共同利益，使人格适当地公共化，这一切既需要主体不断"缘情"以守住主观性和个性化的底线，又需要"用理"以根据情境不断调整公共化的分寸和策略，亦即需要以"缘情用理"的工夫为根本。

最后，还需要说明的是，当我们在谈论健康人格的时间性和空间性架构的时候，这本身就是对健康人格的一种客观性还原。我们需要了解这一客观的结构，从而为儒家文化参与健康人格建构提供建议。须知，这不是评判健康人格最根本的依据，按照情缘论的立场，人格的健康与否怎能通过完全客观的标准来衡量呢？人格的健康与否，在根本上应当依据主体生存的情感感受来衡量。即主体的人格特征对于他的生活所造成的情感感受如何？是愉悦的、充满幸福感的，还是痛苦的、悲伤的？如果是前者，哪怕某个主体人格的时空特征与多数人有很大的不同，我们也不应当因此便说他的人格是不健康的。当然，有些由人格引起的，影响到他人正当利益的极端行为，在社会中需要依法被限制。在相对的意义上，在大多数情况下，我们需要接受来自理智分析的建议。本章的一切分析，正是提供此类建议而已。以情感体验为本源，适当地接受客观化的建议，但拒绝人格的彻底客观化，这才是真正的"缘情育人"。否则，便是"唯情育人"或"唯理育人"，这是情缘论所极力反对的。

二　缘情立德

作为一种儒学理论，情缘论不只支持健康人格的培育，也支持道德人格的培育。情缘论所支持的道德人格是什么样的？这涉及对儒家伦理之特征的认识。在不同的儒学理论中，伦理学的特征显然是不同的，比如叶适、陈亮的伦理学偏于强调事功，而程朱理学的伦理学则偏重内在德性。回到先秦儒家，则儒家伦理并不完全是事功主义的、德性主义的或者规则主义的，而仿佛是它们之间的某种杂糅状态，不同的儒者或许偏重于不同的侧面，但终归具有杂糅的性质。陈来、陈继红等学者将此种伦理形态称为"德行伦理"。在前人的论述中，德行伦理似乎是一种带有较强习俗感、理论根据不强或带有杂糅性质的伦理学。不过，在情缘论看来，这正是儒家伦理的特色之处，即它在规则伦理、德性伦理、后果伦理等伦理形态之间取一个中道，因而可以避免各种伦理形态的偏失。这样一种中道的伦理形态不是各种伦理类型的简单杂糅，而是有其一以贯之的理论根据的。其对道德是非的评判，在根本上运用的就是缘情用理的方法。就此而言，德行伦理本质上就是情理伦理。在"缘情用理"之方法的基础上，又可以根据行为、内在品性、外在规范三个层次而将道德评判展开为德行评判（情理评判）、德性评判、德操评判三个相互配合的体系。依此方法和体系展开道德评判并促进主体养成相应的品德，可谓之曰"缘情立德"，这是情缘论在道德哲学上的根本立场。这一部分将通过对"德行伦理"之特质及其道德评判原则的发挥，来阐明情缘论"缘情立德"的理念。

（一）德行伦理"称行为德"的特质

德行伦理并不是一种被当前学界广泛接受的伦理学形态，因此，对德行伦理的特点做清晰的论述是必要的。关于德行伦理的主要特征，陈来、陈继红等学者曾做过详细的辨析，根据他们的研究，德行伦理主要包含以下两大特点：

1. 德行伦理中的"德"不仅包含人的内在品德，而且包含人的行为和行为规则。
2. 德行伦理致力于道德心理与行为规则的统一，而不是将其中一个方面作为伦理学的绝对的中心。[①]

陈来和陈继红在儒家德行伦理的认识上也有一些不同。比如，按照陈来的观点，并非全部的儒家伦理都属德行伦理，他认为孔子的伦理学是德行论的，因为孔子所讲的仁、孝等德目延续了西周以来的用法，很多时候都是指人的行为规范，而到了孟子，虽然德行的用法还存在，但"传统的主要德目在孟子思想中已经从德行渐渐变为德性"[②]。最明显的证据就是孟子"仁义礼智，非由外铄我也，我固有之"（《孟子·告子上》）以及"仁义礼智根于心"（《孟子·尽心上》）的主张。所以，孟子的思想更倾向于德性论。显然，在上述两条特征中，陈来更为注重的是第一条。陈继红则认为整个儒家伦理学传统都属德行论。这一方面是因为，她发现后世儒家长期存在将德目作

---

① 对于儒家德行伦理的主要特点、德目类型、发展历程、与西方伦理学比较中的优势、德行伦理的翻译问题等方面，陈来、陈继红、成中英、潘小慧、郭刚等学者已有一定的研究，其中，陈来、陈继红的阐述最为详细。陈来的研究基本收录于《儒学美德论》一书，陈继红的研究可参见《从词源正义看儒家伦理形态论争——以德性、美德、德行三个概念为核心》[《南京大学学报》（哲学·人文科学·社会科学）2017 年第 3期]、《儒家"德行伦理"与中国伦理形态的现代建构》（《哲学研究》2017 年第 9 期）、《再论儒家德行伦理学：与黄勇先生商榷》[《东南大学学报》（哲学社会科学版）2021年第 3 期] 等论文。

② 陈来：《儒学美德论》，第 437 页。

为行为原则理解和使用的情况，如"仁，是行之美名"①、"行之而人情宜之者，义也"②、"人伦日用，其物也；曰仁，曰义，曰礼，其则也"③，等等；另一方面她最为重视的是上述第二条特征，她明确讲："由于儒家德行伦理表达了对道德心理与行为规则统一的关注，因而显示出不同于西方伦理形态的独特气质，若将其归类于西方伦理的某一种形态，皆属偏颇。"④也就是说，第二条原则才是最关键的原则。于是她将儒学史上偏于内在品质或偏于行为规则的伦理学说看作德行伦理的两种展开方式，而不是两种形态的伦理学。

在对儒家伦理形态的归类问题上，由于不同儒家学派的理论观点差别较大，笔者这里倾向于赞成陈来的态度，即对它们做出不同伦理形态归属的区分。即思孟学派以及继承思孟学派的宋明理学，或者说心性儒学，不属于德行伦理，而是属于德性伦理。原因在于，这些学说的理论核心的确是一种内在的品质，虽然它们也会从行为原则的方面去阐释"德"，或者说它们所言之"德"包含"行"，但行不是第一位的。正如"在心为德，施之为行"⑤ 之"行"，其在根本上是内在之"德"的外在施行、践行。虽然在宋明理学中，"德"有行为规则的内涵，但此行为规则在根本上属于天命下贯于人的本心、本性，内在品质的特征是非常明显的。另外，心性儒学家虽然主张内在道德心理与外在规范的统一，可是这种统一性得以成立的关键，是外在规范必须合乎人的本心、本性之理，因此内外统一性的重视不能掩盖内在德性的第一性地位。由此可见，要想对德行伦理做出更为清晰的界定，需要对上述两条特征做出进一步的限定，即德行伦理不能是以内在品质作为德的第一规定的，道德心理与行为规则的统一不能是以道德心理为主导的。

---

① 孔颖达疏：《毛诗正义》，载《十三经注疏》，阮元校刻，中华书局1980年版，第337页。

② 程颢、程颐：《二程集》，第1177页。

③ 戴震：《戴震集》，第315页。

④ 陈继红：《儒家"德行伦理"与中国伦理形态的现代建构》，《哲学研究》2017年第9期。

⑤ 郑玄：《周礼注》，载《十三经注疏》，第337页。

然而，反过来以行为规则为第一规定、为主导可以吗？不可以。这样的话，德行伦理又成为地地道道的规范伦理了。那么，德行伦理的特质究竟在哪里？它是德性伦理与规范伦理的中间样态吗？这种中间样态具有理论的一贯性吗？或者它只是德性伦理与规范伦理的充满矛盾的杂糅状态？不可否认，德行伦理在形态上的确类似于德性伦理与规范伦理的一种中间样态。有学者称儒家伦理为"示范"伦理。① "示范"这一概念非常形象地表明了儒家德目似指导性原则而又不具普遍约束力的特点，因为能够做"示范"的，在根本上只能是一种行为或行为方式，不是内在的品质和普遍性的原则。

"示范"伦理的概念提醒我们注意行为与行为规则的区分，将这种区分纳入德行伦理学，我们或许会发现在德行伦理学中行为与行为规则之间亦存在第一性和第二性问题。即德行伦理学只有以行为为第一性，行为规则为第二性，才能保证它不是规范伦理学。同样，以行为为第一性，以内在品质为第二性，才能保证它不是德性伦理学。通过这种第一性与第二性的划分，我们也能认可在广义上行为、内在品质、外在规则均被称为"德"。所以，德行伦理学的德目可分成三类，一类是行为之德；一类是规则之德；一类是内心之德。在理想状态下，行为之德是基础，规则之德是行为之德的原则化、抽象化，内心之德是行为之德的内化，当然在现实生活中，规则之德与内心之德之间也会发生相互的同化性影响。但按照德行伦理的理想规定，道德心理与外在规则的统一，不是内心之德与规则之德两者间的调和损益问题，而是以行为之德为标准去平衡内心之德与规则之德。这样的话，德行伦理虽类似于德性伦理与规范伦理的中间形态，却着实不是两者的杂糅，而是可能拥有自己的融贯主张的。不过要将此种可能性落实，还必须为行为何以成德找到一种不属于内在品质和外在规则的根据。

依照孔子"性相近也，习相远也"（《论语·阳货》）的人性论，人固然有其自然之性，但人性也会通过"习"而发生变化，由于孔子本人并不是先天德性论者，因此在孔子那里，德是通过"习"而养成的。基于王夫之关于

---

① 王庆节：《道德感动与儒家示范伦理学》，第 85 页。

"习与性成"的诠释，黄玉顺指出孔子这里的"习"，指的就是具体的日常生活实践。① 如此，德也就是日常生活实践的一种积淀，也可以说是日常生活实践中积淀的一种习惯性行为。习惯性行为的养成包含着主体情感、理智的参与，也包含着外在规范、知识的学习，整个过程是极为复杂的。孔子所赞成的良好行为之养成，绝不仅仅是简单的外在规范的内化或者内在品质的践履，而是一种基于仁爱情感观照、理智思考、后果考量而适度接受和改变外在知识与规范的积淀过程。只有这样，新的习惯性行为的养成才具有德行生成的意义，德行才具有不断的示范效应。在孔子哲学中，我们当然可以说"仁"是养成良好习惯性行为中最具有源泉意义的因素，但最本源的"仁"绝不是人们通俗理解的已经现成化的道德情感，或狭隘的血缘亲情，它尚不是一种德行和德性，而是在行为实践中人与外在世界相碰撞中产生的不麻木的、敏锐的爱之情感反应，正是这种情感反应为理智提供源初的思考方向，将人的内在需求与生活境况结合在一起，从而促成了具有崭新意义之行为的产生和行为习惯的养成。宋儒喜用中医手足痿痹为不仁的说法来诠释仁，② 这是把握到了仁之源初的情感不麻木状态的内涵，但他们在理论上将其赋予道德意义并提升到天德的高度，这便违背了孔子的原意。

所以，就仁而言，人自然的恻隐之心、不忍之心原本不是德性，要首先经过一定生活经验积淀成合乎情理的习惯性行为——德行，然后再内化为持续性的内在的仁爱性情——德性，以及抽象化为不乱杀生、仁民爱物的仁爱规范。孔子曰："唯仁者能好人，能恶人"（《论语·里仁》），若以非品德化之源初的仁爱为判断基础，辅之以理智的思考，对知识、后果、现有的规范做出综合的分析，这便成为评判习惯性行为之好坏的标准和养成良好的习惯性行为的基础。这个标准既不是纯粹内在的品质，也不是现成既有的行为规则，因而足以为上述三德区分的德行伦理提供支持。

以上分析显然是对孔子思想的引申，孔子本人并没有对行为之德、内心之德、规则之德做明确的区分，更没有对仁的内涵做上述区分和分析。但通

---

① 黄玉顺：《孔子怎样解构道德——儒家道德哲学纲要》，《学术界》2015 年第 11 期。
② 程颢、程颐：《二程集》，第 15 页。

过上述引申性的探讨，我们能够为德行伦理作为一种区别于德性伦理和规范伦理的理论形态找到更充分的理据。因而可以对德行伦理的特点做更为精准的概括：

> 1. 德行伦理是"称行为德"——以某一类行为为根本性品德——的伦理学，它以合乎情理的行为之德为根本衍生出内心品德和外在道德规范。
>
> 2. 合乎情理的德行是大众在本真情感体验的基础上参以理智的考量（即"缘情用理"）而共同认可的习惯性行为。

（二）"德行""德性""德操"的区分

以上论述了德行伦理的特质，这里将详细讨论德行伦理在道德评价之"品德"评价中的应用。

必须指出，品德评价与善恶评价（道德是非的评价）是不同的，因为德更注重习惯、习性的养成，一般情况下不能通过一个偶然的、片段性的行为来做评判，而是需要通过个体一系列的行为来做评判。但并非任何情况下都如此。相对而言，判断一个人无德，要比判断这个人有德更容易，因为一个人一旦做出了一次特别残忍的行为，我们就可以判断他缺乏仁性，或者说缺乏仁的德性。然而，我们却很难通过某人的一次善良行为，就说这个人有仁德。而且行为善恶的判断与是否有"德"的判断也是可分离的，一个仁德极为欠缺的人也可能在某种情况下做一次善事。因此我们不能把是否有德的判断与行为是否善恶的判断等同起来。

还要指出，德行伦理学关于是否有德的判断相对比较复杂，德行伦理所认可的德有三种，即行为之德、内心之德和规则之德，那么对践行三种德的行为亦可做三种判断，即是否有德行、是否有德性与是否有德操（操有操守义，这里用来指称对行为规则的持守）。德行伦理学在面对具体的行为时，将根据上述三种情况进行判断。

例如，孔子极少许人以仁德，但面对不守臣节却能匡扶社稷、挽救千万百姓于死难的管仲，孔子却评价他说"如其仁，如其仁"（《论语·宪问》）。
但管仲似乎又不值得这样的评价，因为孔子还说过"管氏而知礼，孰不知礼"
（《论语·八佾》），于是如何解释孔子的评价便成了难题。朱子对此作了一种
变通的解释，他说："盖管仲虽未得为仁人，而其利泽及人，则有仁之功
矣。"① 这实际是将仁的内在品德与实际的行为效果做了区分。他承认管仲行
为的仁德效果，在根本上却不承认管仲有仁德。因为朱子是一个德性论者，
他只从内在品质上判断是否有德，管仲有仁之功，却不能说他有仁德。而无
仁德的人，却有仁德的效果，这似乎有些牵强。李泽厚则一反朱子的观点，
认为孔子就是"从为民造福的巨大功业出发来肯定管仲的，正如将'薄施于
民而能济众'的'圣'放在'仁'之上一样"②。李泽厚之所以有此观点，主
要是因为他是从效果的视角来认识孔子之评价的，而将"仁"德评价完全效
果化，就难以对管仲不守规范的一面及其内心动机给予适当的评价。依照上
文德行伦理学的判断标准，管仲的行为及其效果确实是合乎仁之德行的，他
并未做残忍不道之事，根据已有的资料，我们也无法洞察或推测他有仁爱的
性情，故没法判断他是否有德性，但他违背臣子应有的行为规范，确实是无
德操。因此，我们说管仲有德行，无德操，不知其德性。这既许之以仁德又
没有许之以全部的仁德，如此便与孔子"如其仁"和"管氏而知礼，孰不知
礼"的评价相一致了。

假如我们能够通过某些资料发现，原来管仲的一切行为实出于卑鄙恶劣
之心，其最终目的只是玩弄权术、荼毒百姓，其种种善行不过是邪恶目的实
现之初步的手段，然而纵观其一生，又确实没有任何施展恶行的机会。那么，
我们便可以判断说管仲实无德性，而确有德行，然后再根据其遵守规范的情
况判断其是否有德操。

当然德性不一定要通过"动机"来评判，德性品质可以是一种修养的圆
熟状态，孔子所说"从心所欲不逾矩"（《论语·为政》）指的就是这种状态。
在这种状态中，主体没有遵守规范的动机，即不需要内心的克制和持守，却

---

① 朱熹：《四书章句集注》，第 153 页。
② 李泽厚：《论语今读》，第 334 页。

能不思而行，从容中道。从低处看，这或许只是道德规范熟稔于心的状态，往高处说，也可以将其提升到道德本体境界："至于一疵不存、万理明尽之后，则其日用之间，本心莹然，随心所欲，莫非至理。盖心即体，欲即用，体即道，用即义，声为律而身为度矣。"① 程颢对此种境界亦有清晰的论述："夫天地之常，以其心普万物而无心，圣人之常，以其情顺万物而无情，故君子之学，莫若廓然而大公，物来而顺应。"② 此种"无心"之境界，即冯友兰所谓"不是出于一种特别有意的选择，亦不需要一种努力"的"天地境界"③。在儒家传统中，这种境界只有圣人能够做到，圣人在此境界中的一切行为皆属"无心"之行，但我们不能说圣人是无德性的，圣人不仅有德性，而且还有德行与德操。

圣人兼具德行、德性、德操，这是一种理想的状态。此种理想状态的实现，不仅要求主体人格是理想的人格，而且亦要求主体所生存之世界是理想的世界，即在此世界中，内心之德、行为之德与规则之德这三类德目能够协调一致。按照宋明理学德性论的观点，圣人的判断标准只在内心之德的圆满，其身处规则不正义的社会中，所行虽不与规则合，亦不妨害其品德的圆满。但在德行伦理看来，于无道世界之中，绝无品德圆满的圣人，因为在这样的社会中，没有普遍的行为规则，人们可以在此社会中践履德行、涵养德性，却不可能有圆满的德操。所以，在德行伦理学的评判标准中，有德者易出，而圣者难成。欲成大圣，必须本着其在生活世界中体贴积淀之德行，重塑社会之德性标准与德操标准，推动社会从不正义到正义，从据乱世到太平世，如此方可。可见，德行伦理学的圣人标准是从宋明理学德性修养的圣人返回到了"尽伦"且"尽制"、圣王合一的传统中了。当然，圣人是人，而人是有限的，我们不能真的将圣人看作全能的人，哪怕是在道德领域。圣人难以尽一切伦，但圣人是人群之中能够在这方面做到最好的那一类人。圣人更不必一定做君主意义上的王，推动理想社会实现的人也不一定是君主意义上的

① 朱熹：《四书章句集注》，第 55 页。
② 程颢、程颐：《二程集》，第 460 页。
③ 冯友兰：《新原人》，《三松堂全集》第 4 卷，第 576 页。

王，"王"强调的是推动社会不断朝着理想进步的责任和实践。就此而言，德行伦理的品德要求要比德性伦理更加直接地肯定社会中的善行。加之德行伦理能够承认"德行之行"的品德价值，因而更容易接引和鼓励人们走上德行践履之路。

德性伦理当然也要求内在品德的外在实践，王阳明所讲的"知行合一"明确主张"行是知之成"①，这是说，倘若缺乏行的环节，便不能算是良知圆满的呈现。在宋明理学中，阳明学已算是最能鼓动实践的学说了，但在德性伦理的框架下，"知是行的主意"②，必先于"知"（良知、德性）有所领会和造诣，然后才可能有真正的行。可是这先行的领会和造诣本身所需要的努力，就足以牢笼人的手脚了。当然，阳明学中又有"良知自然""良知现成"的一派，这一派主张良知现成存在、自然呈现，于是取消了领会和修养的需要，真真是用全力于行，但因为缺乏"主意"的领会，即缺乏实际德性的涵养，结果只好"掀翻天地，前不见有古人，后不见有来者"③，这实在有盲行的一面。另一面，我们也不能说这些阳明后学的思想完全没有"主意"，它们的主意是一片赤诚情意、拳拳"赤子之心"④、自然无伪的"童心"⑤，这真有思想解放和启蒙的意义，然而这些不假修饰的"主意"及其实践，实际已经脱离了德性伦理的范畴了，那是自然人性的彰显，不是道德德性的践履。所以，我们看待阳明学，一定要审清它内蕴的保守德性伦理与颠覆德性伦理的两面性。嵇文甫说，"阳明学派就是这样一个东西，一方面把道学发展到极端，同时却又把道学送终"⑥，此乃卓见。因此，就作为德性伦理的阳明学乃至整个宋明理学而言，"无事袖手谈心性，临危一死报君王"⑦之社会现象的出现不能说与其毫不相关。明清之际儒家经世致用之学的兴起，正是基于对宋明理

---

① 王阳明：《王阳明全集》，第5页。
② 王阳明：《王阳明全集》，第5页。
③ 黄宗羲：《明儒学案》，第703页。
④ 黄宗羲：《明儒学案》，第763页。
⑤ 李贽：《焚书》，《李贽文集》第1卷，第91页。
⑥ 嵇文甫：《左派王学》，上海书店1989年版，第109页。
⑦ 颜元：《颜元集》，中华书局1987年版，第51页。

学德性伦理之弊端的反思。若德性伦理真能有效激发个体参与社会实践和改造社会的行动，则明清之际以后儒家"走出理学"①的发展路向，岂不是无端之举么！

（三）"缘情用理"的善恶（是非）评价标准

品德评价通常需要综合一个人一系列的行为、性情进行评价，而很多时候，我们需要对某个单一的行为做出评价，这个时候虽有可能涉及品德评价，但可能更多涉及的是善恶评价，或者说道德是非的评价。德行伦理要想成为一种完善的伦理学，不能不对善恶评价的方法和标准做出说明。

在判定品德的时候，我们根据的是"德"的类别而做分别的判定，在善恶判断的时候，我们却不能这样做，因为在三种德不一致的情况下（现实中三者很少完全一致），三种标准判定的结果是不一致的，而善恶判断要求一个确定的答案。那么，如何在德行伦理的视域中探求确定的善恶标准呢？

须知，品德判断与善恶判断固然不同，其不同不在于行为的性质，而在于行为是否习惯的或持续的、一系列的。就此而言德行伦理判定品德的根本标准是可以用来评判行为善恶的。在德行伦理中，最根本的品德判定标准是德行的判定标准，因此德行的判定标准亦可以作为行为善恶的根本判定标准。德行的判定标准是比较复杂的，需要运用情感、理智综合知识、环境等多种因素，即"缘情用理"，而不是一种方便、明确的判断方法，是故我们必须通过一种方式使之简化。其实，在行为之德与规则之德一致的情况下，完全可以根据体现规则之德的规则来评判善恶，只有当行为之德与规则之德不一致时，才需要返回来用行为之德的判定标准进行裁决。内心之德与规则之德是同一层面的，但内心之德不是具体的规范，在判定善恶方面具有模糊性，因此我们不优先将内心之德和内心的动机作为判定善恶的标准。这样的话，德行伦理的善恶评判标准可总结为：

---

① 姜广辉：《走出理学》，辽宁教育出版社 1997 年版，第 15 页。

1. 如果现行规则标准和德性标准是正当（合乎德行）的，行为的善恶由规则标准和德性标准判定，前者优先。

2. 如果现行规则标准和德性标准是不正当（违背德行）的，行为的善恶由德行标准（缘情用理）判定。

上述善恶评判方法尚需做进一步解释。首先，德行伦理优先运用规则标准进行善恶判定，当第 1 条款不适用时，人们可以启用第 2 条款，然而为了尽可能地保证善恶判定的准确性，在现实生活中，人们应该尽快运用德行标准修订规则标准，从而尽可能地保证规则标准在善恶判定中的应用。这虽与规范伦理具有相近性，但毕竟在判定的根本标准上不是规范的，因而不同于规范伦理学。

其次，运用德行标准判定规则标准之正当性可以通过两种方式进行。第一种方式是根据德行，德行具有更为清晰的行为范导性，或者说它本身就是一种正当行为的标本。在现有规则标准需要变革的时代，总会涌现出一系列新的德行，这些德行必然是与原有规则标准不同的，因此可以参照德行修改现行规则标准。第二种方式是根据德行的评判标准对现有规则标准进行修订，这适用于旧德行不适用、新"德行"尚未形成的情况。事实上，总有一些普遍性的德行是在任何社会中都适用的，比如"仁者爱人""居处恭、执事敬、与人忠"这样的常德，它们为任何种类的人类社会的基本行为规则奠定了基础。不过，这里主要考虑的是需要变化的德行。德行的评判标准是比较复杂的，要根据人们在新处境中的本真生活领会或情感感受，引导理智和认知，综合现有知识和环境而做出判决。这其实就是情缘论"缘情用理"的方法。

不可否认，缘情用理的评价标准并不是一个特别精确的标准，因此判断结果的达成确实要综合社会共同体的共同"情理"。但这种根源上的模糊性在道德情感主义传统中也并非不存在。比如在亚当·斯密的道德哲学中，合宜的善恶评判需要"公正的旁观者"的赞成或不赞成的情感来决断[①]，而个体

---

① 亚当·斯密：《道德情操论》，第 137—138 页。

要想将私人的情感提升到接近"公正的旁观者"的水平，需要一个戴震式"以情絜情"① 的过程。此过程如何才算是达到了公正合宜的标准，同样不容易讲清楚。"缘情用理"其实不过是在此过程中明确地加入了理智的因素而已。"缘情用理"亦是一种"情理"，它作为情感与理智交流互动的活动，是一切在历史发展过程中积淀而成的情感理性、情理结构、血亲情理的产生基础。② 由此，德行伦理本质上不过是情理伦理而已。只不过这里的"情理"不是指情感的先天原理，而是"缘情用理"的心灵活动。

最后，德性（良知）标准不是优先性条款，也不是根本性条款。这正是德行伦理与德性伦理的不同之处。根据德性伦理，无德性的行为不可能是善的，特别是怀有恶意却导致良好结果的行为不可能是善的。一个想要杀人却阴差阳错挽救了所要弑杀对象的行为怎么能是善的呢？按照孟子的标准，此行为不基于恻隐之心；按照当代情感主义德性伦理学家斯洛特的标准，此行为并非出于移情性的关心③；故此行为不是善的。难道我们要将偶然导致良好结果的行为称为善的吗？我们知道这种不基于动机而基于后果的善恶判断在德性伦理学家看来是不可能的，但在功利主义伦理学那里是可能的④，在德行伦理学中也是可能的，因为后两者善恶判断的根本不是内在动机。德行伦理与功利主义伦理也并非在任何时候都是一致的，从根本上来看，功利主义伦理的判断标准是行为的后果，而德行伦理的判断标准是某种行为模式或行为背后的情理。根据德行伦理，有时候后果不好，但合乎道德行为模式或合乎情理的行为亦可以被评价为善的。这是德行伦理与功利主义伦理的不同。

当德行伦理宣称一种无善良的内在品质和动机的行为可以为善的时候，一定要注意，它同德性伦理一样不承认行为主体是有德性的，同时，由于该行为很可能只是一次偶然的行为，我们无法判断行为主体做出此类行为的连

---

① 戴震：《戴震集》，第 266 页。

② 李海超：《当代儒学研究中的"情理"概念及其反思》，《国学论衡》2022 年第 1 辑。

③ ［美］迈克尔·斯洛特：《情感主义德性伦理学：一种当代的进路》，王楷译，《道德与文明》2011 年第 2 期。

④ ［英］穆勒：《功利主义》，徐大建译，上海人民出版社 2007 年版，第 51 页。

续性或习惯性，因此德行伦理也不承认行为主体必然拥有德行和德操。承认行为的善，并不代表承认行为主体有品德。这种品德判断与善恶判断在一定程度上的可分离性，是德行伦理的一大特点和优势，而这是德性伦理所不具备的。为了更好地说明这一点，我们可以再举一个例子。在儒学史上朱熹和陈亮之间发生过著名的"王霸义利之辩"。从制度规范制定的视角来看，朱熹认为汉武帝、唐太宗这样的人物，虽然其制定的制度和政策不算太差，但他们的初心是为了自家一姓的私利，因而他们制定的制度、政策离"王道"相差甚远，而陈亮则认为，"心之用有不尽而无常泯，法之文有不备无常废"①，既然制度和政策的效果是好的，那么王道必蕴含在其中。这个例子反映的是，德性伦理学家特别看重政策制定者的德性，并将其看作判定制度规范正义、优劣与否的标准②，这本质上是"由内圣而外王"这一思维逻辑的体现，对政策制定者的素质要求过高，对善政、善法本身的评价有失公允。陈亮的思想带有较强的功利主义伦理的意味，但从德行伦理的视角来看，他的评价结论是在很大程度上能够被认可的。

通过对德行伦理的特质及其如何进行品德评判和善恶评判的阐述，我们能够清楚地看到德行伦理以行为为基础对行为主体、行为本身、行为规则的分别评判和对品德和善恶的分别评判所具有的优势。相比德行伦理，传统心性儒学之德性伦理将内在德性和动机作为道德评判的核心，这不利于认可和激励改良社会的行为实践的道德价值；对制度和政策制定者过高的德性要求，不利于对善政和善法本身做出公允的评价。现代社会的治理基础是法律和制度，因而在生活中，人们行为的合规范性和范导性会被优先关注和评价，因此，对于现代社会特别是亟须道德规范建设的当下中国来说，德性伦理更适宜作为辅助性的伦理学被推广。如果说现代社会的道德建设需要加强道德主体的品德塑造，那么在内在品质、行为本身和行为规则三者的调和方面，德行伦理，或者说"缘情用理"的"情理"伦理不失为一种更优的选择。而情

---

① 陈亮：《陈亮集》，第 285 页。

② 参见黄勇《当代美德伦理——古代儒家的贡献》，《四川大学学报》（哲学社会科学版）2018 年第 6 期。

缘论及其"缘情用理"的方法论能够为这样的伦理学提供理论上的支持。

三　缘情归宗

心灵安顿是儒学研究中的重要内容，情缘论需要对这个问题有所交代。最近几年，超越方式成为儒家学者关注的一个热点话题。以牟宗三为代表的现代新儒家一般认为儒家是内在超越，而蒙培元则主张自我超越①，黄玉顺提倡外在超越②，赵法生认为儒家是中道超越③。这里不直接探讨儒学属于哪种具体的超越方式，也不评论哪一种超越方式对儒家的前途更为有利，甚至也不去论述哪一种超越存在者（如昊天上帝、天理、良知等）是最可信、最合理的，这里将从另一视角着手处理相关问题。讲到心灵的安顿，人们一般关心的是超越性的安顿，其实心灵也需要现实的安顿（心灵在日常、世俗生活中的身份归属、寄托之所等），两者之间有着密切的关联。心灵的现实安顿固然不能解决超越性的问题，但它可以弥补超越性安顿的不足，为超越性观念的损益提供空间。试想，如果一种思想学说塑造的超越境界、对象存在争议，或者由于时代变化发生了争议，人们不能一味地固守旧说，也不能盲目地随波逐流。超越思想的改变有一个过程，人们应该对此保持足够的包容，甚至，应该对超越境界、超越对象的不完备性、不确定性保持足够的包容。而这可以通过对与此思想学说相应的现实身份认同的巩固来实现。在现实生活中，解决一个人的身份认同问题，有助于他包容自己在超越问题上存在的困惑。因为在一般情况下，一个人越对现实生活不抱希望，他对理想世界的要求就越苛刻，现实生活中有一个稳定的身份归属，心灵有较好的现实栖息之地，他就会包容理想世界的不完美。故，热爱和认同一种现实身份，使心灵有一个现实的身份皈依或认同，有助于化解其因超越世界之触不可及而萌生的恐惧与悲情。

---

① 蒙培元：《心灵超越与境界》，第 81 页。
② 黄玉顺：《生活儒学的内在转向：神圣外在超越的重建》，《东岳论丛》2020 年第 3 期。
③ 赵法生：《论孔子的中道超越》，《哲学研究》2020 年第 4 期。

现实的身份认同问题，对儒家来说，就是一个人如何可以算作一个"儒生"或"儒者"的问题。虽然学者们对儒家的超越境界、超越对象、超越方式存在各种各样的争议，但通过加强"儒生"或"儒者"身份认同，有助于人们包容当代儒家学说在超越领域论述的缺失或不完美，从而辅助个体心灵的安顿。今天，探讨一个人如何可以算作"儒生"或"儒者"是极易引起争论的事情，因为在儒家义理诠释多元化和儒家宗教化探索成效低微的局面下，人们很难找到一种确定性的身份认同标准。造成这种困境的根本原因，在于人们通常局限于义理认同和信仰认同的理念。这两种身份认同理念也可以称为"循理归宗"和"依信归宗"。在情缘论看来，在现代生活方式下，"循理归宗"和"依信归宗"的身份认同理念具有很大的局限性，而一种不以义理和信仰为根本的儒家身份认同理念——"缘情归宗"——或许能够获得广泛的认可。所谓"缘情归宗"，即基于热爱之情而产生对相应身份的认同，本着此种热爱之情既可以包容相关超越性义理的不足，又可以激发主体运用理智去不断修正超越性的义理。所以，缘情归宗，是以"缘情用理"的方法为基础加强个体心灵的安顿的。这一部分还将表明，此种缘情归宗的身份认同理念在儒家之外的诸多领域中也具有广泛的应用性。

（一）循理归宗及其局限

循理归宗，即一个人因为认同某个学派的学说而归宗于某一学派。例如，一个人认同儒家的仁义学说，因而归宗于儒家；如果他认同老子或庄子的道论与人生哲学，于是他便会归宗道家。循理归宗的根本逻辑是，有一套先在的义理存在，归宗者对此义理表示认同。虽然不要求对先在义理百分之百的认同，但至少对其根本的方面表示认同。循理归宗并非完全是一种纯粹理性的或者说理智的行为，其中也有情感的参与。"认同"本身就是一种情感性的表达。然而在循理归宗的身份认同理念中，情感的发生不具有根本性的地位，具有根本性地位的是"义理"。在循理归宗的理念中，一个人主张的义理与某家学说的义理相符，人们就可以赋予此人相应的身份，而此人未必一定对此身份有深厚的感情。比如，有些中国学者经常称西方的某些学者为"西儒"，其之所以赋予这些学者"儒"的称谓，并不是因为那些学者对儒家学说有什么特殊的感情，那些学者可能根本不了解儒家，不过在赋予西方学者"儒"之称谓的中国学者看来，那些西方学者所做的事业、其学术理念与贡献在根本上与"儒"的事业有相近性。

循理归宗之不排除情感还涉及另外一种情况，即其所主张的根本义理乃是一种情感学说。比如，对于儒家义理，宋明理学家通常以形上的理体、心体为儒家义理系统中的根本性概念，但今天有很多学者认为儒家义理系统中最根本的概念是仁爱情感，无论他们将仁爱情感诠释为血缘基础上的个体心理情感①、世俗社会的日常情感②、前主体性的本源情感③，还是其他类型的情感，总之他们主张情感是儒家学说的根本。基于上述情感学说建立的儒家身份认同本质上仍可以是一种义理认同，在这种情况下，情感是作为义理的内容而存在的，认同的发生在根本上是基于义理——一种情感学说——而不是基于情感本身的。

循理归宗之长久的可行性建立在人们所认同的义理之真实和长期有效的基础上。如果一种义理在后来被人们发现是错误的或是需要进行修正的，又或者在生活中基本上是行之无效的，那么人们就会抛弃这种义理，因而放弃相应的身份认同。也就是说，建立在循理归宗基础上的身份无法包容根本义理的改变。认同的根本义理变了，此人就将不再拥有之前的身份。反过来，为了维系身份的延续，人们就不得不去修饰、装点那些被认为是错误的或早已行之无效的义理系统，尽可能地避免这套义理系统遭受冲击。在这种情况下维系和发生的身份认同通常是较为保守的，因为其身份主体所坚持的观念很难在现实生活中被广泛地应用。

循理归宗所确立的身份认同之所以不断遭受冲击，在根本上是因为人所建构之义理系统的有限性。人是有限的，人所建立的义理系统也是有限的，伴随人类认识的进步、新经验的发生、时代的变革，适应新生活方式的义理系统不得不做出革新，而义理系统的每一次大的革新，都会使基于循理归宗

---

① 李泽厚：《中国古代思想史论》，第 16 页。
② 冯达文：《宋明新儒学略论》，第 12 页。
③ 黄玉顺：《爱与思——生活看儒学的观念》（增补本），第 94 页。

而建立的身份认同遭受冲击。如果人们认同的义理没有发生根本性的变化，那么义理的小的变革只是造成了学派内部身份的分化；如果人们认同的义理发生了根本性的变化，则整个学派就会灭亡。

质疑者可能会说，像儒家这样经历几千年而依然存在的文化传统，其核心观念、其关于宇宙人生的根本认识必定具有普遍性的价值，正所谓"天不变，道亦不变"①，儒家义理系统的诸多内容会随着时代的转变而变化，但只要人性不发生根本的变化、世界不发生颠覆性的变迁，儒家的根本义理就是不变的。不可否认，儒家关于宇宙人生的很多认识和体悟的确具有普世性的意义。然而，人是有限的，不同时代的人们对儒家根本义理的理解都建立在有限认识和体悟的基础之上，因而不同时代的儒者们对儒家根本观念的理解存在巨大的差异，虽然很多时候他们使用的核心观念都冠以同样的"名词"。譬如对于"仁"，宋明时期的儒者们大都认为它是先天的德性本体，而今人多诠释之为主体的仁爱情感。对于儒家伦理的特性，有学者认为儒家是美德伦理②，有的认为是德行伦理③，有的认为是责任伦理④，有的认为儒家是以正义伦理——制度伦理为基础伦理学⑤的。今天的儒家学者，有些偏于保守，有些偏于自由主义，两者皆认为其主张是最合乎儒家之根本精神的。然而，究竟谁对儒家义理的理解是正确的呢？

不同的学者对儒家根本义理的理解竟有如此巨大的差异，然而他们却皆自称为儒家，并认可对方是儒家，这样的儒家传统的统合性绝不是仅仅通过循理归宗的方式能够实现的，因为他们所主张的义理，不仅仅是同一义理系统中不同的支脉，而是在根本上就难以融合。若严格依照循理归宗的方式，则后起者定难以将自己融入之前的传统之中，亦难以认可与自己观点对立的

---

① 班固撰，颜师古注：《汉书》，中华书局 1999 年版，第 1915 页。

② 黄勇：《儒家伦理作为一种美德伦理——与南乐山商榷》，《华东师范大学学报》（哲学社会科学版）2018 年第 5 期。

③ 陈来：《儒家美德论》第 373 页。

④ 涂可国：《儒家责任伦理考辨》，《哲学研究》2017 年第 12 期。

⑤ 黄玉顺：《作为基础伦理学的正义论——罗尔斯正义论批判》，《社会科学战线》2013 年第 8 期。

人是真正的儒者。不过现实似乎并不是这样的，在现实生活中，学术观点批评与学者身份认同的评判之间并不是密切捆绑的。当儒家的自由主义者谈到儒家的保守主义者时，或者当后者谈到前者时，他们相互批评对方于儒家义理的理解有根本的错误或疏漏，但他们并不指责对方不是一个儒者，并没有指责对方的儒家身份认同是假的。这样的儒者身份上的相互认同，显然并不是完全根据义理的认同而达成的。

循理归宗还面临一个难题，就是它难以区分相同义理主张之下的不同身份认同。上文讲到，一些儒家学者将自己认为的与儒家根本义理相近的西方学者称作"西儒"，但对方未必会认可这个身份，因为对方可能是个基督徒或者对方自认为自己属于其他的宗派身份。值得反思的是，相信一样的真理，就一定要认同一样的身份吗？生活中，经常听到人们说，儒家提倡爱、基督宗教也提倡爱，是否一个人以爱为本源去做事，他就在个人身份上既认同儒家，也认同基督宗教呢？他就不能在认同某一个身份的同时，对主张同样义理的另一方仅仅表达赞赏吗？不可否认，儒家义理中的爱与基督宗教义理中的爱是不同的。对于一个儒者，假如他不知道或不能区分这种义理的不同，他就一定会认同基督徒的身份吗？并非如此。就像一个女孩，有一天她遇到一个与自己的男朋友有同样优点（假设他就是因为这些优点而爱上自己的男朋友的）的男孩，她就一定会爱上这个男孩，并产生是他女朋友的身份认同吗？有可能发生这样的事情，但不是必然会发生。她欣赏新遇到的那个男孩，却未必会爱他，也未必想做他的女朋友。这在生活中绝不会是稀罕事。

所以，在儒家思想内部分化越来越大而诸多文化系统因为文化交流、融合反而义理日趋相近的现代社会中，以循理归宗的方式来确定儒者的身份面临的困难会越来越大。

（二）依信归宗及其局限

关于儒家身份认同的实现，除了循理归宗，近代以来还一直存在着依信归宗的主张，即致力于将儒家发展为一种典型的宗教，因而通过信仰的方式维系儒家的存在并发挥其在社会、人生中的作用。这样一种主张肇始于康有为①，在当代获得了蒋庆等学者的支持和发展。对于将儒家视为宗教以及儒家宗教化的努力，从梁启超开始便一直出现反对的声音。② 对于儒家是否一种宗教的问题，一种折衷的表述似乎更能够获得大多数人的认可，即儒家或儒教虽然不是典型的宗教形态，然而不可否认，其"在一定的观念层级上确实具有'宗教性'，或者说确实发挥着宗教的某些功能"③。我们不必纠结于儒家是否一种宗教，只要承认儒家有"宗教性"，便可推测传统儒家在身份认同上或许包含"信仰"的成分。"信仰"本质上是一种可以超越义理分析的心理认同。对于这一点，马丁·路德的"唯信称义"理论及其在基督新教中的实践就是最好的证明。"唯信称义"不是反对义理的研究，相反路德支持人们去阅读经典、钻研义理，他反对的是，任何人都不能自恃自己的义理研究及其相应实践能够免罪。"凡相信尽己所能就可以获得恩典的，只是罪上加罪，犯下双重罪愆。"④ 可见，人们不依靠对义理的深入理解是可以建立信仰的。不仅如此，信仰的建立，可以反过来包容义理的分歧，因为没有人敢于自恃自己义理理解的绝对正确，或者即便自认为绝对正确，也不能左右上帝的意志，不能保证自己能够免除罪恶。

如果将路德的理论借鉴到儒家，我们可以推测说，儒家的宗教性能够赋予认同者一种坚定的信仰，这种信仰足以使他们包容那些在儒家义理理解上有根本性错误的人，只要那些人的信仰是真诚的。比如，程子说荀子、杨雄"性已不识，更说甚道"⑤。尽管如此，他也并没有因此否定荀、杨二人作为儒者的身份。所以，儒家的宗教化，能够通过确立一种坚定信仰的方式，保证义理歧见者获得儒者的身份认同，而不是相互排斥、相互视为"异端"。就这一点而言，宗教化的努力的确为儒家的现代转型提供了一个方向。然而，我们必须要研究清楚，是否只有通过信仰的方式才能实现义理歧见者共同的

---

① 康有为：《康有为全集》第 4 集，中国人民大学出版社 2007 年版，第 96 页。
② 李申：《中国儒教论》，河南人民出版社 2005 年版，第 47 页。
③ 黄玉顺主编：《庚寅"儒教"问题争鸣录》，河南人民出版社 2011 年版，第 9 页。
④ 路德文集中文版编辑委员会编：《路德文集》，上海三联书店 2005 年版，第 38 页。
⑤ 程颢、程颐：《二程集》，第 255 页。

身份认同？儒家在根本上是否通过信仰的方式实现这种身份认同的呢？显然不是。对儒家来说，依信归宗的身份认同方式具有很大的局限性和不适用性。

儒家虽然具有一定的宗教性，但儒家毕竟不是一种典型的宗教。从儒家中塑造一种宗教性的儒教出来是可能的，而且已经是现实了。然而现实还有另外一面，就是那些不承认儒家是一种宗教和反对儒家宗教化的人士也大量地存在。这些人无论如何不愿意接受依信归宗的身份认同方式。这些人士的存在是儒家彻底宗教化的重要阻力。也就是说，在当下，儒家内部已经存在着两类群体：一类是那些皈依儒教（宗教之教）的儒者或儒士，他们以依信归宗的方式确立了自己的身份认同；一类是不以儒家为宗教并反对儒家宗教化的人士，他们或许以循理归宗或其他的方式确立了自己的身份认同。若只据依信归宗的理念，则前一类人士恐怕很难赞成后一类人士是真正的儒者。

那么，有没有什么方式能将他们统合起来，从而使他们肯定相互之间的儒者身份呢？有人或许会说，佛教不是很好的案例吗？佛教虽有宗教化、信仰化的宗教组织，但佛教在最高境界上是无神的，它追求的是个体的觉悟。因此，如果承认宗教化信仰的有限性，教士与非教士不就可以达成相互的认同了吗？可是对于佛家，宗教化的信仰只是通达最终觉悟的一个前提，也就是说，最终的证见终究是要超越信仰的。我们要明白，这里不是一种改造过了的信仰能够实现信仰者与非信仰者共同的身份认同，恰恰相反，是一种超越信仰的身份认同理念，包容了信仰者与非信仰者，或者确切地说，包容了佛学修习中的信仰阶段的佛教徒与非信仰阶段的佛教徒。不得不说，在非信仰阶段，佛教亦不成为"宗教"，佛教徒也不再是怀着宗教化信仰的佛教徒。因此，佛教的案例，恰恰说明了依信归宗理念的有限性。儒家若真正地借鉴佛教，断不能像基督宗教那样完全地宗教化，亦即不能绝对地高扬信仰的第一性。

另外，儒家的学理亦很难完全宗教化、信仰化。这是因为，儒家的榜样人格、义理系统的核心概念皆缺乏典型宗教所需要的神秘性。儒家理想的圣贤是人，而且就是日常生活中的人，他们没有神通、不能料事如神，不像佛菩萨那样有各种神通、知前生后世。孔子所讲的道，只是要人尽心竭力、将心比心地去做事——"夫子之道，忠恕而已矣"（《论语·里仁》），一点也不玄虚。儒家不否定超越性的存在，也主张"畏天命"（《论语·季氏》），但天之于人不像基督宗教的上帝之于人的关系，天也有其可知的一面，所以儒家允许人"知命"（《论语·尧曰》），甚至"制天命而用之"（《荀子·天论》）。在历史上，儒学的确一度神学化，儒家的义理也在佛家和道家义理的影响下高度形而上学化，但由于原始经典缺乏神秘虚玄的基因，儒学在性格上始终更近于广义的哲学而不是宗教。义理系统之神秘玄妙气息不够使得儒学在根本上很难被完全宗教化。是故，将儒家塑造为一种广泛认可的神化的宗教，从而树立起信仰在儒家身份认同中的根本性地位恐怕不是一条可行的道路。哪怕仿效佛教，宗教化的儒教亦很难发展到佛教组织那么大的规模，获得那么多的信众。儒教虽已现实地存在，但儒教信众的体量恐怕很难超越以非信仰化方式获得儒家身份认同者的体量。

所以，依信归宗对于儒者的身份认同而言，只是极为有限可取的方式。儒家在根本上，或者在最大的范围上，不应采取此种身份认同理念。

（三）缘情归宗及其价值

既然纯粹的循理归宗不能达成从古至今如此广泛的儒家身份认同，而儒家身份认同在根本上也不是通过依信归宗的方式实现的，那么自古以来儒家身份认同的根本方式是什么呢？其实，儒家最根本的身份认同方式是"缘情归宗"。

所谓缘情归宗，不是说儒家身份认同的实现最终通过情感表现出来，而是指，情感才是儒家身份认同最基础的根据。前文已经指出，循理归宗并非没有情感的参与，但循理归宗的理念，最终将义理的认同视作儒家身份认同的终极根据。同样，依信归宗也不排斥情感在儒家身份认同实现过程中的作用，可是依信归宗的理念最终将信仰视作儒家身份认同的根据。与此两种理念不同，缘情归宗的理念直接以情感为儒家身份认同的最根本根据，不将义理认同和信仰认同看作必要的前提。因为不以它们做必要的前提，才能真正超越这两种理念并实际地包容它们。

缘情归宗之"情"，确切地说就是对儒家的热爱。基于真挚的热爱是完全可以建立起身份认同的。比如一个人对于一个民族的热爱，足以使他产生民族身份认同；一个人对于自己工作的企业的热爱，也足以使他产生企业身份认同。由此来看，一个人对于儒家的热爱，当然也可以使他产生儒家身份认同。当然，这里只是说基于热爱可以产生身份认同，并不意味着所有的热爱都一定会产生身份认同。

缘情归宗的身份认同理念能够包容义理分歧和信仰分歧。比如，一个人因为认同孟子的性善论而对儒家产生了热爱，另一个人因为认同荀子的性恶论而对儒家产生了热爱，它们对儒家的热爱之情都是一样的，尽管其原因是不同的义理认知。同样，一个人因为信仰昊天上帝而产生了对儒家的热爱，另一个人因为信仰圣贤的言论而产生了对儒家的热爱，尽管其信仰的对象不同，但他们对儒家的热爱是相同的。哪怕一个人是因为义理的认同而引发了这种热爱，另一个人是因为信仰认同而引发了这种热爱，尽管初始认同的方式不同，但最终的热爱是相同的。当然，这里的"相同"，不是说每个人热爱儒家的程度是相同的，而是说这种爱的种类及爱的对象是相同的。

有人或许会质疑，生成情感的原因是不同的，如何能够保证情感的对象是相同的呢？比如，当我们说一个人因为认同孟子学说而产生对儒家的热爱，这样的表述是否有问题呢？热爱之情产生的原因是孟子学说，热爱之情的意向对象或者说被爱的对象难道不也是孟子学说吗？情感的对象如何可能比引起它的原因更广泛呢？在这里，我们首先应该区分两种情感，一种是赞成孟子学说的赞成情感，一种是对儒家的热爱情感。在因对孟子学说之认同而产生的对儒家之热爱的过程中，实际存在着上述两种情感。这两种情感的意向对象是不同的，前者的意向对象是孟子学说，而后者可以是孟子学说，也可以不局限于孟子学说，从而能够涉及与孟子学说相关的事物。这里不必解释其中的原理，举一个大家都熟知的成语的例子便足够。这个成语就是出自《尚书大传》的"爱屋及乌"。意思是，爱一个人会兼及这个人房屋上的乌鸦。这类事情虽然可能不合乎理智，但它们却如实并不断地发生着。所以，一个人因为爱孟子而热爱儒家，这完全是可能发生的。

对儒家的热爱一旦生成，基于这种热爱所产生的身份认同就有一定的独立性，它可以脱离开原来有限的义理。因为这种热爱的对象本身即是"儒家"而不是对儒家之中某一种学说的热爱。因此，当一种不赞成此种学说的义理出现，而那个义理的持有者同样拥有对"儒家"真正的热爱之情和身份认同之情的时候，这种热爱之情就能够包容义理理解的分歧从而达成广泛的儒家身份认同。这种包容也适用于一个儒者自身义理观念的转变。假如一个人因为认同某种义理进而热爱儒家，且其热爱足以使其产生对儒家的身份认同，若干年后，他发现自己原本理解的义理在根本上是错的，现在已经完全不认同它了，而是重新认同了另一种义理，此时基于对儒家的热爱以及基于此热爱产生的身份认同，他就可能将此义理的转变看作儒家义理的一种修正、革新或发展，甚至还会以热爱之情为基础去积极地探索、推动儒家义理的修正、革新和发展，而不是从此不再做一个儒者，完全放弃儒者的身份。可见，缘情归宗的理念不仅能够包容不同儒者间义理理解或观念信仰之间的差异，而且还能够包容并且积极推动儒学义理的革新和发展。以热爱之情为本源，为维系身份认同的根据，进而激发主体运用理智去革新和发展儒家义理，这是情缘论"缘情用理"之方法论的运用和体现。依情缘论，在儒家学说不得不做出现代革新的今天，在现代性超越义理建设尚不充分而又需要实现心灵安顿、巩固身份认同的情况下，要想真正摆脱人们对前现代儒家义理体系的固执，缘情归宗的身份认同理念是比义理归宗和信仰归宗更优的选择。

此外，缘情归宗的身份认同理念还能有效地解决持相同义理者的不同身份归属问题。两个人可能持同样的义理，其中一个自称是儒者，另一个可能自称为佛教徒、道士或基督徒。这是如何可能的呢？在循理归宗的理念中，此问题是无法解决的。而从缘情归宗的视角来看，这根本不成为一个问题。两个人虽然最终坚持同样的义理观念，但影响他们达成对此义理系统之认同的历程、文化资源和情缘则可能是完全不同的，在此不同的背景下，他们完全可以形成对不同文化系统的热爱进而产生不同的身份认同。这意味着，认同什么样的身份与一个人的人生际遇相关，在根本上与情缘相关，但不同的人生际遇和不同的身份认同并不影响人们做出相同的理论选择和生活方式选择。因为在缘情归宗的理念中，身份认同以本真的情感为最终根据，而不是以任何理论或生活方式为最终根据。缘情归宗的理念能够为心灵提供一个现实的身份归属，这将为心灵的超越性追求提供强有力的支撑，包容超越性领域出现的各类问题，为超越性义理的发展提供心理空间。

（四）缘情归宗的普遍适用性

上文探究了缘情归宗理念在儒家身份认同传统中的存在及其优越性。这里将要指出，此种身份认同理念在其他很多身份认同领域也具有普遍性的价值。

在全球文化交融的背景下，人们的生活方式和价值观念日益趋同，但人们对于身份区分和自我特殊性的追求并没有降低。在身份区分上，随着生活领域细分的强化，人们面临着越来越多的身份选择，而这些身份选择都需要相应的身份认同，比较常见的，如家庭认同、企业认同、民族国家认同、性别认同、文化认同、区域认同、党派认同、宗教信仰认同等等。身份区分的多元化在本质上是身份特殊性和个性化发展的表现。之所以如此，是因为个体主体性的张扬乃是现代性文化的本质特征，而个性的凸显与群体的交融并不是根本冲突的。交融的加强会造成人们身份区分弱化的风险，为了弥合这一风险，为了呈现个体在群体中的存在感，个性化的身份认同诉求就会明显增强。所以在现代社会中，尽管人们在生活方式上越发趋同，但人们个性化的标识却越来越多。从个人到企业，再到各个民族国家，背后的逻辑是相同的。因此，国际交往越密切，民族国家身份认同的需求越强烈。所以，随着全球化的发展，不同国家的人们在生活方式和价值理念上日益趋同，然而民族国家作为国际交往的政治主体，其主体性并没有随着这种交融而模糊，相反国家与国家之间的界分越来越清晰。

不过，现代社会强化了身份的多元性和独特性，同时也一直致力于消解不同身份认同间的冲突。现代社会强调一个人、一个企业、一个民族国家在坚持自身独特价值和个性的同时能够包容歧见者的存在和发展。同时，面对生活方式迅捷的变化，现代社会还强调社会中各类主体的身份认同能够包容自身在价值理念、发展方向上的重大调整。比如一个以制造业为基础的企业，在市场形势变化后，可能不得不转型去做服务业；此企业所崇尚的价值原本一直以集体主义精神为本，现在可能不得不转而强调个性的张扬。尽管经此转变，此企业的很多员工依然可能一如既往地保持其对此企业的身份认同，以前真诚地宣称自己是"某某（企业名）人"，现在依然真诚地宣称自己是

"某某人"。之所以能够如此，是因为企业认同需要的是人们对此"企业"（哪怕只是这样一个符号）的热爱和身份认同，而不是将此认同与此企业所从事的产业和具体的价值观念捆绑起来。此企业的员工曾经或许是因为认同过去的产业和价值观而热爱此企业的，但只有他们不将其视作对此企业产生身份认同的根据，他们的企业身份认同的延续才可能是顺畅的。这种身份认同理念的贯彻，对于推动企业的顺利转型也能够发挥积极的作用，至少能够减少员工在价值观念、企业业务转型中的心理冲突。

不唯企业认同，文化传统认同、民族国家认同等现代社会中大多数的身份认同，都需要在强化个性的同时尽可能地消弭其与他者或者与自身的各种变化之间的冲突性。对此，循理归宗的理念做不到，因为它会要求人们过多地执守原有的价值观念；依信归宗的理念同样做不到，因为它要求人们拥有不变的信仰对象。因此，只有缘情归宗的身份认同理念，才真正适合现代人身份多元化、个性化，同时又能够相互包容并尽可能消弭冲突的身份认同需要。在此意义上，情缘论所支持的缘情归宗的理念可以被看作一种基础性的身份认同论，或者一种完备的身份认同论的基础性部分。

参考文献

一　古籍与工具书

《十三经注疏》，阮元校刻，中华书局 1980 年版。

左丘明撰，杜预集解：《春秋左传集解》，凤凰出版社 2010 年版。

董仲舒：《春秋繁露》，中华书局 1975 年版。

许慎：《说文解字》，中华书局 1963 年版。

班固撰，颜师古注：《汉书》，中华书局 1999 年版。

王弼注，楼宇烈校释：《老子道德经注校释》，中华书局 2008 年版。

郭象注，成玄英疏：《庄子注疏》，中华书局 2011 年版。

孔安国传，孔颖达正义：《尚书正义》，上海古籍出版社 2017 年版。

李善等注：《六臣注文选》，《四部丛刊》景宋本。

慧能：《坛经》，尚荣译注，中华书局 2013 年版。

程颢、程颐：《二程集》，中华书局 1981 年版。

张载：《张载集》，中华书局 1978 年版。

邵雍：《邵雍集》，中华书局 2010 年版。

朱熹：《朱子全书》，上海古籍出版社、安徽教育出版社 2002 年版。

朱熹：《四书章句集注》，中华书局 1983 年版。

黎靖德编：《朱子语类》，中华书局 1986 年版。

陈亮：《陈亮集》，中华书局 1974 年版。

陆九渊：《陆九渊集》，中华书局 1980 年版。

陈献章：《陈献章集》，中华书局 1987 年版。

湛甘泉：《泉翁大全集》，万历二十一年修补本。

王阳明：《王阳明全集》，吴光、钱明等校注，上海古籍出版社 2011 年版。

王艮：《王心斋全集》，江苏教育出版社 2001 年版。

黄宗羲：《明儒学案》，中华书局 1985 年版。

顾炎武著，黄汝诚集释：《日知录集释》，岳麓书社 1994 年版。

王夫之：《船山全书》，岳麓书社 1991 年版。

何心隐：《何心隐集》，中华书局 1960 年版。

李贽：《李贽文集》，社会科学文献出版社 2000 年版。

李贽：《焚书·续焚书》，中华书局 2009 年版。

汤显祖：《汤显祖集全编》，徐朔方笺校，上海古籍出版社 2015 年版。

袁宏道：《袁宏道集笺校》，钱伯城笺校，上海古籍出版社 2008 年版。

冯梦龙：《冯梦龙全集》，魏同贤主编，凤凰出版社 2007 年版。

陈确：《陈确集》，中华书局 1979 年版。

戴震：《戴震集》，上海古籍出版社 2009 年版。

颜元：《颜元集》，中华书局 1987 年版。

袁枚：《小苍山房诗文集》，上海古籍出版社 1988 年版。

焦循：《雕菰集》，上海：商务印书馆 1936 年版。

陈鼓应注译：《黄帝四经今注今译——马王堆汉墓出土帛书》，商务印书馆
    2007 年版。

李守奎、洪玉琴译注：《杨子法言译注》，黑龙江人民出版社 2003 年版。

《大正藏》，日本大正一切经刊行会 1922—1934 年版。

《明史》，中华书局 2000 年版。

《辞海》（第七版），上海辞书出版社 2020 年版。

二　专著

陈鼓应：《老庄新论》，上海古籍出版社 1992 年版。

陈来：《仁学本体论》，生活·读书·新知三联书店 2014 年版。

陈来：《儒学美德论》，生活·读书·新知三联书店 2015 年版。

方用：《20 世纪中国哲学建构中的“情”问题研究》，上海人民出版社 2011
    年版。

冯达文：《宋明新儒学略论》，广东人民出版社 1997 年版。

冯达文：《中国哲学的本源—本体论》，广东人民出版社 2001 年版。

冯友兰：《三松堂全集》，河南人民出版社 2001 年版。

冯友兰：《三松堂自序》，东方出版中心 2016 年版。

冯友兰：《贞元六书》，中华书局 2014 年版。

何启、胡礼垣：《新政真诠》，广西师范大学出版社 2015 年版。

侯外庐主编：《中国思想通史》（第五卷），人民出版社 1956 年版。

胡春学：《真：泰州学派美学范畴》，社会科学文献出版社 2009 年版。

胡适：《戴东原的哲学》，上海：商务印书馆 1927 年版。

黄克剑、钟晓霖编：《当代新儒家八大家集·唐君毅集》，群言出版社 1993
　　年版。

黄玉顺、杨永明、任文利编：《人是情感的存在——蒙培元先生 80 寿辰学术
　　研讨集》，北京大学出版社 2018 年版。

黄玉顺：《爱与思——生活儒学的观念》（增补本），四川人民出版社 2017
　　年版。

黄玉顺：《儒教问题研究》，人民出版社 2012 年版。

黄玉顺：《中国正义论的重建——儒家制度伦理学的当代阐释》，安徽人民出
　　版社 2013 年版。

黄玉顺主编：《庚寅“儒教”问题争鸣录》，河南人民出版社 2011 年版。

嵇文甫：《左派王学》，上海书店 1989 年版。

季芳彤：《泰州学派新论》，巴蜀书社 2005 年版。

姜广辉：《走出理学》，辽宁教育出版社 1997 年版。

蒋庆：《儒学的时代价值》，四川人民出版社 2009 年版。

康有为：《康有为全集》，中国人民大学出版社 2007 年版。

劳思光：《新编中国哲学史》，广西师范大学出版社 2005 年版。

李德顺：《论价值——一种主体性的研究》，中国人民大学出版社 2013 年版。

李海超：《心灵的修养——一种情感本源的心灵儒学》，四川人民出版社 2020
　　年版。

李海超：《阳明心学与儒家现代性观念的开展》，中国社会科学出版社 2019

年版。

李零：《郭店楚简校读记》，中国人民大学出版社 2007 年版。

李申：《中国儒教论》，河南人民出版社 2005 年版。

李泽厚：《历史本体论·己卯五说》，生活·读书·新知三联书店 2008 年版。

李泽厚：《论语今读》，安徽文艺出版社 1998 年版。

李泽厚：《人类学历史本体论》，天津社会科学出版社 2008 年版。

李泽厚：《实用理性与乐感文化》，生活·读书·新知三联书店 2008 年版。

李泽厚：《中国古代思想史论》，生活·读书·新知三联书店 2008 年版。

梁启超：《梁启超全集》，北京出版社 1999 年版。

梁启超：《清代学术概论》，上海古籍出版社 1998 年版。

梁启超：《新民说》，商务印书馆 2016 年版。

梁漱溟：《梁漱溟全集》，山东人民出版社 2005 年版。

刘述先：《儒家思想意涵之现代阐释论集》，台北："中研院"中国文哲研究
所筹备处 2000 年版。

刘笑敢：《两极化与分寸感——近代中国精英思潮的病态心理分析》，台北：
东大图书股份有限公司 1994 年版。

蒙培元：《情感与理性》，中国社会科学出版社 2002 年版。

蒙培元：《人与自然》，人民出版社 2004 年版。

蒙培元：《心灵超越与境界》，人民出版社 1998 年版。

蒙培元：《中国哲学主体思维》，东方出版社 1993 年版。

牟宗三：《牟宗三先生全集》，台北：联经事业出版股份有限公司 2003 年版。

牟宗三：《政道与治道》，吉林出版集团有限责任公司 2010 年版。

潘运告：《从王阳明到曹雪芹》，湖南教育出版社 2008 年版。

容肇祖：《容肇祖集》，齐鲁书社 1989 年版。

石峻、楼宇烈、方立天、许抗生、乐寿明：《中国佛教思想资料选编》，中华
书局 2014 年版。

唐君毅：《哲学概论》，中国社会科学出版社 2005 年版。

王庆节：《道德感动与儒家示范伦理学》，北京大学出版社 2016 年版。

萧萐父、许苏民：《明清启蒙学术流变》，辽宁教育出版社 1995 年版。

徐复观：《中国艺术精神》，广西师范大学出版社 2007 年版。

徐小跃：《禅与老庄》，江苏人民出版社 2009 年版。

杨国荣：《心学之思——王阳明哲学的阐释》，生活·读书·新知三联书店 1997 年版。

印顺：《华雨集》，台北：正闻出版社 1993 年版。

袁家骅：《唯情哲学》，上海泰东图书局 1924 年版。

张岱年：《中国哲学大纲》，商务印书馆 2015 年版。

张君劢、丁文江等：《科学与人生观》，山东人民出版社 1997 年版。

张祥龙：《海德格尔思想与中国天道：终极视域的开启与交融》，生活·读书·新知三联书店 1996 年版。

赵广明：《自由、信仰与情感：从康德哲学到自由儒学》，社会科学文献出版社 2019 年版。

朱谦之：《一个唯情论者的宇宙观及人生观》，载《民国丛书》第 1 编，上海书店 1989 年版。

三　译著

［奥］阿德勒：《自卑与超越》，杨蔚译，天津人民出版社 2017 年版。

［德］哈贝马斯：《现代性的哲学话语》，曹卫东等译，译林出版社 2004 年版。

［德］海德格尔：《存在与时间》，陈嘉映、王庆节译，生活·读书·新知三联书店 2012 年版。

［德］海灵格：《爱的序位：家庭系统排列个案集》，霍宝连译，世界图书出版公司 2005 年版。

［德］黑格尔：《精神现象学》，贺麟、王玖兴译，商务印书馆 1979 年版。

［德］霍克海默、［德］阿道尔诺：《启蒙辩证法：哲学断片》，渠敬东、曹卫东译，上海人民出版社 2006 年版。

［德］康德：《纯粹理性批判》，邓晓芒译，中国人民大学出版社 2004 年版。

［德］马克斯·韦伯：《新教伦理与资本主义精神》，于晓、陈维刚等译，生活·读书·新知三联书店 1987 年版。

［德］舍勒：《爱的秩序》，林克等译，生活·读书·新知三联书店 1995 年版。

［德］舍勒：《伦理学中的形式主义与质料的价值伦理学》，倪梁康译，商务印书馆 2011 年版。

［法］甘丹·梅亚苏：《有限性之后：论偶然性的必然性》，吴燕译，河南大学出版社 2017 年版。

［法］利奥塔：《后现代与公正游戏》，谈瀛洲译，上海人民出版社 1997 年版。

［美］安东尼奥·达马西奥：《笛卡尔的错误：情绪、推理和人脑》，毛彩凤译，教育科学出版社 2007 年版。

［美］安乐哲：《儒家角色伦理学——一套特色伦理学词汇》，孟巍隆译，山东人民出版社 2017 年版。

［美］蒂莫西·A. 布朗、［美］戴维·H. 巴洛：《变态心理学案例集》（第五版），高隽译，中国轻工业出版社 2018 年版。

［美］弗洛姆：《逃避自由》，刘林海译，人民文学出版社 2018 年版。

［美］罗杰斯：《个人形成论——我的心理治疗观》，杨广学、尤娜、潘福勤译，中国人民大学出版社 2004 年版。

［美］迈克尔·斯洛特：《阴阳的哲学》，王江伟、牛纪凤译，商务印书馆 2018 年版。

［美］米娜·M. 魏斯曼、［美］约翰·C. 马科维茨、［美］杰拉尔德·L. 克勒曼：《人际心理治疗指南》，郑万宏等译，浙江工商大学出版社 2018 年版。

［美］威廉·詹姆士：《宗教经验之种种：人性之研究》，唐钺译，商务印书馆 2002 年版。

［美］约翰·R. 塞尔：《意向性：论心灵哲学》，刘叶涛、冯立荣译，上海人民出版社 2019 年版。

［美］约翰·鲍尔比：《依恋》，汪智艳、王婷婷译，世界图书出版有限公司北京分公司 2017 年版。

［日］沟口雄三：《中国前近代思想的演变》，索介然、龚颖译，中华书局 2005 年版。

［英］艾耶尔：《语言、真理与逻辑》，尹大贻译，上海译文出版社 1981 年版。

［英］哈耶克：《致命的自负》，冯克利等译，中国社会科学出版社 2000 年版。

版）2021 年第 1 期。

李海超：《情缘论：情感本源的机缘化阐释》，《当代儒学》第 22 辑。

李海超：《儒家式人格的时空结构及其意义》，《哲学与文化》2022 年第 7 期。

刘笑敢：《老子之人文自然观论纲》，《哲学研究》2004 年第 12 期。

刘宇光：《佛教唯识宗"烦恼"的基本性质——心理学概念与伦理学概念之辨》，载《求索之际：香港中文大学哲学系六十周年系庆论文集·校友卷》，香港中文大学出版社 2009 年版。

刘悦笛、赵强：《从"生活美学"到"情本哲学"——中国社会科学院哲学所刘悦笛研究员访谈》，《社会科学家》2018 年第 2 期。

蒙培元：《儒家人文主义的特质》，《湖南社会科学》2004 年第 1 期。

沈顺福：《本源论与传统儒家思维方式》，《河北学刊》2017 年第 2 期。

涂可国：《儒家责任伦理考辨》，《哲学研究》2017 年第 12 期。

魏义霞：《梁启超情感论》，《湖北工程学院学报》2015 年第 2 期。

向世陵：《爱人与自爱——仁爱内涵的不同侧面》，《儒学评论》2019 年第 13 辑。

向世陵：《仁爱与博爱》，《哲学动态》2013 年第 9 期。

向世陵：《中国哲学的本体概念与本体论》，《哲学研究》2010 年第 9 期。

谢遐龄：《〈孟子〉〈荀子〉感学初步比较——儒家之美学的可能性探讨》，《云南大学学报》（社会科学版）2012 年第 1 期。

谢遐龄：《戴震是理学家吗？——论戴震哲学对理学的否定》，《南国学术》2019 年第 2 期。

许苏民：《"内发原生模式"：中国近代史的开端实为明万历九年》，《河北学刊》2003 年第 2 期。

杨虎：《论观心与感通——哲学感通论发微》，《北京理工大学学报》（社会科学版）2020 年第 2 期。

张岱年：《中国哲学中的本体概念》，《安徽大学学报》（哲学社会科学版）1983 年第 3 期。

张国义：《朱谦之先生学术年谱》，《世界宗教研究》2004 年第 3 期。

赵法生：《论孔子的中道超越》，《哲学研究》2020 年第 4 期。

郑开:《中国哲学语境中的本体论与形而上学》,《哲学研究》2018 年第 1 期。

[美] 迈克尔·斯洛特:《情感主义德性伦理学:一种当代的进路》,王楷译,《道德与文明》2011 年第 2 期。

[美] W. H. 威尔克迈斯特:《冯·艾伦菲尔斯与作为价值基础的欲望》,罗松涛、孙文昊译,《当代中国价值观研究》2018 年第 2 期。

Nicholas A. Christakis. "The Neurobiology of Conscience", *Nature*, No. 569, 2019, pp. 627 –628.

后 记

近年来，我一直关注儒学研究中的情感主义哲学进路以及儒家心灵哲学的现代转型问题。2020 年出版了《心灵的修养——一种情感本源的心灵儒学》（四川人民出版社）一书，该书从情感运行的三种心理机制（情感感应与情感感受的可分离机制、情感对理智的有导向的引擎机制、爱的情感之受挫扩展机制）出发，对儒家的心灵观念、修养论、境界论，以及生死观、爱情观、家庭观、国族观、天下观等做了发挥。该书有一个缺陷，就是没有清晰地阐释"情感本源"究竟是怎样的一种本源观念，我对此一直难以释怀，遂有本书之作。

本书的核心问题，就是要澄清"情感本源"究竟是怎样的本源观念。通过研究，我发现儒家传统中所讲的情感的根本地位，不是将情感作为一种"本体"。人们常说仁是礼之本，但仁爱情感不是直接就成为礼的规范，从仁到礼，中间还有"义"，更有利益的考量、理智的裁断等。① 虽然这一切皆以仁为本，可这个本不是本体，而更多是一种"本缘"，一种开显一切的起点、发端，它创造了意义、表达了诉求、提供了动力，但不直接主宰一切。此种情缘具有优先性，它不能被完全还原到本体论、宇宙论视域中去，相反后两种视域也要在情缘的作用下才能敞开。这是中国哲学情感主义哲学的一个重要特色，对中国文化有着深远的影响。中国人之重情，发扬的就是情之"本缘"的作用，一份情感开显一个契机、创造一种缘分，人因情缘而作为，世间万物因情缘而向人呈现。这就是我要找寻的情感的本源意义：人的一切观念的建构和行为实践皆从某种情缘而始，情缘作为不可再还原的本源观念与

---

① 具体可参考黄玉顺的"中国正义论"研究。

宇宙之太始、现象之本体并立，并统摄着后两者的开显。本书的根本目标是揭示情缘之本源义，故定名为"情缘论"。

体贴人生，更可与理论相印证。新冠疫情期间，几次千里回乡探亲，受疫情防控影响，颇多曲折。要不是父母子女情、姐弟情、夫妻情、爷孙情之存在、之不能已，一切折腾皆可省却了。人生啊，因情缘而活，亦可为情缘而死。汤显祖说："情不知所起，一往而深，生者可以死，死者可以生。"诚哉斯言！遥想孔子周游列国，奔波劳苦，多有归隐之心却终未付诸行动，归根到底，不也是因为真情难舍、仁心难断么？遂赋小诗一首，以歌夫子：

> 奔波游说十四年，居夷入海久迁延；
> 莫道圣心无挂碍，人间处处有情缘。

诗罢，情与理萦绕心中，挥之难去，故又作《情缘颂》，以遣吾怀：

情缘颂

天高地远日月明，万化之几总关情；
情本无善亦无恶，善恶皆由分别成。
分别无度致极化，极化世界大乱生；
惟有缘情而用理，方能得道守中庸。
中庸原则亦方法，其与理性正相应；
理性能力多习练，少向先天抖机灵。
但缘真情育真我，更用实理立实行；
礼赞尼圣传情教，心怀挚爱皈儒宗。

2023 年 2 月 16 日
于南京大学圣达楼